国家重点档案专项资金资助项目

抗日战争档案汇编

抗战时期长沙人口伤亡及财产损失档案汇编

长沙市档案馆 编

五洲传播出版社

图书在版编目（CIP）数据

抗战时期长沙人口伤亡及财产损失档案汇编 / 长沙市档案馆编 . -- 北京 : 五洲传播出版社 , 2025. 3. (抗日战争档案汇编). -- ISBN 978-7-5085-5323-8

Ⅰ . K265.063

中国国家版本馆 CIP 数据核字第 20253MP334 号

抗战时期长沙人口伤亡及财产损失档案汇编

编　　者：长沙市档案馆
出 版 人：关　宏
责任编辑：苏　谦
装帧设计：北京禾风雅艺文化发展有限公司
出版发行：五洲传播出版社
地　　址：北京市海淀区北三环中路31号生产力大楼B座6层
邮　　编：100088
电　　话：010-82005927，82007837
网　　址：www.cicc.org.cn, www.thatsbooks.com
印　　刷：天津艺嘉印刷科技有限公司
版　　次：2025年6月第1版第1次印刷
开　　本：210mm × 285mm
印　　张：25.5
定　　价：410.00元

抗日战争档案汇编编纂出版工作组织机构

编纂出版工作领导小组

组　长　王绍忠

副组长　高　嵌　李洁鸿　林振义

编纂委员会

主　任　王绍忠

副主任　李洁鸿

顾　问　杨冬权　李明华　陆国强

成　员（按姓氏笔画为序排列）

王　宇　王　放　王海燕　方　旭　甘自强　田　红
田　峰　田富祥　代年云　白晓军　冯建华　伍　英
刘晓阳　孙秀梅　孙建军　苏雨新　苏树增　杜昕昱
李　军　李　晶　李世华　李宝玲　李莉娜　李海蓉
李家成　杨文丰　杨智友　谷　磊　张　军　张向军
张军勇　张秀丽　陆和兰　陈念芜　陈熙满　欧阳春
罗先东　周向阳　郑泽隆　赵舒龙　胡　勇　姜若宁
姚永军　聂文胜　夏　红　顾　俊　徐未晚　高建舟
常建宏　梁克昌　蒋宏灵　喻在岗　焦东华　童　鹿
曾德亚　谭荣鹏　潘　勇

编纂出版工作领导小组办公室

主　任　李莉娜

副主任　贾　坤　沈　岚

成　员（按姓氏笔画为序排列）

朱召师　李　宁　汪海涛　董书婷

湖南省抗日战争档案汇编编纂出版工作组织机构

编纂出版工作领导小组

组　长　罗先东

编纂出版工作领导小组办公室

主　任　何左得平

副主任　吴珮嘉

成　员　曹洛萍　王清洁　孙　文

编纂委员会

主　任　罗先东

成　员　何左得平　彭　玉　吴珮嘉　梁　毅

《抗战时期长沙人口伤亡及财产损失档案汇编》编纂委员会

主　　任　李建勋

副 主 任　张熙坤　马　强　邹文兵

编　　辑　梁小进　黄　祎

档案甄选　杨　佳　陈茂聪　那立蓉　谭晨阳

总序

为深入贯彻落实习近平总书记「让历史说话，用史实发言，深入开展中国人民抗日战争研究」的重要指示精神，国家档案局根据《全国档案事业发展「十三五」规划纲要》和《「十三五」时期国家重点档案保护与开发工作总体规划》的有关安排，决定全面系统地整理全国各级综合档案馆馆藏抗战档案，编纂出版《抗日战争档案汇编》（以下简称《汇编》）。

中国人民抗日战争是近代以来中国反抗外敌入侵第一次取得完全胜利的民族解放战争，开辟了中华民族伟大复兴的光明前景。这一伟大胜利，也是中国人民为世界反法西斯战争胜利、维护世界和平作出的重大贡献。加强中国人民抗日战争研究，具有重要的历史意义和现实意义。

全国各级档案馆保存的抗战档案，数量众多，内容丰富，全面记录了中国人民抗日战争的艰辛历程，是研究抗战历史的珍贵史料。一直以来，全国各级档案馆十分重视抗战档案的开发利用，陆续出版公布了一大批抗战档案，对揭露日本帝国主义侵华罪行，讴歌中华儿女勠力同心、不屈不挠抗击侵略的伟大壮举，弘扬伟大的抗战精神，引导正确的历史认知，发挥了积极作用。特别是国家档案局组织有关方面共同努力和积极推动，「南京大屠杀档案」被联合国教科文组织评选为「世界记忆遗产」，列入《世界记忆名录》，捍卫了历史真相，在国际上产生了广泛而深远的影响。

全国各级档案馆馆藏抗战档案开发利用工作虽然取得了一定的成果，但是，在档案信息资源开发的系统性和深入性方面仍显不足。正如习近平总书记所指出的：「同中国人民抗日战争的历史地位和历史意义相比，同这场战争对中华民族和世界的影响相比，我们的抗战研究还远远不够，要继续进行深入系统的研究。」「抗战研究要深入，就要更多通过档案、资料、事实、当事人证词等各种人证、物证来说话。要加强资料收集和整理这一基础性工作，全面整理我国各地抗战档案、照片、资料、实物等……」

国家档案局组织编纂《汇编》，对全国各级档案馆馆藏抗战档案进行深入系统地开发，是档案部门贯彻落实习近平总书记重要指示精神，推动深入开展中国人民抗日战争研究的一项重要举措。本书的编纂力图准确把握中国人民抗日战争的历史进程、主流和本质，用详实的档案全面反映一九三一年九一八事变后十四年抗战的全过程，反映中国共产党在抗日战争中的中流砥柱作用以及中国人民抗日战争在世界反法西斯战争中的重要地位，反映国共两党「兄弟阋于墙，外御其侮」进行合作抗战、共同捍卫民族尊严的历史，反映各民族、各阶层及海外华侨共同参与抗战的壮举，展现中国人民抗日战争的伟大意义，以历史档案揭露日本侵华暴行，揭示日本军国主义反人类、反和平的实质。

编纂《汇编》是一项浩繁而艰巨的系统工程。为保证这项工作的有序推进，国家档案局制订了总体规划和详细的实施方案，明确了指导思想、工作步骤和编纂要求。为保证编纂成果的科学性、准确性和严肃性，国家档案局组织专家对选题进行全面论证，对编纂成果进行严格审核。

各级档案馆高度重视并积极参与到《汇编》工作之中，通过全面清理馆藏抗战档案，将政治、军事、外交、经济、文化、宣传、教育等多个领域涉及抗战的内容列入选材范围。入选档案包括公文、电报、传单、文告、日记、照片、图表等多种类型。在编纂过程中，坚持实事求是的原则和科学严谨的态度，对所收录的每一件档案都仔细鉴定、甄别与考证，维护档案文献的真实性，彰显档案文献的权威性。同时，以《汇编》编纂工作为契机，以项目谋发展，用实干育人才，带动国家重点档案保护与开发，夯实档案馆基础业务，提高档案人员的业务水平，促进档案馆各项事业的发展。

守护历史，传承文明，是档案部门的重要责任。我们相信，编纂出版《汇编》，对于记录抗战历史，弘扬抗战精神，发挥档案留史存鉴、资政育人的作用，更好地服务于新时代中国特色社会主义文化建设，都具有极其重要的意义。

抗日战争档案汇编编纂委员会

编辑说明

一九三八年十月，广州、武汉相继失守后，地处粤汉线中部的湖南省会长沙，从抗战后方变为敌我双方争夺的重要战略要地。一九三八年十一月，在紧急疏散撤离过程中，长沙不幸发生「文夕大火」，千年古城焚为一片焦土，无数历史文化遗存化为灰烬。一九三九年九月至一九四二年一月，日军三次制定并实施以长沙为主要目标的攻城计划，中国军队奋力抵抗，付出惨重代价击溃敌军，史称「三次长沙会战」。一九四四年六月，日军再次发动对长沙的第四次大规模进攻，中国军队寡不敌众，长沙不幸沦陷。整个抗战期间，日军侵略者给长沙带来了无法估量的损失和灾难。长沙军民伤亡惨重，无数百姓流离失所，城市手工业、商贸金融、机械制造、交通邮电等行业和文化、教育及公用事业均遭到毁灭性破坏。抗战胜利后，根据南京国民政府和湖南省政府要求，长沙市政府及中央政府、省政府所属机构对抗战时期长沙市的人口伤亡与财产损失情况开展了调查。

《抗战时期长沙人口伤亡及财产损失档案汇编》系长沙市档案馆选取有关抗战时期损失情况统计档案汇编而成。本书选稿起自一九四一年，迄至一九四七年。本书按照「主题—时间」体例编排，全书共分为三个部分：综合统计、财产损失和文物损失，分别按时间排序。

本书选用档案均据本馆馆藏原件全文影印，未作删节，如有缺页及档案内容不全，为档案自身缺失。档案中原标题完整或基本符合要求的使用原标题，原标题有明显缺陷的进行了修改或重拟，无标题的加拟标题。标题中的人名使用通用名，机构名称使用全称或规范简称，历史地名沿用当时名称。档案形成时间一般以发文时间为准。档案所载时间不完整或不准确的，作了补充或订正。档案无时间且无法考证的标注「时间不详」。档案时间只有年份、月份的排在该月末，只有年代的排在该年末。

本书使用规范的简化字，对标题中的繁体字、不规范异体字等予以径改。限于篇幅，本书不作注释。

由于时间紧，档案公布量大，编者水平有限，在编辑过程中可能存在疏漏之处，考订难免有误，欢迎方家斧正。

编 者

二〇二五年四月

目 录

总 序

编辑说明

一、综合统计

长沙市抗战损失及复原情形统计一览表（一九四一年十一月）……○三

湖南省长沙市寇灾损失调查表（一九四六年三月）……○五

湖南省长沙市寇灾直接损失调查表（一九四六年三月）……○六

长沙市人口伤亡汇报表（一九三七年十月至一九四五年八月）……○七

沦陷地区损失情形报告表（一九四六年七月十五日）……○八

克复地区内损失实情清查报表（一九三七年十月至一九四五年八月）（时间不详）……○九

长沙市公私财产直接间接抗战损失统计表（一九三七年至一九四五年八月）（时间不详）……一○

二、财产损失

湖南长沙地方法院关于勘验湖南第一监狱被日机炸毁房屋材料器具及三次长沙会战被日军焚毁房屋情形致湖南高等法院的呈（一九四二年三月十七日）……一三

附一：湖南第一监狱被敌炸毁焚烧房屋情形一览表（一九四二年二月二十三日）……二三

附二：湖南第一监狱经常家具作业器具材料被炸毁损数目清册 …………………………………… 〇二六
附三：履勘湖南第一监狱一九四一年八月六日被敌机轰炸就清册列报毁损籐木科杂支项下购入
各物品现状简表（一九四二年二月二十三日） …………………………………… 〇三一
附四：履勘湖南第一监狱一九四一年八月六日被敌机轰炸就原清册列报毁损经常家具作业材料现状简表
（一九四二年二月二十三日） …………………………………… 〇三六
湘北四次会战损毁轮船汽船调查表（一九四五年五月） …………………………………… 〇四一
长沙市豆麦膏曲商业同业公会各会员抗战损失调查统计表（一九四五年十月十七日） …………………… 〇四四
长沙市豆麦膏曲商业同业公会黄明森抗战损失调查统计表（一九四五年十月十日） …………………… 〇四五
长沙市豆麦膏曲商业同业公会曹识予抗战损失调查统计表（一九四五年十月十日） …………………… 〇四六
长沙市豆麦膏曲商业同业公会王顺兴抗战损失调查统计表（一九四五年十月十日） …………………… 〇四七
长沙市豆麦膏曲商业同业公会周庆泉抗战损失调查统计表（一九四五年十月十二日） …………………… 〇四八
长沙市豆麦膏曲商业同业公会三茂昌抗战损失调查统计表（一九四五年十月十四日） …………………… 〇四九
长沙市豆麦膏曲商业同业公会何寿生、文仁生抗战损失调查统计表（一九四五年十月十四日） ………… 〇五〇
长沙市豆麦膏曲商业同业公会胡万昌抗战损失调查统计表（一九四五年十月十五日） …………………… 〇五一
长沙市豆麦膏曲商业同业公会大镇昌抗战损失调查统计表（一九四五年十月十五日） …………………… 〇五二
长沙市豆麦膏曲商业同业公会春茂长抗战损失调查统计表（一九四五年十月十五日） …………………… 〇五三
长沙市豆麦膏曲商业同业公会福兴恒抗战损失调查统计表（一九四五年十月十五日） …………………… 〇五四
长沙市豆麦膏曲商业同业公会裕昌厚抗战损失调查统计表（一九四五年十月十五日） …………………… 〇五五
长沙市豆麦膏曲商业同业公会正兴和抗战损失调查统计表（一九四五年十月十五日） …………………… 〇五六
长沙市豆麦膏曲商业同业公会益盛昌抗战损失调查统计表（一九四五年十月十五日） …………………… 〇五七
长沙市豆麦膏曲商业同业公会洪顺和抗战损失调查统计表（一九四五年十月十六日） …………………… 〇五八
长沙市豆麦膏曲商业同业公会刘新华抗战损失调查统计表（一九四五年十月十七日） …………………… 〇五九

长沙市豆麦膏曲商业同业公会裕茂昌抗战损失调查统计表（一九四五年十月十七日）……〇六〇
长沙市豆麦膏曲商业同业公会刘锡钦抗战损失调查统计表（一九四五年十月十七日）……〇六一
长沙市豆麦膏曲商业同业公会永大粮业抗战损失调查统计表（一九四五年十月十八日）……〇六二
长沙市豆麦膏曲商业同业公会德孚泰抗战损失调查统计表（一九四五年十月二十一日）……〇六三
长沙市豆麦膏曲商业同业公会怡顺祥号抗战损失调查统计表（一九四五年十月二十一日）……〇六四
长沙市豆麦膏曲商业同业公会福昌和抗战损失调查统计表（一九四五年）……〇六五
长沙市豆麦膏曲商业同业公会大丰和抗战损失调查统计表（一九四五年）……〇六六
长沙市豆麦膏曲商业同业公会德昌福抗战损失调查统计表（一九四五年）……〇六七
长沙市豆麦膏曲商业同业公会怡兴隆抗战损失调查统计表（一九四五年）……〇六八
长沙市豆麦膏曲商业同业公会生泰抗战损失调查统计表（一九四五年）……〇六九
长沙市豆麦膏曲商业同业公会裕新福抗战损失调查统计表（一九四五年）……〇七〇
长沙市豆麦膏曲商业同业公会义兴福抗战损失调查统计表（一九四五年）……〇七一
长沙市豆麦膏曲商业同业公会大兴裕抗战损失调查统计表（一九四五年）……〇七二
长沙市豆麦膏曲商业同业公会福昌隆抗战损失调查统计表（一九四五年）……〇七三
长沙市豆麦膏曲商业同业公会南湘阜抗战损失调查统计表（一九四五年）……〇七四
长沙市豆麦膏曲商业同业公会正泰祥抗战损失调查统计表（一九四五年）……〇七五
长沙市豆麦膏曲商业同业公会福盛昌抗战损失调查统计表（一九四五年）……〇七六
长沙市豆麦膏曲商业同业公会新泰祥抗战损失调查统计表（一九四五年）……〇七七
长沙市豆麦膏曲商业同业公会德昌恒抗战损失调查统计表（一九四五年）……〇七八
长沙市豆麦膏曲商业同业公会德昌抗战损失调查统计表（一九四五年）……〇七九
长沙市豆麦膏曲商业同业公会大孚庆抗战损失调查统计表（一九四五年）……〇八〇
长沙市豆麦膏曲商业同业公会阜记抗战损失调查统计表（一九四五年）……〇八一

长沙市豆麦膏曲商业同业公会怡丰厚抗战损失调查统计表（一九四五年）……〇八二
长沙市豆麦膏曲商业同业公会大顺昌抗战损失调查统计表（一九四五年）……〇八三
长沙市豆麦膏曲商业同业公会义丰祥抗战损失调查统计表（一九四五年）……〇八四
长沙市豆麦膏曲商业同业公会万裕抗战损失调查统计表（一九四五年）……〇八五
长沙市豆麦膏曲商业同业公会三泰义抗战损失调查统计表（一九四五年）……〇八六
长沙市豆麦膏曲商业同业公会美香园抗战损失调查统计表（一九四五年）……〇八七
长沙市豆麦膏曲商业同业公会洪春和抗战损失调查统计表（一九四五年）……〇八八
长沙市鞭炮豆豉商业同业公会各会员抗战损失调查统计表（一九四五年十月二十日）……〇八九
长沙市鞭炮豆豉商业同业公会鼎泰和号抗战损失调查统计表（一九四五年十月二十日）……〇九〇
长沙市鞭炮豆豉商业同业公会盟记公和庆号抗战损失调查统计表（一九四五年十月二十一日）……〇九一
长沙市鞭炮豆豉商业同业公会声大豆豉号抗战损失调查统计表（一九四五年）……〇九二
长沙市鞭炮豆豉商业同业公会维多利号抗战损失调查统计表（一九四五年）……〇九三
长沙市鞭炮豆豉商业同业公会公和豆豉铺抗战损失调查统计表（一九四五年）……〇九四
长沙市鞭炮豆豉商业同业公会同声爆庄抗战损失调查统计表（一九四五年）……〇九五
长沙市鞭炮豆豉商业同业公会谦利和庄抗战损失调查统计表（一九四五年）……〇九六
长沙市鞭炮豆豉商业同业公会丰和庆号抗战损失调查统计表（一九四五年）……〇九七
长沙市鞭炮豆豉商业同业公会元和庆抗战损失调查统计表（一九四五年）……〇九八
长沙市鞭炮豆豉商业同业公会邱鼎和抗战损失调查统计表（一九四五年）……〇九九
长沙市轮票业同业公会各会员抗战损失调查统计表（一九四五年十月二十一日）……一〇〇
长沙市酒席业同业公会徐长兴酒家抗战损失调查统计表（一九四五年十月二十四日）……一〇一
长沙市肥皂工业同业公会各会员抗战损失调查统计表（一九四五年十月二十五日）……一〇二
长沙市瓦货业同业公会各会员抗战损失调查统计表（一九四五年十月）……一〇三

长沙市西染工业同业公会各会员抗战损失调查统计表（一九四五年十月）…………一〇四
长沙市烟作工业同业公会各会员抗战损失调查统计表（一九四五年十一月一日）…………一〇五
长沙市制箱工业同业公会各会员抗战损失调查统计表（一九四五年十一月八日）…………一〇六
长沙市石灰砖瓦商业同业公会各会员抗战损失调查统计表（一九四五年十一月九日）…………一〇七
长沙市瓷商业同业公会各会员抗战损失调查统计表（一九四五年十一月十一日）…………一〇八
长沙市油行业同业公会各会员抗战损失调查统计表（一九四五年十一月十一日）…………一〇九
长沙市油行业同业公会美记油行抗战损失调查统计表（一九四五年十一月十一日）…………一〇九
长沙市油行业同业公会昌记油行抗战损失调查统计表（一九四五年十一月十一日）…………一一〇
长沙市铁器商业同业公会各会员抗战损失调查统计表（一九四五年十一月十二日）…………一一一
长沙市针织工业同业公会各会员抗战损失调查统计表（一九四五年十一月十二日）…………一一二
长沙市纸商刷印业同业公会各会员抗战损失调查统计表（一九四五年十一月十二日）…………一一三
长沙市估衣商业同业公会各会员抗战损失调查统计表（一九四五年十一月十三日）…………一一四
长沙市煤炭商业同业公会各会员抗战损失调查统计表（一九四五年十一月十四日）…………一一五
长沙市制糖工业同业公会各会员抗战损失调查统计表（一九四五年十一月十五日）…………一一六
长沙市刺绣业同业公会各会员抗战损失调查统计表（一九四五年十一月二十日）…………一一七
长沙市面粉工业同业公会各会员抗战损失调查统计表（一九四五年十一月二十三日）…………一一八
长沙市亚光烟厂遭受抗战影响损失数目表（一九四五年十一月二十六日）…………一一九
长沙市布商、丝绸呢绒商业同业公会各会员抗战损失调查统计表（一九四五年十一月二十七日）…………一二〇
湖南长沙地方法院财产间接损失报告表（一九四五年十一月二十七日）…………一二一
长沙市寄卖商业同业公会各会员抗战损失调查统计表（一九四五年十一月二十九日）…………一二二
长沙市大箩荒货商业同业公会各会员抗战损失调查统计表（一九四五年十一月）…………一二三
长沙市国药商业同业公会各会员抗战损失调查统计表（一九四五年十一月）…………一二四

湖南内河航商遭受战祸轮船及客货驳趸船损失查报表（一九四五年十一月）……一二五
湖南省遭受战祸客货驳及趸船损失查报表（一九四五年十一月）……一三九
长沙市行号商店恒丰、利大等寇灾损失请求赈贷调查表（一九四五年十二月二十八日）……一四四
长沙市鱼行商业同业公会各会员抗战损失调查统计表（一九四五年十二月）……一四五
长沙市南货土果商业同业公会各会员抗战损失调查统计表（一九四五年十二月）……一四六
长沙市玻璃商业同业公会各会员抗战损失调查统计表（一九四五年十二月）……一四七
长沙市建筑业同业公会各会员抗战损失调查统计表（一九四五年）……一四八
长沙市生花业同业公会陈永秾花圃抗战损失调查统计表（一九四五年）……一四九
长沙市茶叶业同业公会陈永秾茶庄抗战损失调查统计表（一九四五年）……一五〇
长沙市瓷业同业公会光裕瓷庄抗战损失调查统计表（一九四五年）……一五一
长沙市油盐花纱业益大油盐号抗战损失调查统计表（一九四五年）……一五二
长沙市行号商店大德昌、大丰昌寇灾损失请求赈贷调查表（一九四五年）……一五三
湘北四次会战损毁客船货驳趸船调查表（一九四五年）……一五四
长沙市漆商业同业公会各会员抗战损失调查统计表（一九四五年）……一五六
长沙市漆商业同业公会宝裕恒抗战损失调查统计表（一九四五年十一月十三日）……一五六
长沙市漆商业同业公会鸿信漆号抗战损失调查统计表（一九四五年十一月十三日）……一五七
长沙市漆商业同业公会裕丰长漆号抗战损失调查统计表（一九四五年十一月）……一五八
长沙市漆商业同业公会大昌祥漆号抗战损失调查统计表（一九四五年十一月）……一五九
长沙市漆商业同业公会恒记怡顺漆号抗战损失调查统计表（一九四五年十一月）……一六〇
长沙市漆商业同业公会通裕福漆号抗战损失调查统计表（一九四五年十一月）……一六一
长沙市漆商业同业公会通义仁漆号抗战损失调查统计表（一九四五年十一月）……一六二
长沙市漆商业同业公会乾盛福漆号抗战损失调查统计表（一九四五年）……一六三

长沙市百货商业同业公会会员抗战损失调查表（一九四五年） …… 一六四
长沙市百货商业同业公会祥丰抗战损失调查表（一九四五年十二月二日） …… 一六四
长沙市百货商业同业公会高乐百货庄抗战损失调查表（一九四五年十二月五日） …… 一六五
长沙市百货商业同业公会三友棉织社抗战损失调查表（一九四五年十二月十日） …… 一六六
长沙市百货商业同业公会顺记百货号抗战损失调查表（一九四五年十二月二十四日） …… 一六七
长沙市百货商业同业公会大丰昌抗战损失调查表（一九四五年十二月） …… 一六八
长沙市百货商业同业公会三五百货庄抗战损失调查表（一九四五年） …… 一六九
湖南长沙地方法院员工抗战财产损失报告单（一九四五年） …… 一七〇
长沙市政府关于报送长沙市合作社寇灾损失调查表致湖南省建设厅的代电（一九四六年一月四日） …… 二四八
附：长沙市合作社寇灾损失调查表（一九四五年十二月三十一日） …… 二五〇
湖南长沙市抗战损失汇报册（一九三七年十月至一九四五年八月）（一九四六年七月十五日） …… 二五三
长沙市政府及所属各机关财产直接损失汇报表（一九四六年七月十五日） …… 二五五
长沙市立中学校财产直接损失汇报表（一九四六年七月十五日） …… 二五六
长沙市各区镇中心国民学校财产直接损失汇报表（一九四六年七月十五日） …… 二五七
长沙市各保国民学校财产直接损失汇报表（一九四六年七月十五日） …… 二五八
长沙市各私立小学校财产直接损失汇报表（一九四六年七月十五日） …… 二五九
长沙市政府及所属各机关员工私有财产直接损失报告表（一九四六年七月十五日） …… 二六〇
长沙市人民财产（私有）直接损失汇报表（一九四六年七月十五日） …… 二六一
长沙市民营事业财产直接损失汇报表（农业部分）（一九四六年七月十五日） …… 二六二
长沙市民营事业财产直接损失汇报表（工业部分）（一九四六年七月十五日） …… 二六三
长沙市民营事业财产直接损失汇报表（商业部分）（一九四六年七月十五日） …… 二六四
长沙市民营事业财产直接损失汇报表（金融事业〈不包括银行业〉部分）（一九四六年七月十五日） …… 二六五

长沙市民营事业财产直接损失汇报表（航业部分）（一九四六年七月十五日）……二六六

长沙市民营事业财产直接损失汇报表（公用事业部分）（一九四六年七月十五日）……二六七

长沙市各人民团体及合作社财产直接损失汇报表（一九四六年七月十五日）……二六八

长沙市政府及所属各机关财产直接损失汇报表（一九四六年七月十五日）……二六九

长沙市立中学校财产间接损失汇报表（一九四六年七月十五日）……二七〇

长沙市各区镇中心国民学校财产间接损失汇报表（一九四六年七月十五日）……二七一

长沙市私立小学财产间接损失汇报表（一九四六年七月十五日）……二七二

长沙市政府所属各机关员工私有财产间接损失汇报表（一九四六年七月十五日）……二七三

长沙市人民私有财产间接损失汇报表（一九四六年七月十五日）……二七四

长沙市民营事业财产间接损失汇报表（农业部分）（一九四六年七月十五日）……二七五

长沙市民营事业财产间接损失汇报表（工业部分）（一九四六年七月十五日）……二七六

长沙市民营事业财产间接损失汇报表（商业部分）（一九四六年七月十五日）……二七七

长沙市民营事业财产间接损失汇报表（航业部分）（一九四六年七月十五日）……二七八

长沙市民营事业财产间接损失汇报表（金融事业〈不包括银行业〉部分）（一九四六年七月十五日）……二七九

长沙市各人民团体及合作社财产间接损失报告表（一九四六年七月十五日）……二八〇

交通部长沙电信局员工抗战财产损失报告表（一九四七年七月至十一月）……二八一

交通部长沙电信局一九四四年五月长沙会战疏散机料损失清单（时间不详）……二八二

三、文物损失

湖南省会警察局关于将管区内古迹名胜调查填表具报致第三分局的训令（一九四六年九月二十一日）……三六五

湖南省会警察局第三分局铜铺街分驻所管区内古迹名胜调查表（一九四六年九月二十九日）……三六七

湖南省会警察局第三分局水陆洲分驻所管区内古迹名胜调查表（一九四六年九月三十日） …… 三六八

国立湖南大学关于报送修复岳麓山一部分被破坏古迹初步计划勘测说明致长沙市政府的公函（一九四七年一月三十一日） …… 三七四

后　记

一、综合统计

長沙市抗战損失及復原情形統計一覽表

	項別	战前總計	抗战損失總計	損失百分數	復原總計	復原百分數	現在總計	備考
1.	人口死亡		36460人					
2.	人口受傷 人口總數	56萬	56536人		41萬	75%	41萬	
[illegible]	區鎮	8	8	100%	8	100%	8	
[illegible]	保數			100%	83	100%	83	
[illegible]	甲數			100%	1841甲	100%	1841	
[illegible]	戶數			100%	64295	100%	64295	
10	房屋	101309棟	99283棟	98%	30394	30%	30394	商店房住宅合計數
[illegible]	學校	大學 專科 2	2	100%	2	100%	2	
[illegible]	〃 〃	中學 48	48	100%	36		36	
[illegible]	〃 〃	公私立小學 207	207	100%	179校		179校	
[illegible]	小學生數				63,684人		63,684人	
15.	工廠	433	433	100%	130	30%	130家	
[illegible]	商店				5062家			
[illegible]	耕牛	398頭	398頭	100%	280	70%	280頭	
3.	穀米	(415844)	415844	100%				
4.	器具衣服		15341455000元	70%				
[illegible]	社会团体	253	253	100%	276	100%	276	
18	合作社	42	42	100%	93	100%	93	

三十年度十一月製

長沙市抗战損失及復員情形統計一覽表

	項別	战前總計	抗战損失總計	損失百分數	復員總計	復員百分數	現在總計	備攷
21	公路	68.5公里	68.5公里	100%	24公里	35%	24公里	
22	清渠	130公里	130公里	100%	26公里	20%	26公里	
23	公園	4	4	100%	2	50%	2	
24	菜場	7	7	100%	2	30%	2	
25	公厠	197座	158座	80%	15座	28%	54座	
26	土地登記簿	204本	56本	25%	148本	100%	213本	
27	土地登記申請书	237本	96本	40%	141本	100%	251本	
28	户地圖	843幅	311幅	39%	532幅	100%	2499幅	
29	舊発土地所有权状	33451張	33451張	100%	33451張	100%	75681張	
	戲院	9	8	90%	5	180%	16所	
	醫院	7		85%	12	150%	12	
	銀行	10	10	100%	13	130%	13个	
	钱庄							
	電燈廠	燈十萬 電量5000瓩	仝左	100%	燈15000 電量1000瓩	15%	燈15000 電量1000瓩	

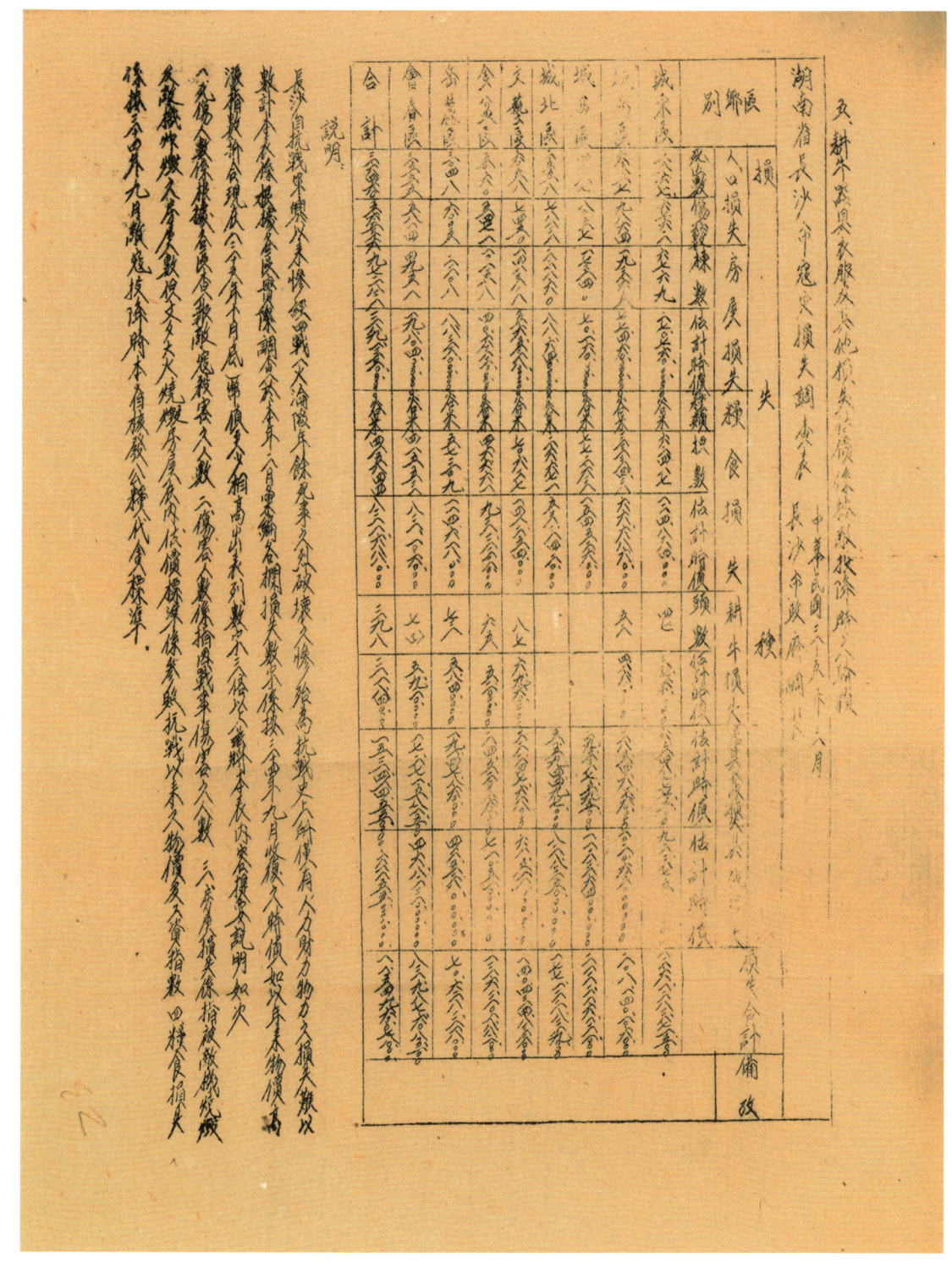

五、耕牛農具衣服及其他損失係依照敵寇投降時之價值

湖南省長沙市寇災損失調查表

長沙市政府調製

中華民國三十五年十二月

區鄉別	人口損失 死亡數	人口損失 傷殘數	房屋損失 棟數	房屋損失 依計時價值	糧食損失 担數	糧食損失 依計時價值	耕牛損失 頭數	耕牛損失 依計時價值	其他損失 依計時價值	合計	備考
城東區	[illegible]	[illegible]	[illegible]	[illegible]	[illegible]	[illegible]	[illegible]	[illegible]	[illegible]	[illegible]	
城南區	[illegible]	[illegible]	[illegible]	[illegible]	[illegible]	[illegible]			[illegible]	[illegible]	
城西區	[illegible]	[illegible]	[illegible]	[illegible]	[illegible]	[illegible]	[illegible]	[illegible]	[illegible]	[illegible]	
城北區	[illegible]	[illegible]	[illegible]	[illegible]	[illegible]	[illegible]			[illegible]	[illegible]	
文藝區	[illegible]	[illegible]	[illegible]	[illegible]	[illegible]	[illegible]	[illegible]	[illegible]	[illegible]	[illegible]	
金盆區	[illegible]	[illegible]	[illegible]	[illegible]	[illegible]	[illegible]	[illegible]	[illegible]	[illegible]	[illegible]	
岳麓區	[illegible]	[illegible]	[illegible]	[illegible]	[illegible]	[illegible]	[illegible]	[illegible]	[illegible]	[illegible]	
會春區	[illegible]	[illegible]	[illegible]	[illegible]	[illegible]	[illegible]	[illegible]	[illegible]	[illegible]	[illegible]	
合計	[illegible]	[illegible]	[illegible]	[illegible]	[illegible]	[illegible]	[illegible]	[illegible]	[illegible]	[illegible]	

説明：

長沙自抗戰軍興以來，慘經四戰，淪陷年餘，死事之烈，破壞之慘，殆為抗戰史上所僅有，人力財力物力之損失，難以數計。本表係根據各區鄉保調查，於本年八月編竣，各欄損失數字係按三十四年九月收復之時價，如以年來物價高漲，損失數折合現在（三十五年十月底）時價，更必相高出表列數字三倍以上。爰將本表內容擇要説明如次：

一、死傷人數係根據各區鄉敵寇被害之人數。二、傷害人數係指戰事傷害之人數。三、房屋損失係指被敵機炸燬及敵寇放火燒燬之房屋及屋內傢俱，標準係參照抗戰以來之物價及資料數。四、糧食損失係按三十四年九月敵寇投降時本省核發公糧代金標準。

湖南省长沙市寇灾直接损失调查表（一九四六年三月）

001

湖南省長沙市寇災直接損失調查表

中華民國三十五年三月　日　長沙市政府調製

區鄉別	人口損失 死亡數	人口損失 傷殘數	房屋損失 棟數	房屋損失 估計時值	糧食損失 種類	糧食損失 担數	糧食損失 估計時值	耕牛損失 頭數	耕牛損失 估計時值	器具衣服損失 估計時值	其他損失 估計時值	損失合計	備攷
城東區	五五七六	六七六二	六七六九	二七〇七六〇〇〇〇〇〇	谷米	六二四一七	一二四八三四〇〇〇	四七	三七六〇〇〇〇	六五四八七七五〇〇〇	九二三七五〇〇〇〇〇〇	一二六〇二八三七〇〇〇	
城南區	六五五七	九八六四	一九三六五	七七四六〇〇〇〇〇〇〇	谷米	三三三四三	六六六八六八〇〇	五二	四一六〇〇〇〇	六五四六二六〇〇〇〇	一〇八〇六六〇〇〇〇〇〇	二〇八四〇一〇六〇〇〇	
城西區	四〇五七	八〇五七	一七五四〇	七〇一六〇〇〇〇〇〇〇	谷米	七七二六三	一五四五二六〇〇〇	／	／	二九五三七五九〇〇〇	一一三三六〇四〇〇〇〇〇〇	二一一一六一一六〇〇〇	
城北區	二五五八	七八三三	二二一六〇	八八六四〇〇〇〇〇〇〇	谷米	二六六七一	五三三四二〇〇〇	／	／	五五九四四九七〇〇〇	八八八三五〇〇〇〇〇〇	一八七七一八八九〇〇〇	
文藝區	六〇五八	七四五〇	一四八三二	五九三二八〇〇〇〇〇〇	谷米	七〇六二七	一四一二五四〇〇〇	八七	六九六〇〇〇〇	二二四七六八〇〇〇	六一五一八〇〇〇〇〇	一四〇四三四四〇〇〇	
金盆區	五〇六〇	五四七二	一〇一五八	四〇六三二〇〇〇〇〇〇	谷米	四六六六一	九三三二二〇〇〇	六五	五二〇〇〇〇〇	二四五三〇三〇〇〇〇	七一〇五一〇〇〇〇〇〇	一二六三〇一〇八〇〇〇	
岳麓區	三〇四八	六〇〇五	二二〇八	八八三二〇〇〇〇〇〇	谷米	五七三〇九	一一四六一八〇〇〇	七三	五八四〇〇〇〇	一九一四七八六〇〇〇	四三二五八一〇〇〇〇〇	七〇六八六三八〇〇〇	
會春區	三五五五	五六一四	四九五八	一九八三二〇〇〇〇〇〇	谷米	四一五五三	八三一〇六〇〇〇	七四	五九二〇〇〇〇	一七六二五八二〇〇〇	四六八三二〇〇〇〇〇〇	八三九八七〇八〇〇〇	
合計	三六四六〇	五五六二六	九七六八五	三九〇七三二〇〇〇〇〇〇〇	谷米	四一五八四四	八三一六八八〇〇〇	三九八	三一八四〇〇〇〇	一五三四一四六五〇〇〇〇	六六一五五〇〇〇〇〇〇〇	一一〇四九六〇七〇〇〇〇	

长沙市人口伤亡汇报表（一九三七年十月至一九四五年八月）（一九四六年七月十五日）

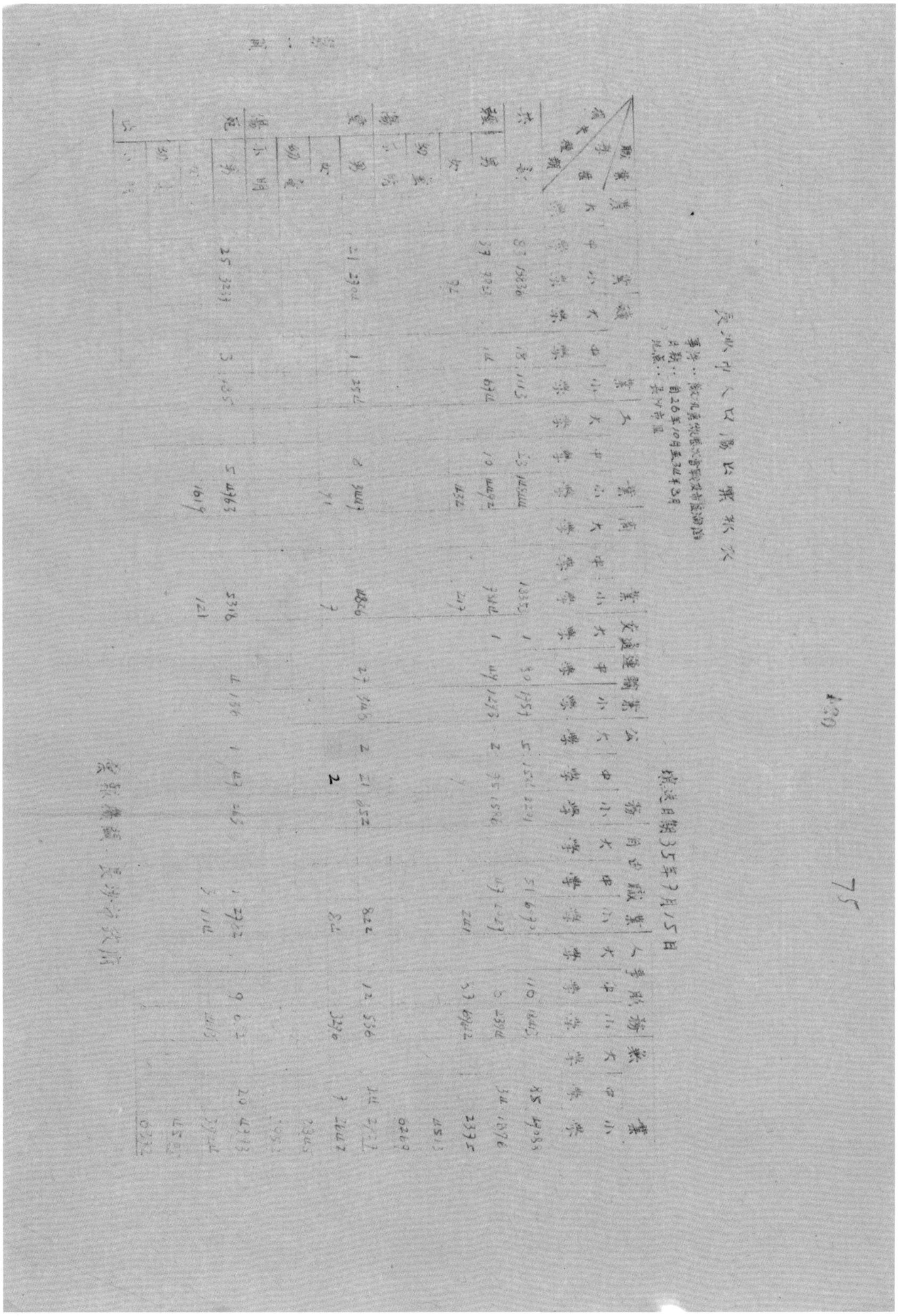

填送日期35年7月15日

填報機關：長沙市政府

沦陷地区损失情形报告表（一九三七年十月至一九四五年八月）（时间不详）

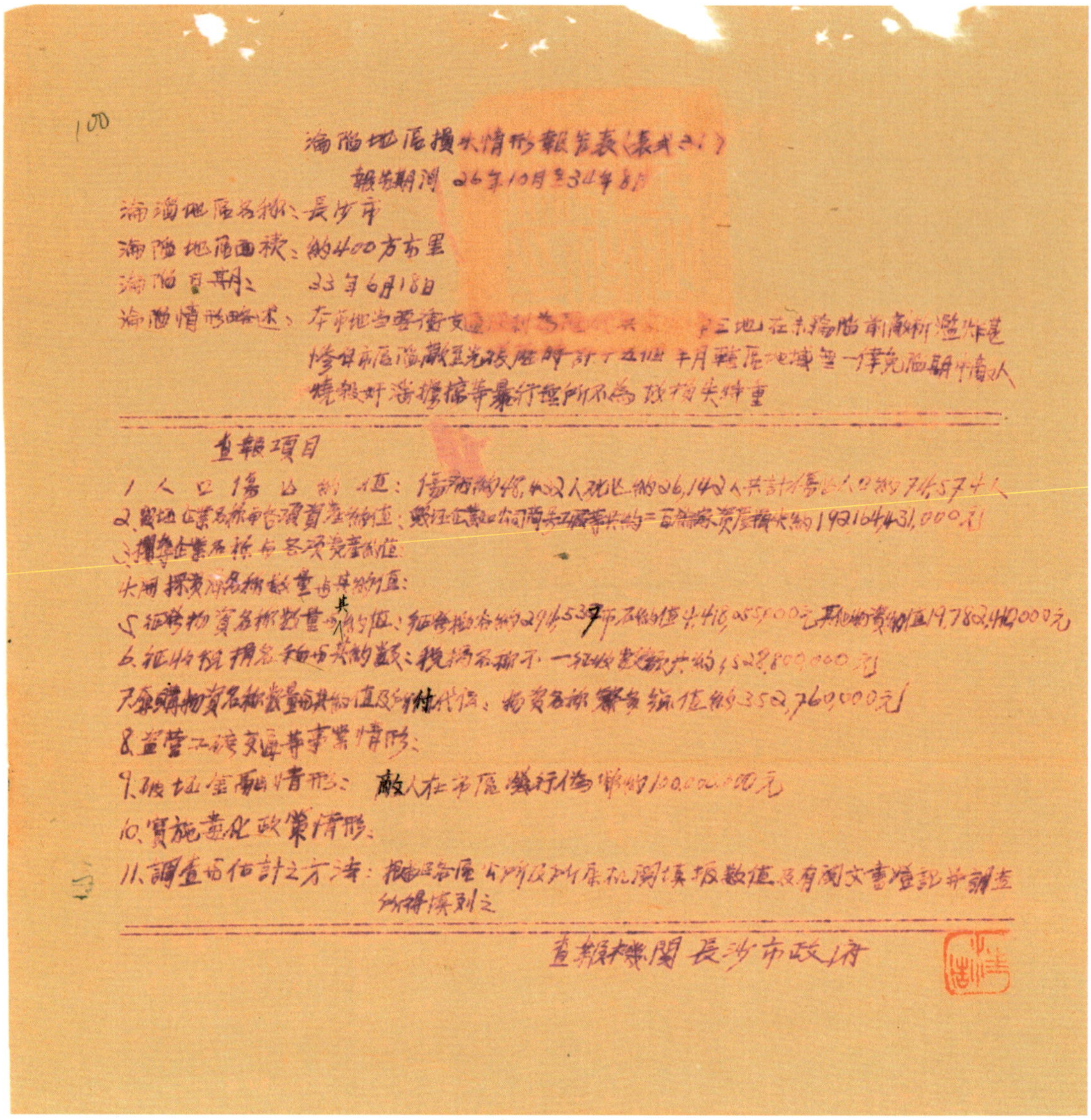

淪陷地區損失情形報告表（表式三）

報告期間 26年10月至34年8月

淪陷地區名稱：長沙市

淪陷地區面積：約400方市里

淪陷日期：33年6月18日

淪陷情形略述：本市地當要衝交通[illegible]三地在未淪陷前敵機濫炸甚慘，本市區淪敵直至投降時計一年二個月，轄區地域全部淪陷期中敵人燒殺姦淫擄掠等暴行無所不為，故損失特重

查報項目

1.人口傷亡數值：傷約48,402人，死亡約26,142人，共計傷亡人口約74,5[illegible]人

2.公私企業名稱與各項資產數值：公私企業公司商號工廠等共約二百餘家，資產損失約192164431,000元

3.掠奪企業名稱與各項資產數值：

4.開採礦產名稱數量與其價值：

5.征發物資名稱數量與其價值：征發稻谷約294,537市石，價值共416,055,000元，其他物資價值19,782,410,000元

6.征收稅捐名稱與其數額：稅捐名稱不一，征收款共約1,528,800,000元

7.采購物資名稱數量與其價值及所付代價：物資名稱繁多，值約352,760,000元

8.經營工礦交通等事業情形：

9.破壞金融情形：敵人在市區發行偽幣約100,000,000元

10.實施毒化政策情形：

11.調查與估計之方法：根據區公所及所屬機關填報數值及有關文書登記并調查所得填列之

查報機關 長沙市政府

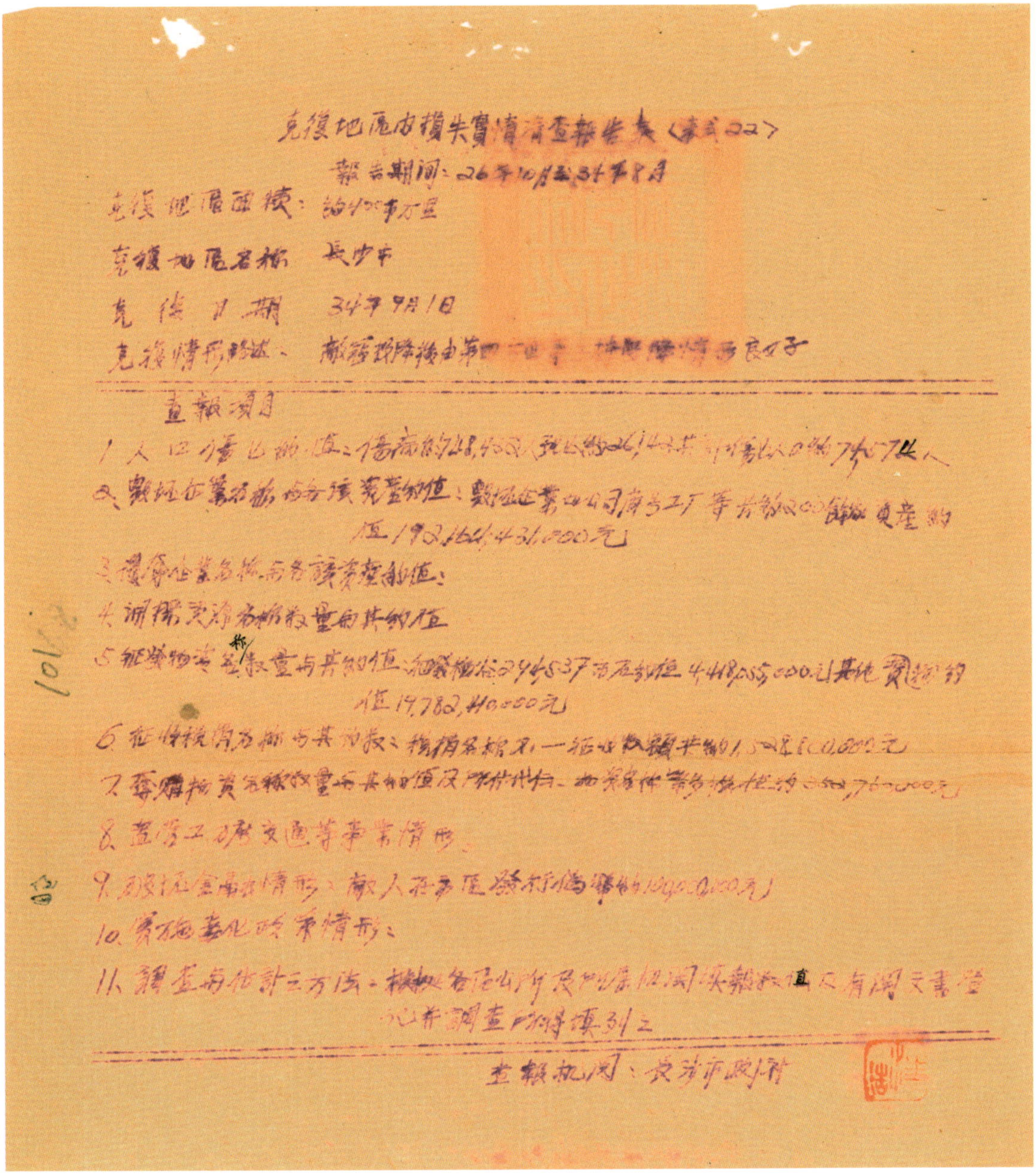

克復地區內損失實情清查報告表（表式22）

報告期間：26年10月至34年8月

克復地區面積：約4[illegible]市方里

克復地區名稱：長沙市

克復日期：34年9月1日

克復情形略述：敵寇投降後由第四[illegible]接收[illegible]

查報項目

1.人口傷亡概值：傷病約[illegible]人，死亡約26,14[illegible]，共計傷亡人口約7[illegible]57[illegible]人

2.戰區企業各部門分類資產數值：戰區企業如公司商店工廠等共約[illegible]餘家，資產約值192,164,431,000元

3.後方企業各部門分類資產數值：

4.消耗資源各部數量與其約值

5.征發物資名稱數量與其約值：征發糧谷294,537市石，約值4,418,055,000元，其他資物約值19,782,410,000元

6.征收稅捐名稱與其數額：稅捐名稱不一，征收數額共約1,528,100,000元

7.奪獲物資名稱數量與其約值及處分情形：[illegible]約值[illegible]760,000元

8.查禁工礦交通等事業情形：

9.破壞金融情形：敵人在本區發行偽幣約100,000,000元

10.實施毒化政策情形：

11.調查與估計之方法：根據各區公所及[illegible]查報數值及有關文書資料並調查所得填列之

查報機關：長沙市政府

克复地区内损失实情清查报告表（一九三七年十月至一九四五年八月）（时间不详）

长沙市公私财产直接间接抗战损失统计表（一九三七年至一九四五年八月）（时间不详）

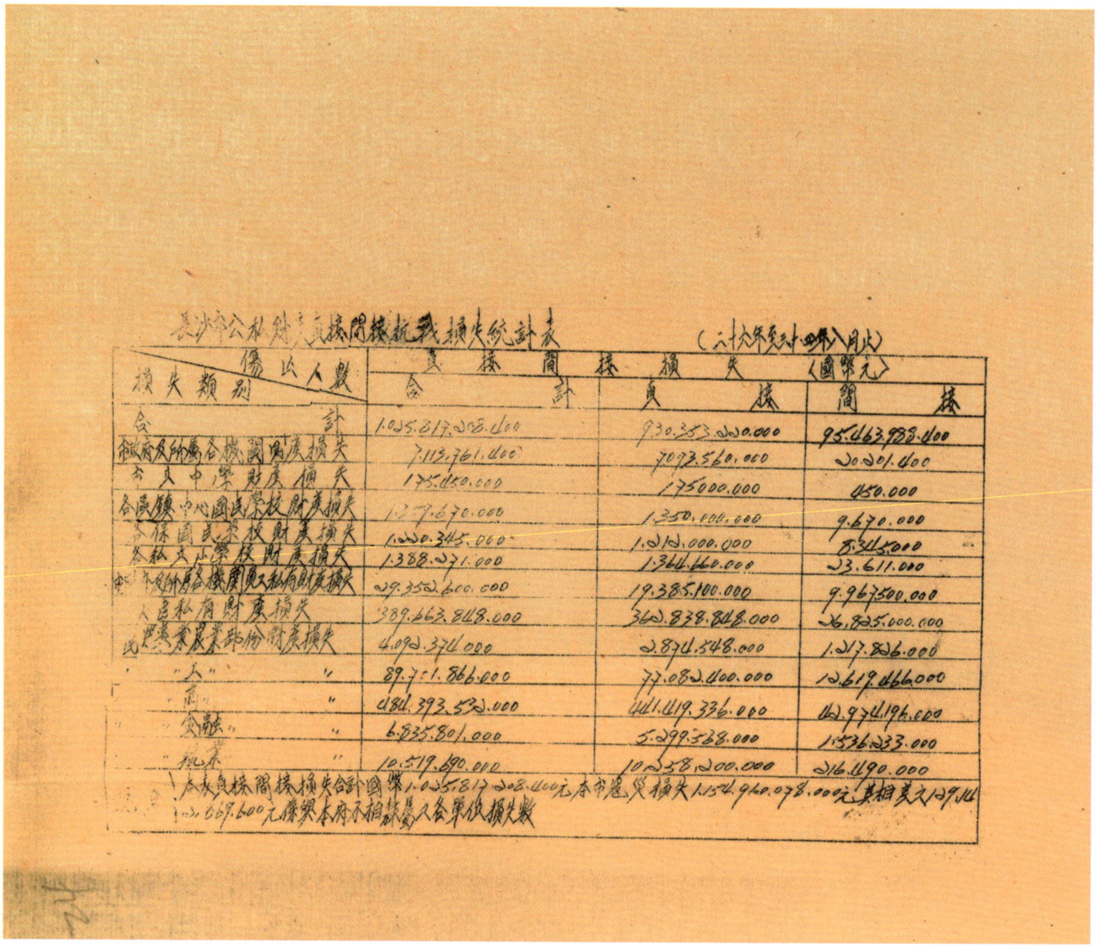

長沙市公私財產直接間接抗戰損失統計表　（二十六年至三十四年八月止）

傷亡人數 / 損失類別	直接間接損失（國幣元） 合計	直接	間接
合計	1.025.817.208.400	930.353.220.000	95.463.988.400
市政府及所屬各機關財產損失	7.113.761.400	7.093.560.000	20.201.400
市立中學財產損失	175.450.000	175.000.000	450.000
各區鎮中心國民學校財產損失	1.359.670.000	1.350.000.000	9.670.000
各保國民學校財產損失	1.220.345.000	1.212.000.000	8.345.000
各私立小學校財產損失	1.388.271.000	1.364.660.000	23.611.000
市政府及所屬各機關員工私有財產損失	29.352.600.000	19.385.100.000	9.967.500.000
人民私有財產損失	389.663.848.000	362.838.848.000	26.825.000.000
民營農業部份財產損失	4.092.374.000	2.874.548.000	1.217.826.000
〃工〃	89.701.866.000	77.082.400.000	12.619.466.000
〃商〃	484.393.532.000	441.419.336.000	42.974.196.000
〃金融〃	6.835.801.000	5.299.568.000	1.536.233.000
〃礦業〃	10.519.690.000	10.258.200.000	216.490.000

本表直接間接損失合計國幣1.025.817.208.400元本市總災損失1.154.960.078.000元其相差之129.142.669.600元係與本府不相隸屬之各單位損失數

二、财产损失

湖南长沙地方法院关于勘验湖南第一监狱被日机炸毁房屋材料器具及三次长沙会战被日军焚毁房屋情形致湖南高等法院的呈（一九四二年三月十七日）

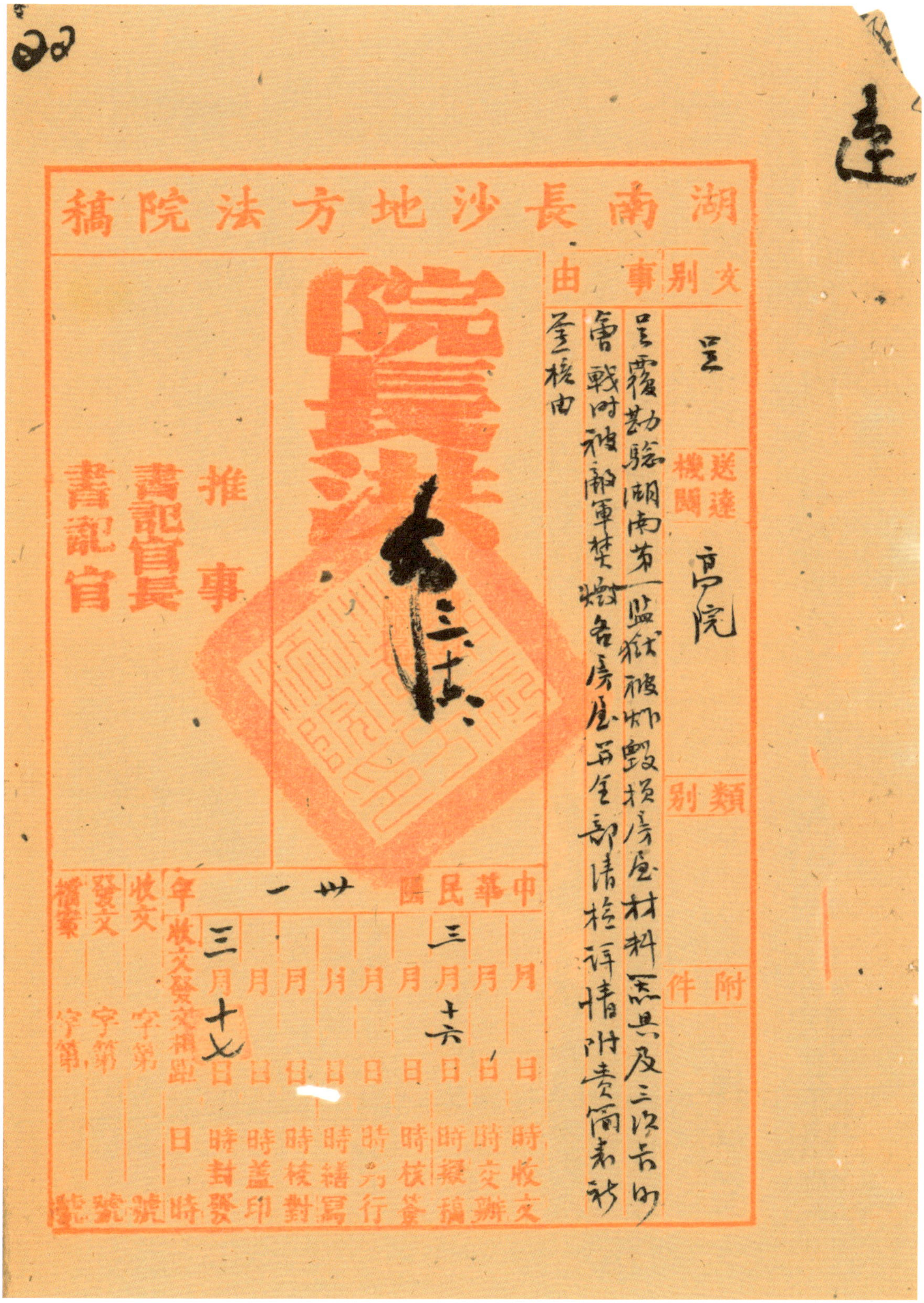
湖南長沙地方法院稿

文别：呈

事由：呈覆勘驗湖南第一監獄被炸毀損房屋材料器具及三次會戰時被敵軍焚燬各房屋再全部情形檢詳情附表簡祈鑒核由

送達機關：高院

類別

附件

推事

書記官長

書記官

中華民國卅一年

三月十六日

三月十七日

湖南長沙地方法院　呈

三十一年呈字第一二一號

前奉

鈞院三十年八月三十日訓字第二〇六二號，及同年九月十三日訓字第二二一六號訓令，以據湖南第一監獄呈報該監八月六日被敵機轟炸毀損房屋、經常傢具、作業器具材料、及籐木料物品，附賫平面圖及被炸物品清冊，請派員履勘等情，抄發原呈連同原賫圖冊，飭即遵照迅速親赴該監履勘，詳細呈復，以憑核辦。等因。計抄發原呈一件，原平面圖一份，原清冊二

03

份，春些，正值其间，忽敌寇南犯，展开第二次长沙会战，未能
遵行。迨省城秩序甫恢复战前常态，该监负责人亦均回监
照常办公后，于上年十二月二十五日因遵
钧院电令赴省代表列席全省兵役会议，原拟同时履勘该
监，不料又遇三次长沙会战，局势顿趋紧张，致仍无法达成
任务，经于上年十二月三十一日具文呈报在卷。延至本年二月一日
始前往履勘，适是时
钧座亦莅该监视察，所以被炸或震毁各房屋墙壁，除原
呈内载炸毁之少年监围墙，计高一丈八尺，宽二丈五尺，女监围
墙，计高六尺五寸，宽三尺八寸，均早修复外，其他各处砖石泥
土凌乱山积，且屋顶墙壁多已倾斜，势极危险，关于册载

毁損，經常傢具、作業器具材料、及籐木料物品，詢據該監代行典獄官職務之諸科首世保函稱，原堆存被炸之教誨堂等處，現仍壓在磚瓦泥土中，無從清檢出估，當另簽兌真實，防止將傾各牆壁屋頂，繼續倒塌及已傾房屋之木料鐵窗，久遭風雨浸蝕起見，經前由該監函報

鈞座核示，奉諭應即招工擇要清檢，以重公物，并須忠實於該監動工挖取所載毁損各物時，派員到場監同點驗，以杜流弊等因，旋據該監函知，僅就擇要清檢工程，招商多數泥行估價，以馬振福索價六千七百卅元，陳紫林索價六千五百一十六元，周復欽索價四千三百七十四元五角，祇彭運吾索價三千九百三十二元五角為最低廉，因擬僱該彭運吾承包，并

附送估单，查阅事实。嗣准通知动工期日，经饬本院派驻省城留守原院址录事孙树馨，就近前往监同拆取毁损各物，迨全部清检工程完竣，忠。即于十月二十三日亲往该监履勘，兹先就上年八月六日被炸毁损并清检各情，分陈如次：

一、教诲堂原分六栋修建，全部房屋震坏，右前两方砖墙均倒塌，屋顶震塌一栋，其余五栋柱木倾斜，现已分砌砖墩撑持，屋顶亦均掩盖，被震塌房屋部分之木料，业经清检堆置屋中，可免风雨剥蚀，该项房屋虽有拆卸重建之必要，但目前无倒塌之患。接连至中央看守处走廊，被炸倒塌计长度三分之二，现存者屋顶已掩盖，惟窗户玻璃，多被震毁。

二、初字五八号各监，全部监房并走廊，均被震坏，墙壁屋顶未倒塌者，仅监房十三间，（左六右七）现虽分别掩盖，但墙壁仍有倾斜之处，日后须全部改建，惟接连之暗室二间，门窗完整，祇墙壁稍有裂痕。

三、思字分监、靠北岸一面，（即图载红点处）屋顶盖瓦及窗上玻璃，多被震坏，现时屋顶已粘盖，估计窗上所存玻璃，则不及半数。接连已字分监，全部炸毁，过字分监并走廊，被震塌七间，尚存三十三间，（左存十四间，右存十九间）其屋顶均已掩盖，此段墙壁无倾斜痕迹，似不致再行倒塌。又由已字监至过字监走廊，全部震塌，毗连该监房之看守室，（图载红点处）祇屋顶盖瓦被震坏，兹已

25

分別拖檢，回復原狀。

四、籐木工場炸毀之屋，計一大間，原分六杠修建，屋頂牆壁均倒塌四杠，尚存二杠，現已拖蓋，目前不致傾倒。接連之材料庫（即圖載庫房）計屋一大間，全部震壞，其與工場毗連之牆壁，因傾斜歪倒，業已拆卸換砌磚牆三個，屋頂亦均拖蓋，可暫免倒塌之患。

五、關於該監原清冊列報被炸毀損之經常備具、作業器具材料，及籐木料各物品，經派員監同清檢後，復躬自點驗，除經常部分木架一個、作業部分竹尾九百根、樟木四筒，未受損壞外，其他各物被彈片或磚丸擊毀，殘碎不全，即鐵器用品，亦均銹壞，非即加修理，不能使用。茲依於詳明起見，除按原清册次序，另附簡表二份。

再查上述被炸及震毀、因勢所傾倒拆卸各牆壁，所有完整之磚瓦木料門窗廿項，連同册載經常傢具物品，均分别清檢，排置室中，不過已倒牆壁各窗戶，遍地玻璃破碎，即裝設之鐵條，亦間有不齊者。又擬代行該監典獄長戴科長之科長諾世傑面稱：當三次長沙會戰時，該監圍牆被我駐軍打孔七十一個，現已修復，惟曾被敵軍一度侵入，學大焚燬瞭望樓一座，病監房屋一部分，及看守所房内頂棚門窗廿項，另各具報有案，請一併代勘甘語，經當詳加驗視，計焚燬之處：一、北角瞭望樓一座，屋頂板樓梯，全被焚燬，惟牆壁完整，牆頭已脚碎，蓋，無倒塌之虞。

06

二、病監內自兩看守室起，越過道，西藥室，中藥室，診治室，（係一大間）中醫室，至西醫室止，計大小房屋八間并走廊，全部焚燬，其牆均用磚壘。接連該處之病人分房監十二間中之走廊，亦全被焚燬，各監房屋頂，祇稍有破損，并燒壞窗戶五個，房內亦損，但牆壁未損壞，屋頂均已拖蓋。三、義務所（在圖載典獄室之左）室內頂板焚燬，屋頂尚存，窗戶及房內，雖間有損壞，然工程不大，修復較易。

奉令前因，理合將勘驗詳情，連同簡表并原圖冊呈

文呈覆，仰祈

鑒核施行。謹呈

湖南高等法院院長陳

计赍　勘验毁损各物品现状简表二份，湖南第一监狱三十年二月廿三日填送毁损一览表一份，原平面图一份（三十年八月三十日令发）原清册二份。（卅年九月十三日令发）

（全衔）洪子

附一：湖南第一监狱被敌炸毁焚烧房屋情形一览表（一九四二年二月二十三日）

還字監三号監走廊	一方	全毁	全右
餘[illegible]場	二間 連走廊	全壞	因大炮[illegible]在二[illegible]將[illegible]已[illegible]
材料庫	一間	全壞	內部梁柱已用磚撐木撐屋檐已全部[illegible]不致倒塌
少年監[illegible]圍牆	[illegible]丈尺	[illegible]	早已修復
女監房圍牆	[illegible]	[illegible]	全右
		被毁一部份	
庫房[illegible]	[illegible]	[illegible]	備改
瞭望樓	一座	[illegible]	[illegible]木質全燒[illegible]
病監分房 監一部份	一二間	[illegible]	病監全部[illegible]門大個窗四個均燒毁[illegible]剩部份已損壞[illegible]
病監看守室	二間 並走廊	二間 並走廊	因未[illegible]已[illegible]全部[illegible]
病監遇道	一間 並走廊	一間 並走廊	全右

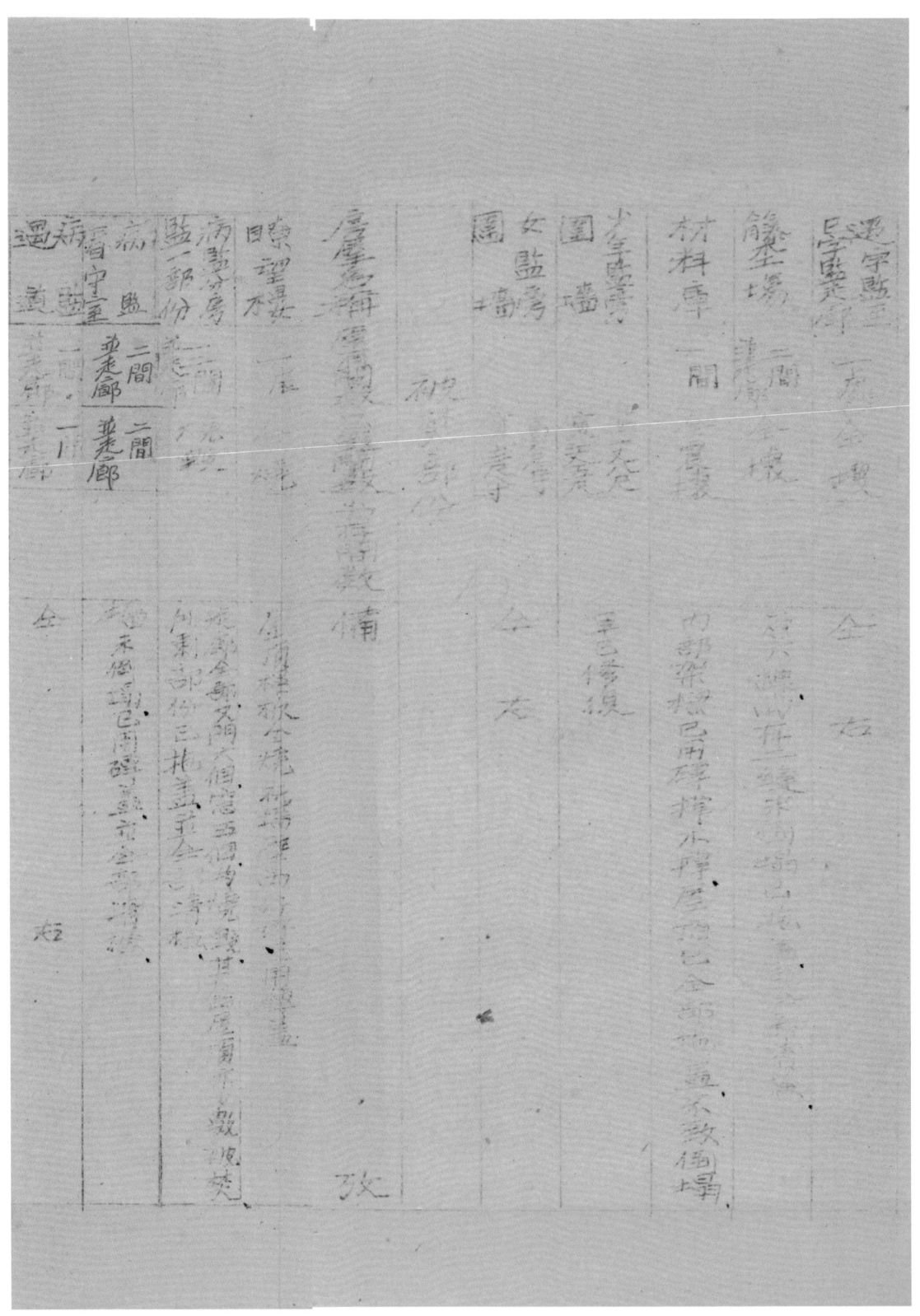

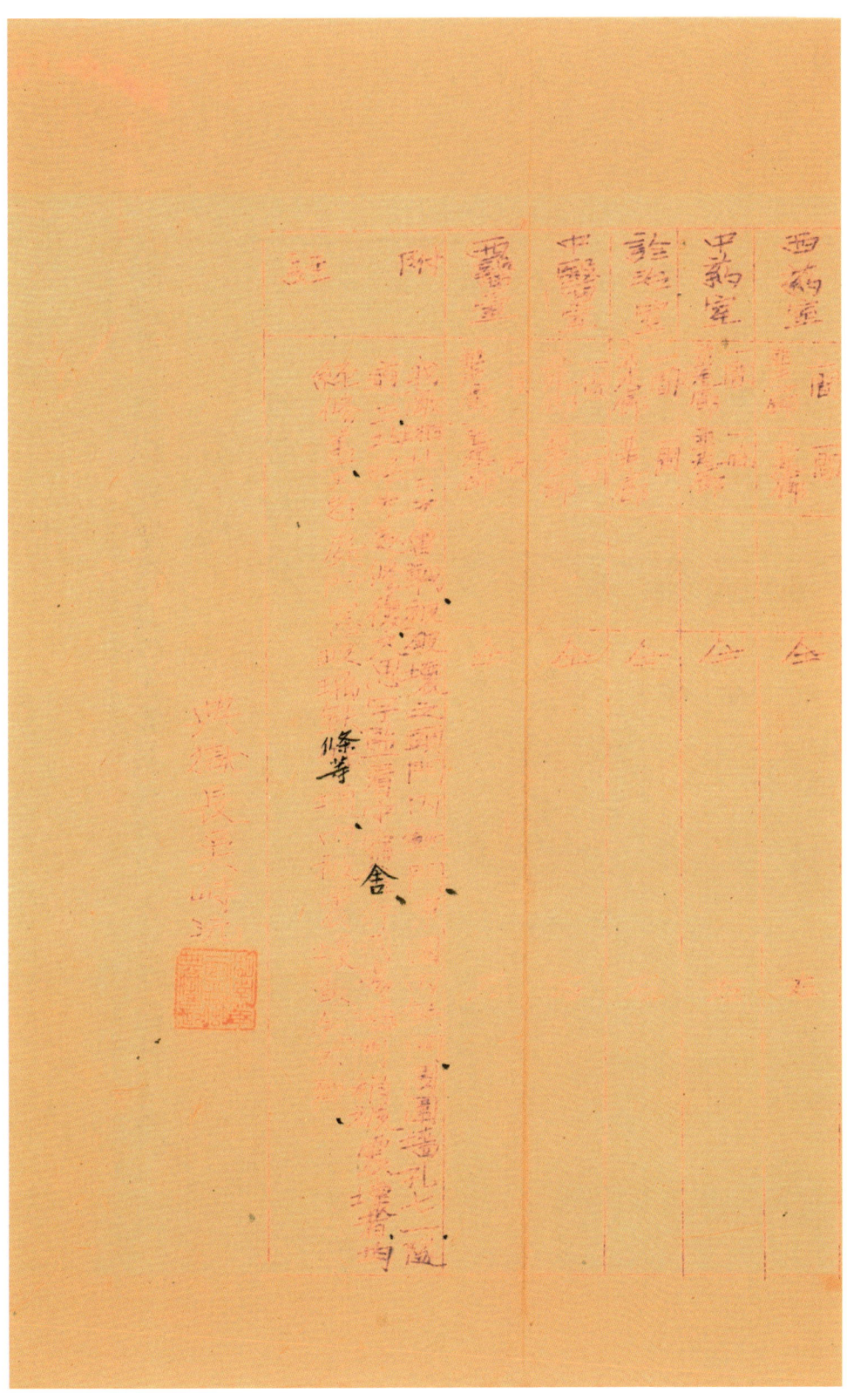

西藥室	一面 [illegible] 一面	仝
中藥室	一面 [illegible] 一面	仝
診治室	一面 [illegible]	仝
中醫室	一面 [illegible]	仝
西醫室	[illegible]	仝
附註	[illegible] 條等 [illegible] 舍 [illegible] 牆孔七一處 [illegible] 增 [illegible]	

典獄長 [illegible]

附二：湖南第一监狱经常家具作业器具材料被炸毁损数目清册

28

湖南第一監獄經常傢具作業器具材料被炸毀損數目清册

計開

經常部分

品名	數量	毀損程度	備考
碗櫃	三個	破壞不全	
木台	二座	仝右	即講台
大木架	一個	未被毀損完好	
長條桌	一張	破壞不全	
方桌	一九張	仝右	
長條椅	一張	仝右	
籐茶几	一張	仝右	

板欖	一九條	破壞不全
長條欖	二四條	仝右
護送牀	一張	仝右
圓欖	二條	仝右
四方鉄火爐	八個	仝右
圓鉄火爐	一個	仝右
豆屏	一個	仝右
槍架	二個	仝右
雙槍架	一個	仝右
梭標架	一個	仝右
水槍架	二個	仝右

09

合計

作業部分

籐木科器具

品名	數量	毀損程度	備考
器具架	一個	破壞不全	
器具櫃	一個	仝右	
材料架	一個	仝右	
頭號砍欖	二條	仝右	
二號砍欖	四條	仝右	
磨刀石架	一個	仝右	
合計			

染織科器具

品名	數量	毀損程度	備考
湘陰大缸	四口	破壞漏水	
合計			

農作科器具

品名	數量	毀損程度	備考
大缸	三口	破壞漏水	
合計			

籐木科材料

品名	數量	毀損程度	備考
竹尾	九〇〇根	未被毀損完好	

30

松板、	三丈寸破壞不、全
藤椅巴、	八個全　右
樟木、	四箇未被毀損完好
樟木樟面、	一個破壞不全
合計	
總計	

查驗人孫樹馨

附三：履勘湖南第一监狱一九四一年八月六日被敌机轰炸就清册列报毁损籐木科杂支项下购入各物品现状简表（一九四二年二月二十三日）

37

南

履勘湖南第一監獄三十年八月六日被敵機轟炸就清册列報毁損籐木科雜支項下購入各物品現狀簡表

計開

品名	數量	毁損程度	能否使用	備考
鉎子	五牌	銹壞	待修	每牌五個
洋刨	一五塊	同	同	
槽刨鉄	五塊	同	同	
鉗口	一付	同	同	
攪鉗子	五個	同	同	
大砂石	四塊	破毁	無用	
大青石	二塊	同	同	
大刮刀	二塊	銹壞	待修	

云刀	三把	銹壞	待修
圓銼	二把	仝	仝
灣剷	三把	仝	仝
垂鑽	一支	仝	仝
圓木開山	一把	仝	仝
六分平口銼	一百支	仝	仝
灣刀	一把	仝	仝
馬鎛	九個	仝	仝
鋙鉗子	四個	仝	仝
梲鉗子	七個	仝	仝
六分銼、子	五個	仝	仝

八分鑿子	一支	同	同
鐫刨	一〇個	同	同
大散料鋸	三條	同	同
殺榫鋸	三條	同	同
粉盞鋸	二條	同	同
劉鋸	二條	同	同
平鋸	三條	同	同
長刨	五個	同	同
中刨	五個	同	同
实刨	五個	同	同
墨頭	五個	破爛壞	無用

油筒	五個	破壞	無用
曲尺	一把	同	同
對角尺	三條	同	同
木鋸	二把	銹壞	待修
土鋼鋸	一支	同	同
木鎚	二把	同	同
向山	三把	同	同
平鋸	一把	同	同
釘子盒	一個	破壞	無用
大螺刨	二〇個	銹壞	待修
中螺刨	一〇個	同	同

39

小線刨	壹個	同	同
刮刀	一把	同	同
小刀	一把	同	同
冰鉄火斗	一個	破壞	無用

中華民國三十一年三月二十二日

履勘人湖南吉首地方法院々長洪[illegible]

附四：履勘湖南第一监狱一九四一年八月六日被敌机轰炸就原清册列报毁损经常家具作业材料现状简表（一九四二年二月二十三日）

40

副

履勘湖南第一監獄三十年八月六日被敵機轟炸就原清冊列報毀損經常傢具作業材料現狀簡表

計開

經常部分

品名	數量	毀損程度	能否使用	備考
碗櫃	三個	破壞不全	無用	
木台	二座	同右	同右	即講台
大木架	一個	未被毀損	能用	
長條桌	一張	破壞不全	無用	
方桌	一九張	同右	同右	
長條椅	一張	同右	同右	
籐茶几	一張	同右	同右	

板櫈	一九條	破壞不全	無用
長條櫈	二四條	同右	同右
護送床	一張	同右	同右
圓櫈	二條	同右	同右
四方鉄大爐	八個	同右	同右
圓鉄大爐	一個	同右	同右
立屏	一個	同右	同右
槍架	二個	同右	同右
雙槍架	一個	同右	同右
梭標架	一個	同右	同右
水槍架	二個	同右	同右

211

合計

作業部分

籐木科器具

品名	數量	損程度	能否使用	備考
器具架	一個	破壞不全	無用	
器具櫃	一個	同右	同右	
材料架	一個	同右	同右	
頭號砍櫈	二條	同右	同右	
二號砍櫈	四條	同右	同右	
磨刀石架	一個	同右	同右	

合計

染織科器具

品名	數量	毀損程度	能否使用	備考
湘陰大缸	四口	破壞漏水	無用	

共計

農作科器具

品名	數量	毀損程度	能否使用	備考
大缸	三口	破壞漏水	無用	

合計

籐木科材料

品名	數量	毀損程度	能否使用	備考
竹尾	九〇根	未被毀損	能用	

40

杉板	三一七寸	破壞不堪	無用
籐椅它	八個	同右	同右
樟木	四筒	未被毀損	能用
樟木桌面	一個	破壞不堪	無用

中華民國三十一年二月二十三日

履勘人湖南長沙地方法院院長□浩

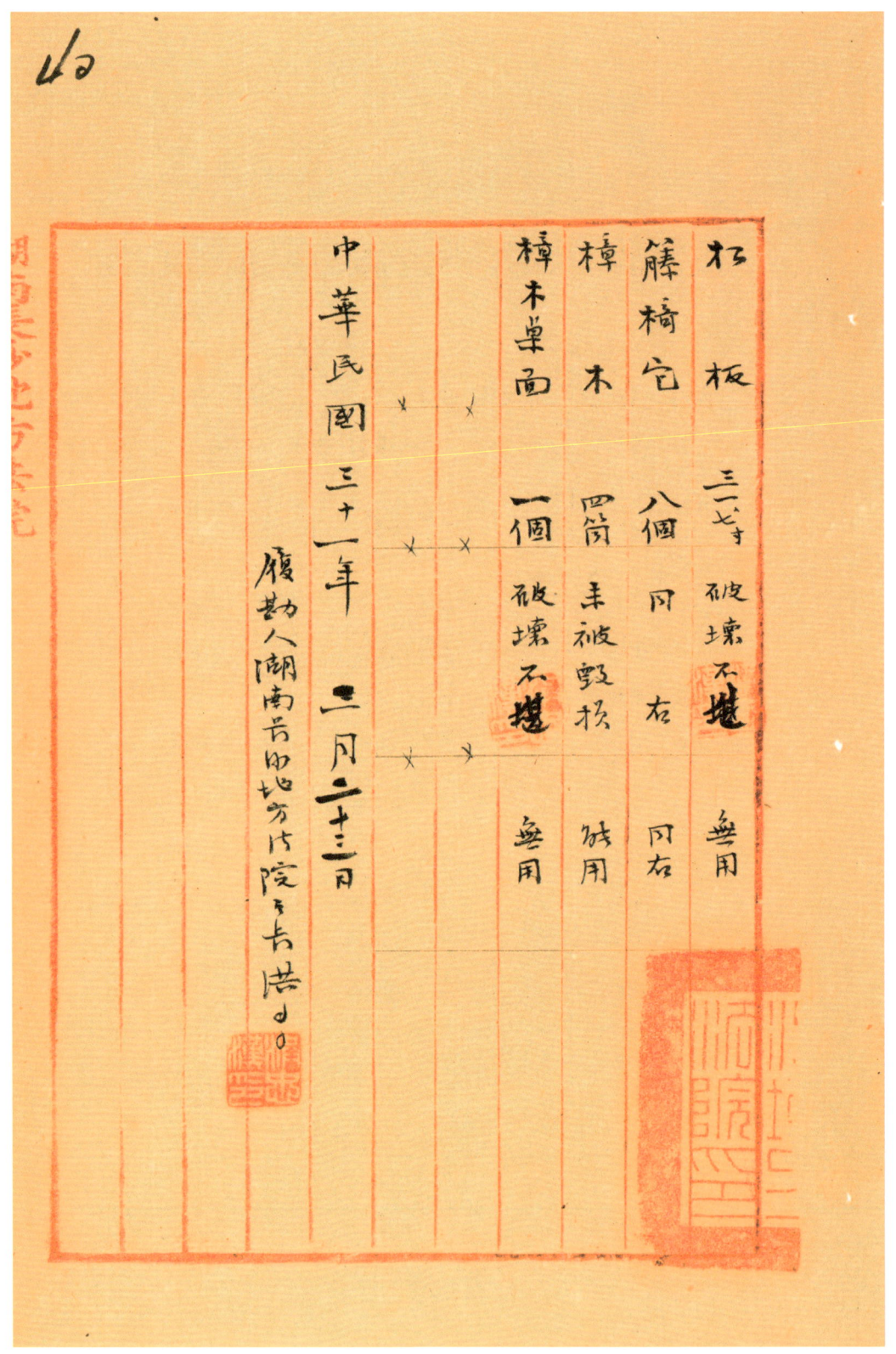

湘北四次会战损毁轮船汽船调查表（一九四五年五月）

湘北四次會戰損燬輪汽船調查表 34年5月 8（第一頁）

船名	總噸位	所屬公司	沉沒情形	沉沒地點	備攷
民强輪船	57.63	民衆	自動沉沒	冷水灘	去年涸水時机件鉄器被人拆去
民泰〃〃	44.74	〃	〃	〃	〃
民壽〃〃	28.60	〃	〃	〃	〃
民生〃〃	22.64	〃	〃	〃	〃
通和〃〃	37.38	長津	〃	喬口支河内	
新永豐〃〃	48.33	〃	〃	〃	
雙騰〃〃	41.84	〃	〃	〃	
長興〃〃	43.76	〃	沉沒後被炸	長沙牛頭洲	去冬水涸机件鉄器被人拆去
振華〃〃	59.46	〃	自動拆沉	湘潭楊梅洲	
通泰〃〃	54.75	〃	沉沒後炸燬	〃〃文昌閣	被當地人拆去机件鉄器
重慶〃〃	45.69	〃	大水冲〃	淺黑狗灘	
新湘州〃〃	38.92	〃	自動沉沒	祁陽小河	
[illegible]慶〃〃	54.21	〃	〃	冷水灘	被當地人拆去机件鉄器
新順〃〃	47.53	〃	〃		
長安汽船	20.20	〃	〃		
[illegible]輪船	21.38	福[illegible]	〃		
[illegible]	51				
[illegible]濟〃〃	[illegible].86				
[illegible]〃〃	[illegible].65				
華盛〃〃	51.86	〃	〃		
穩豐〃〃	52.51	鐵熱	大水冲沉	淺祁陽下觀音灘	
寶〃〃	91.47	〃	自動拆沉	湘潭楊梅洲	
利平〃〃	59.08	〃	敵机炸燬	林亭	被當地人拆去机件鉄器
裕通〃〃	59.22	農益	自動拆沉	白水中洲夾	
泰運〃〃	54.62	〃	〃	湘河口南北塘	
新鴻運〃〃	48.13	〃	自動拆沉	衡州合家塞	
〃〃發〃〃	156.46	群〃益	自動沉沒	湘河口外	該船艙面天篷被大水冲去
〃〃運〃〃	151.60	〃	〃	湘河口内黄草港	
〃〃泰〃〃	100.61	〃	〃	〃〃〃源湘河	艙面鉄器被拆落一部份
新太〃〃	96.02	〃	自動拆燬	湘潭楊梅洲	
新恒州〃〃	138.42	〃	自動沉沒	衡陽上梁船埠	
新華運〃〃	154.56	〃	自動拆燬	湘潭楊梅洲	
國安〃〃	99.45	〃	自動沉沒	冷水灘	艙面天篷被大水冲去
曲江〃〃	87.52	〃	〃	〃	〃
鴻發〃〃	137.91	〃	〃	衡陽樟木市	〃
祁陽〃〃	54.48	長衡	〃	白水中洲夾	
泰祥〃〃	43.06		〃	〃	
遠祥〃〃	56.86		〃	〃	

湘北四次會戰損燬輪船汽船調查表 （第二頁）

船名	總噸位	所屬公司	沉沒情形	沉沒地點	備考
大福輪船	43.87	長衡	自動沉沒	白水中洲夾	
振湘利〃〃	71.71	〃	祁陽下十五里	祁陽下十五里	
華康〃〃	61.76	〃	自動沉沒	湘潭源湘河	
公福〃〃	69.27	〃	〃	衡陽上大堡	
五福〃〃	31.46	〃	沉沒	益陽下李家洲	
源洪江〃〃	65.69	〃	自動拆燬	湘潭梅楊洲	
新平〃〃	60.68	〃	自動沉沒	喬口小河內	
資源〃〃	60.08	民權	〃	零陵廉刀灣	
永豐〃〃	58.03	〃	〃	白水小河內	
長沙〃〃	71.36	〃	〃	〃	
新國光〃〃	63.12	〃	〃	白水中洲夾	
新華庆〃〃	59.60	〃	自動拆燬	湘潭楊梅洲	
新國元〃〃	56.44	復興	炸沉	白水上木華頭	
湘源〃〃	33.56	楚利	自動沉沒	白水馬安嶺	
鴻發〃〃	41.54	〃	〃	〃	
江興〃〃	58.94	極利	〃	白水[illegible]	
江通〃〃	48.53	〃	〃	[illegible]	
鴻運〃〃	56.08	開濟	炸沉	[illegible]	
[illegible]運〃〃	59.87	〃	自[illegible]	[illegible]	
[illegible]〃〃	152.28	宏[illegible]	[illegible]	[illegible]	
[illegible]〃〃	63.58	〃	〃	[illegible]	
[illegible]〃〃	31.38	川鹽濟湘皖	〃	[illegible]	
源泰〃〃	51.00	蘇浙皖	〃	[illegible]	
平江〃〃	28.17	〃	〃	[illegible]	
衡安〃〃	16.32	〃	〃	[illegible]	
福泰〃〃	68.08	〃	〃	[illegible]	
新鄱陽汽船	17.20	〃	〃	冷水灘	
南嶽〃〃	16.00	〃	〃	零陵下老埠頭	
祥裕〃〃	10.82	〃	〃	〃	
新蘇灘〃〃	20.59	〃	〃	〃	
新寧昌〃〃	15.90	〃	〃	〃	
新清〃〃	4.00	〃	〃	〃	
協利〃〃	19.08	〃	〃	〃	
大東〃〃	20.94	〃	〃	衡陽	
鳳翔〃〃	6.00	〃	〃	〃	
永康〃〃	7.00	〃	〃	湘河口內	
開東〃〃		〃	自動拆燬	〃	
合利〃〃		〃	自動沉沒	冷水灘	
餘杭 輪船		三北鴻運公司	〃	湘河口內	
正大〃〃		大達	炸沉	〃	
新徽〃〃	29.25	楊子	沉沒	衡陽東陽渡	
餘恒〃〃	37.97	〃	〃	白水下	
利湘〃〃	135.96	湖北航商	起岸大修未完工	長沙水陸洲	
貴成〃〃		〃	沉沒	湘河口南北塘	
佑濟〃〃		〃	〃	衡陽大橋下	
實興〃〃		祝夔記机廠	自動沉沒	白水下二十里	
安寧〃〃		湖北航商	淺擱水漲沖沉	歸陽下八封洲	

湘北四次會戰損失輪船汽船調查表　（第三頁）

船名	總噸位	所屬公司	損失情形	損失地點	備考
華成汽船	17.00	華成電器廠	自動拆毀	冷水灘	
建湘輪船	41.52	湘建廳輪航處	炸沉	湘河口	
景吳〃〃		獨立分監部	沉沒	湘河口南北塘	
長豐〃〃	41.19	長沙省銀行	自動沉沒	零陵廣力灣	
鎮平〃〃		長沙海關	〃	祁陽	
安鄉〃〃	48.87	長寧公司	淺擱大水沖沉	冷水灘下黑狗灘	
汽船		廣東銀行	〃	〃	
顯仁輪船	52.28	川湘聯運處	炸沉	長沙水陸洲	[illegible]
招商三號〃〃		〃	〃	〃	
顯平〃〃	58.62	〃	自動沉沒	黃泥塘	
顯濟〃〃		〃	〃	祁陽	
顯孝〃〃	74.51	〃	擱沉	衡陽大橋上	[illegible]敵利用
建湘汽船		〃	沉沒	黃陽司	
[illegible]資〃〃		〃	〃	〃	
惠利〃〃		福記輪局	〃	衡陽	
粵漢八號〃〃		粵漢路局	〃	衡陽大橋下	敵撈用
〃〃拖輪船		〃	〃	〃	
〃〃渡輪船		〃	淺擱	白水河下口	
合計				103艘	

长沙市豆麦膏曲商业同业公会各会员抗战损失调查统计表（一九四五年十月十七日）

長沙市豆麥膏麯商業同業公會各會員抗戰損失調查統計表

中華民國三十四年十月十七日填報

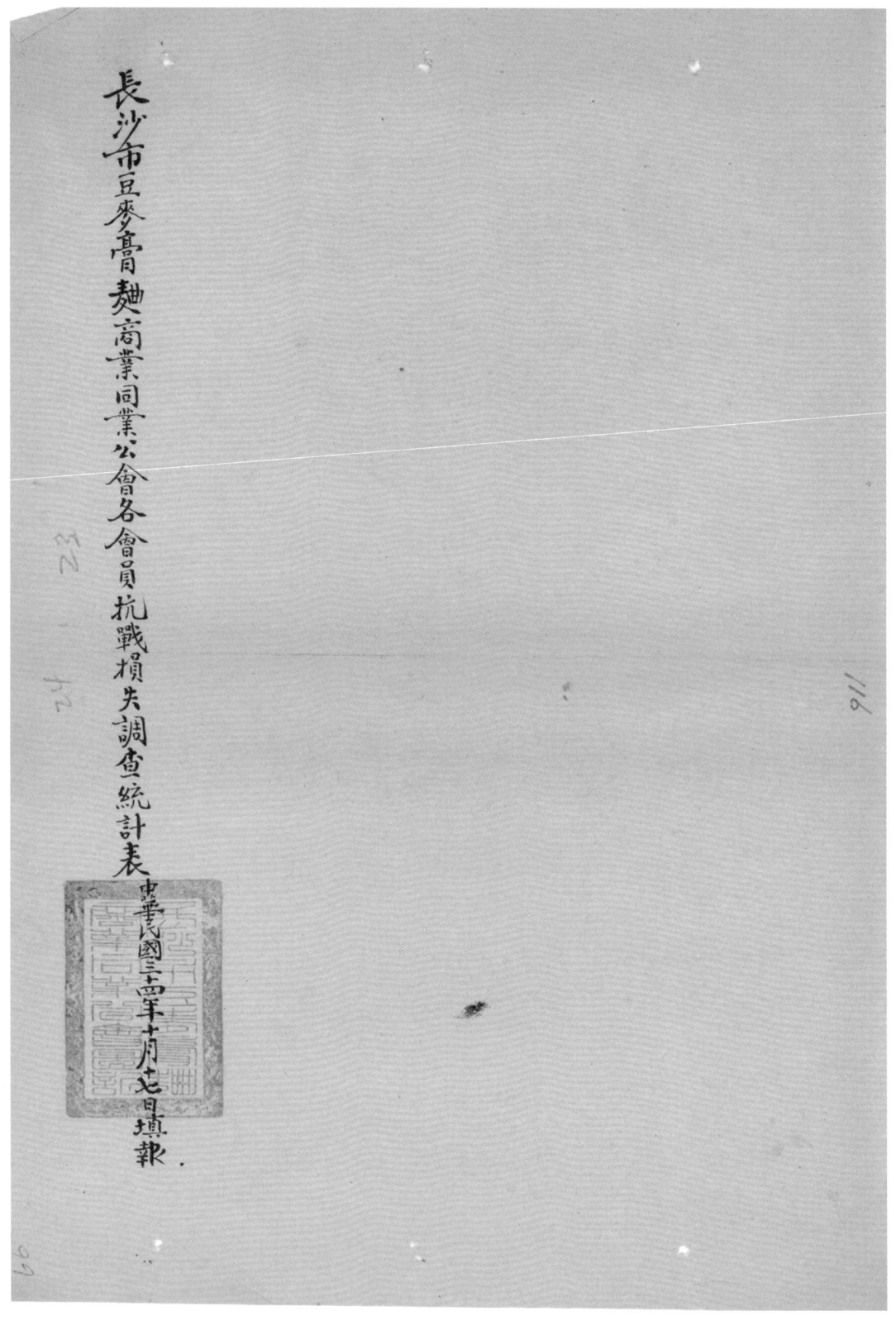

長沙市豆麥膏麯醬業同業公會各會員抗戰損失調查統計表

中華民國三十四年十月十日填報

	合計	損失機器合計法幣	損失貨物合計法幣	損失鋪屋合計	折扣法幣
九一八戰事發生會員	家	無	無	棟	
民國廿六年七七事變會員	一家	仝	捌拾伍萬	壹棟	捌拾萬
一次抗戰會員	一家	仝	捌拾萬	棟	
二次抗戰會員	一家	仝	陸拾萬	棟	
三次抗戰會員	一家	仝	壹百萬	棟	
四次抗戰會員	一家	仝	貳百萬	壹棟	捌拾萬

附註

統計六次損失法幣洋伍百陸拾伍萬圓整

負責人 黃明森 簽名蓋章

长沙市豆麦膏曲商业同业公会曹识予抗战损失调查统计表（一九四五年十月十日）

長沙市豆麥膏麵商業同業公會各會員抗戰損失調查統計表

	九一八戰事發生會員合計	民國廿七年文夕大火會員合計	一次抗戰會員合計	二次抗戰會員合計	三次抗戰會員合計	四次抗戰會員合計
家數	家	一家	一家	一家	一家	一家
損失合計 機器 法幣	無	全	全	全	全	全
損失合計 貨物 法幣	無	貳拾萬〇〇	叁拾萬〇〇	伍拾萬〇〇	捌拾萬〇〇	壹佰伍拾萬〇〇
損失合計 鋪屋	無棟	壹棟	棟	棟	壹棟	壹棟
折扣法幣	無	貳拾萬〇〇			捌拾萬〇〇	捌拾萬〇〇

統計六次損失法幣洋捌百柒拾萬圓元整

負責人 曹識予（印） 簽名蓋章

中華民國三十四年十月十日填報

附註

长沙市豆麦膏曲商业同业公会王顺兴抗战损失调查统计表（一九四五年十月十日）

长沙市豆麦膏麯商業同業公會各會員抗戰損失調查統計表

中華民國三十四年十月十日 填報

	家	損失合計 機器法幣	損失合計 貨物法幣	損失合計 鋪屋	折扣法幣
九一八戰事會員合計		〇	〇〇	棟	〇〇
民國廿七年文夕大火會員合計		〇	壹百伍拾萬〇〇	壹棟	陸拾萬元〇〇
一次抗戰會員合計		〇	捌拾萬元〇〇	〇棟	〇〇〇
二次抗戰會員合計		〇	叁拾萬〇〇	〇棟	〇〇〇
三次抗戰會員合計		〇	叁拾萬元〇〇	〇棟	〇〇〇
四次抗戰會員合計		〇	壹贰拾萬〇〇	壹棟	陸拾萬〇〇

統計六次損失法幣洋伍百贰拾萬元整

負責人 王順興 簽名蓋章

长沙市豆麦膏曲商业同业公会周庆泉抗战损失调查统计表（一九四五年十月十二日）

長沙市豆麥膏麯商業同業公會各會員抗戰損失調查統計表　中華民國三十四年十月十二日填報

	家	損失合計機器法幣		損失合計貨物法幣		損失合計舖屋	折扣法幣	
九一八戰事發生會員合計	無家	無	〇	無	〇〇	無棟	無	〇〇
民國廿七年大火會員合計	一家	全	〇	壹拾萬	〇〇	一棟	拾伍萬	〇〇
一次抗戰會員合計	一家	全	〇	壹拾六萬	〇〇	棟		〇〇
二次抗戰會員合計	一家	全	〇	叁拾萬	〇〇	棟		〇〇
三次抗戰會員合計	一家	全	〇	伍拾萬	〇〇	一棟	貳拾萬	〇〇
四次抗戰會員合計	一家	全	〇	玖拾萬	〇〇	一棟	叁拾萬	〇〇

附註

統計六次損失法幣洋貳百陸拾壹萬元整

負責人 周慶泉 簽名蓋章

长沙市豆麦膏曲商业同业公会三茂昌抗战损失调查统计表（一九四五年十月十四日）

長沙市豆麥膏麯商業同業公會各會員抗戰損失調查統計表

	家數	損失機器合計法幣	損失貨物合計法幣	損失鋪屋合計	折扣法幣
九一八戰事發生會員合計	家	〇	〇	〇棟	〇
民國廿七年文夕大火会員合計	家	〇	〇	〇棟	〇
一次抗戰会員合計	家	〇	貳萬五千五百元	〇棟	〇
二次抗戰会員合計	家	〇	拾貳萬陸千元	〇棟	〇
三次抗戰会員合計	家	〇	拾玖萬元	〇棟	〇
四次抗戰会員合計	家	〇	壹百肆拾萬元	〇棟	〇

統計六次損失法幣洋壹百柒拾肆萬壹千五百元整

中華民國三十四年十月十四日填報

附註

負責人 三茂昌 經理 簽名蓋章

长沙市豆麦膏曲商业同业公会何寿生、文仁生抗战损失调查统计表（一九四五年十月十四日）

長沙市豆麥膏麯商業同業公會各會員抗戰損失調查統計表

中華民國三十四年十月十四日填報

	八一三戰事發生會員合計	民國廿七年文夕大火會員合計	一次抗戰會員合計	二次抗戰會員合計	三次抗戰會員合計	四次抗戰會員合計
家						
損失機器法幣合計	0	0	0	0	0	0
損失貨物法幣合計	0	0	0	貳拾五萬元	叁拾萬元	伍拾萬元
損失鋪屋合計 棟						
折扣法幣	0 0	0 0	0 0	0 0	0 0	0 0

統計六次損失法幣洋壹佰另伍萬元元整

負責人 何寿生 文仁生 經理

簽名蓋章 井和祥

附註

长沙市豆麦膏曲商业同业公会胡万昌抗战损失调查统计表（一九四五年十月十五日）

長沙市豆麥膏麯業同業公會各會員抗戰損失調查統計表　中華民國三十四年十月十五日胡國安填報

	合計	損失合計 機器法幣	損失合計 貨物法幣	損失合計 鋪屋計	折扣法幣	附註
九一八戰事發生會員	〇家	無	〇〇	〇棟	〇〇〇	
民國廿七年文夕大火會員	一家	〃	累〇〇	〇棟	〇〇〇	
一次抗戰會員	〇家	〃	〇〇	〇棟	〇〇〇	
二次抗戰會員	〇家	〃	〇〇	〇棟	〇〇〇	
三次抗戰會員	〇家	〃	〇〇	〇棟	〇〇〇	
四次抗戰會員	一家	〃	六萬〇〇	〇棟	〇〇〇	

統計六次損失（當時）法幣洋貳拾捌萬玖仟陸佰元整

負責人胡萬昌　經理人胡廣臣　遺族胡國安[illegible]簽名蓋章

长沙市豆麦膏曲商业同业公会大镇昌抗战损失调查统计表（一九四五年十月十五日）

長沙市豆麥膏麯業同業公會會員抗戰損失調查統計表

	合計	損失機器合計法幣	損失貨物合計法幣	損失鋪屋合計	折扣法幣
九一八戰事發生會員	0家	無	8 8 00	0棟	00 00
民國廿七年文夕大火會員	0家	7 8	8 00	0棟	00 00
一次抗戰会員	0家	7 8	8 00	0棟	00 00
二次抗戰会員	0家	7 8	8 00	0棟	00 00
三次抗戰会員	0家	7 8	8 00	0棟	00 00
四次抗戰会員	一家	無 8	四萬 00	0棟	00 00

統計六次損失法幣洋貳佰肆拾萬肆仟元整

負責人大鎮昌經理人胡運資簽名蓋章

民國三十四年十月十五日 胡運資填報

附註

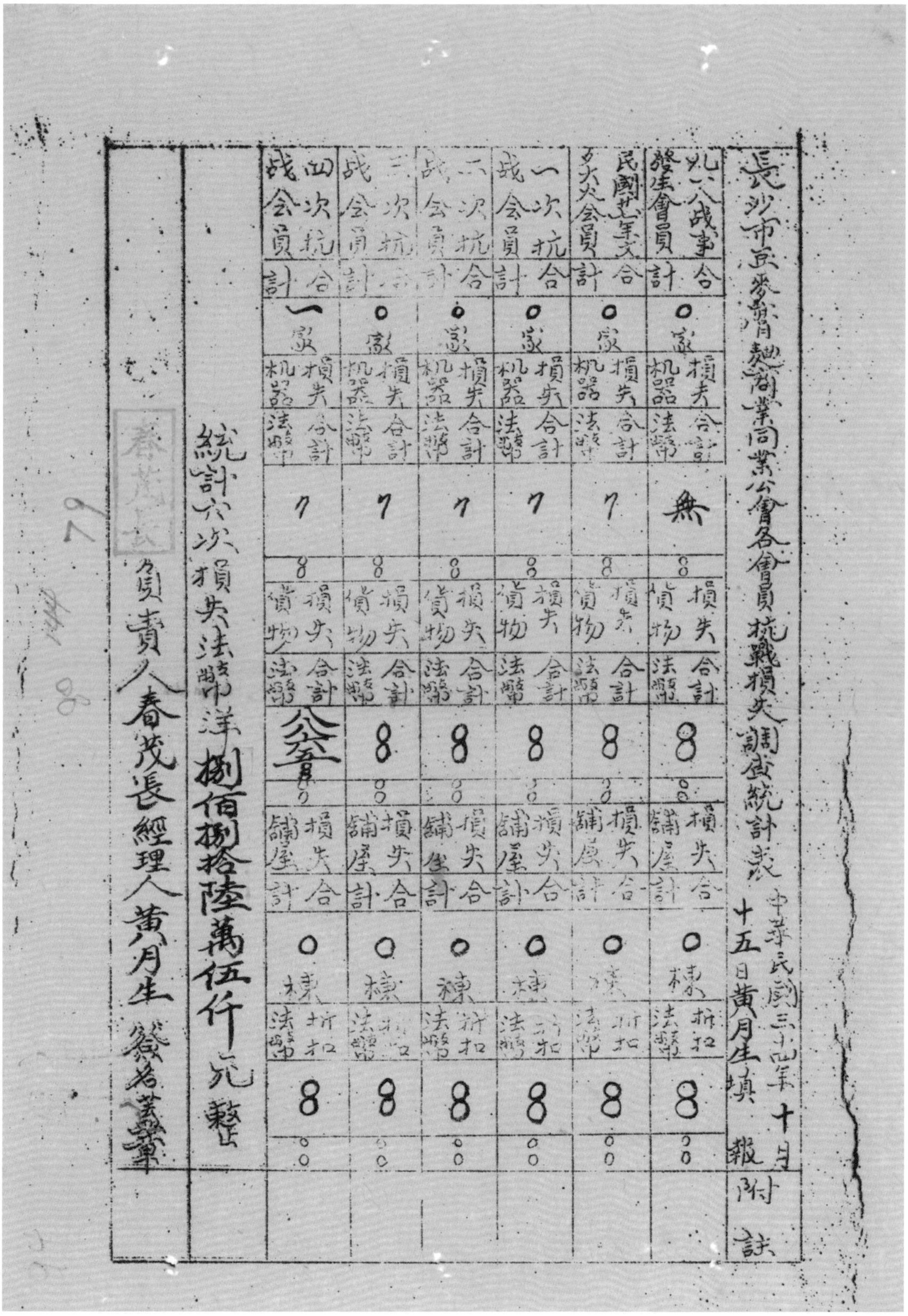

长沙市豆麥膏麴商業同業公會各會員抗戰損失調查統計表　中華民國三十四年十月十五日黃月生填報

	九一八戰事會員合計	民國廿七年大火会員合計	一次抗戰会員合計	二次抗戰会員合計	三次抗戰会員合計	四次抗戰会員合計
	0家	0家	0家	0家	0家	一家
損失機器合計法幣	無 8	〃 8	〃 8	〃 8	〃 8	〃 8
損失貨物合計法幣	8 00	8 00	8 00	8 00	8 00	[illegible]
損失舖屋合計	0棟	0棟	0棟	0棟	0棟	0棟
折扣法幣	8 00	8 00	8 00	8 00	8 00	8 00

附註

統計六次損失法幣洋捌佰捌拾陸萬伍仟元整

負責人春茂長經理人黃月生簽名蓋章

春茂長

长沙市豆麦膏曲商业同业公会春茂长抗战损失调查统计表（一九四五年十月十五日）

长沙市豆麦膏曲商业同业公会福兴恒抗战损失调查统计表（一九四五年十月十五日）

長沙市豆麥膏麯商業同業公會各會員抗戰損失調查統計表

中華民國三十四年十月十五日填報

	家	損失合計機器法幣	損失合計貨物法幣	損失合計鋪屋	折扣法幣
九一八戰事發生會員合計	家		〇〇	棟	〇〇
民國廿七年文夕大火會員合計	家		一〇五〇〇〇〇〇〇	壹棟	一〇四〇〇〇〇〇〇〇
一次抗戰會員合計	家		四五〇〇〇〇〇	棟	〇〇
二次抗戰會員合計	家		三五〇〇〇〇〇〇	棟	〇〇
三次抗戰會員合計	家		七〇〇〇〇〇〇〇〇	棟	〇〇
四次抗戰會員合計	家		一〇八〇〇〇〇〇〇〇〇	壹棟	九五〇〇〇〇〇〇〇〇

統計六次損失法幣洋叁百壹拾伍萬玖仟元整

福興恒負責人張闓雲（簽名蓋章）

附註

长沙市豆麦膏曲商业同业公会裕昌厚抗战损失调查统计表（一九四五年十月十五日）

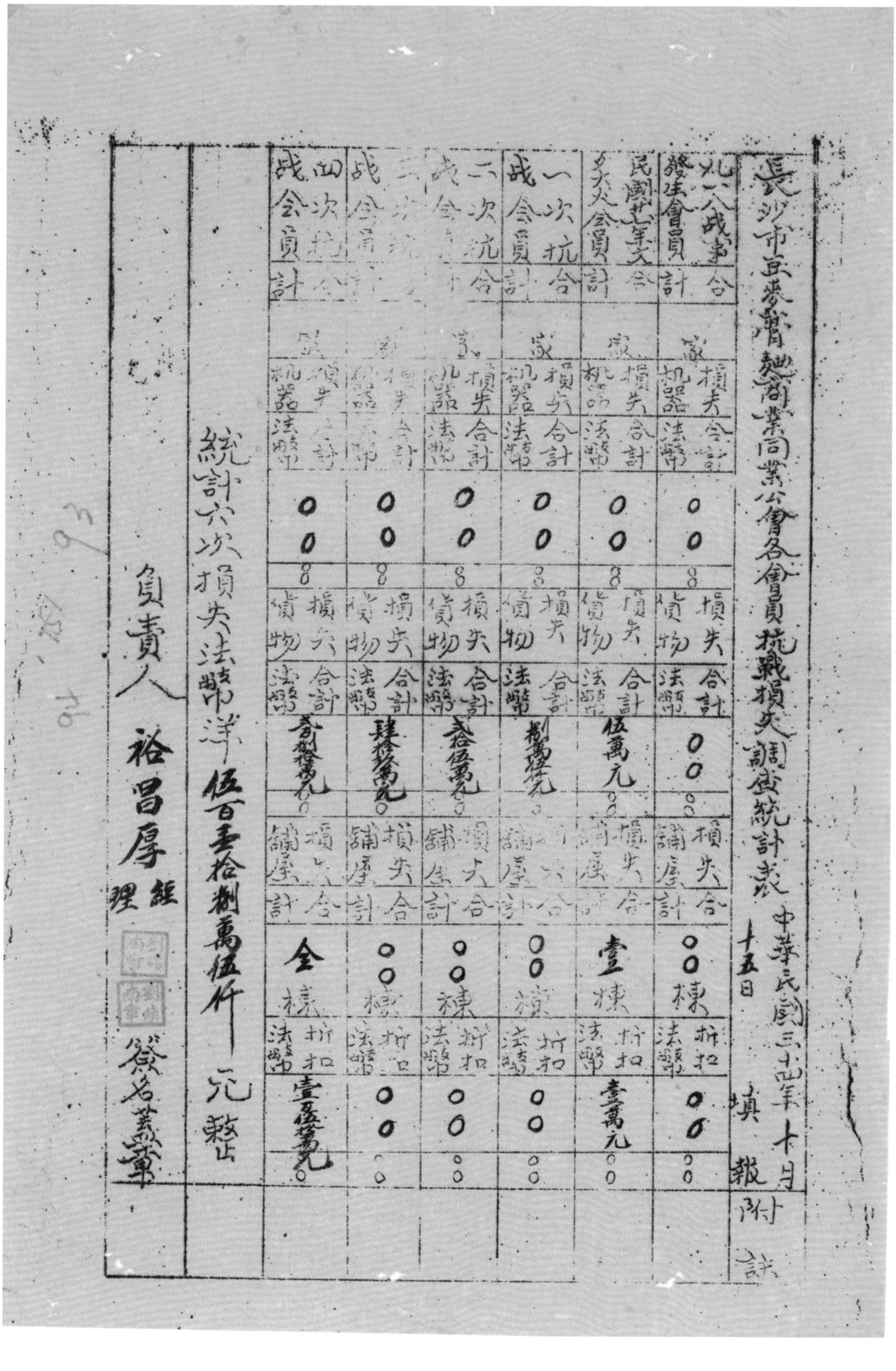

長沙市豆麥膏麯商業同業公會各會員抗戰損失調查統計表　中華民國三十四年十月十五日填報

	會員合計	損失合計 機器法幣	損失合計 貨物法幣	損失合計 鋪屋	折扣法幣
九一八戰事發生	家	0 0 0	0 0 0	0 0 棟	0 0 0 0
民國廿七年文夕大火	家	0 0 0	伍萬元〇〇	壹棟	壹萬元〇〇
一次抗戰	家	0 0 0	捌萬伍仟元〇	0 0 棟	0 0 0 0
二次抗戰	家	0 0 0	貳拾伍萬元〇	0 0 棟	0 0 0 0
三次抗戰	家	0 0 0	肆拾叁萬元〇	0 0 棟	0 0 0 0
四次抗戰	家	0 0 0	叁捌拾萬元〇〇	全棟	壹百伍拾萬元〇

統計六次損失法幣洋伍百叁拾捌萬伍仟元整

附註

負責人　裕昌厚　經理　簽名蓋章

长沙市豆麦膏曲商业同业公会正兴和抗战损失调查统计表（一九四五年十月十五日）

長沙市豆麥膏麯商業同業公會各會員抗戰損失調查統計表

	家數	損失機器合計法幣	損失貨物合計法幣	損失舖屋合計	折扣法幣
八一八戰事發生會員合計	家	〇〇	〇〇	棟	〇〇
民國廿七年文夕大火会員合計	一家	無 〇〇	一五八〇〇〇	〇棟	無 〇〇
一次抗戰会員合計	〇家	〃 〇〇	無 〇〇	〇棟	〃 〇〇
二次抗戰会員合計	〇家	〃 〇〇	〇〇〇	〇棟	〃 〇〇
三次抗戰会員合計	〇家	〃 〇〇	〇〇〇	〇棟	〃 〇〇
四次抗戰会員合計	〇家	〃 〇〇	〇〇〇	〇棟	〃 〇〇

統計六次損失法幣洋壹仟伍佰捌拾[illegible]元整（當時）

負責人 正興和 經理人 胡金生 簽名蓋章

中華民國三十四年十月十五日 胡金生填報

附註：

(1)表列損失貨物法幣係依照當時物資計算數合如上數。

(2)會員自文夕大火遭受損失即將營業停頓，旋於同年冬月自行投筆從戎，於陸軍第八十七軍通訊兵營服務，於二八年六月春調十八軍一九九師，於元年六月參加宜昌抗戰之役，三十年十一月參加宜昌抗戰之役，至三十四年二月病假歸來，仍就經營本業以維生活。

长沙市豆麦膏曲商业同业公会益盛昌抗战损失调查统计表（一九四五年十月十五日）

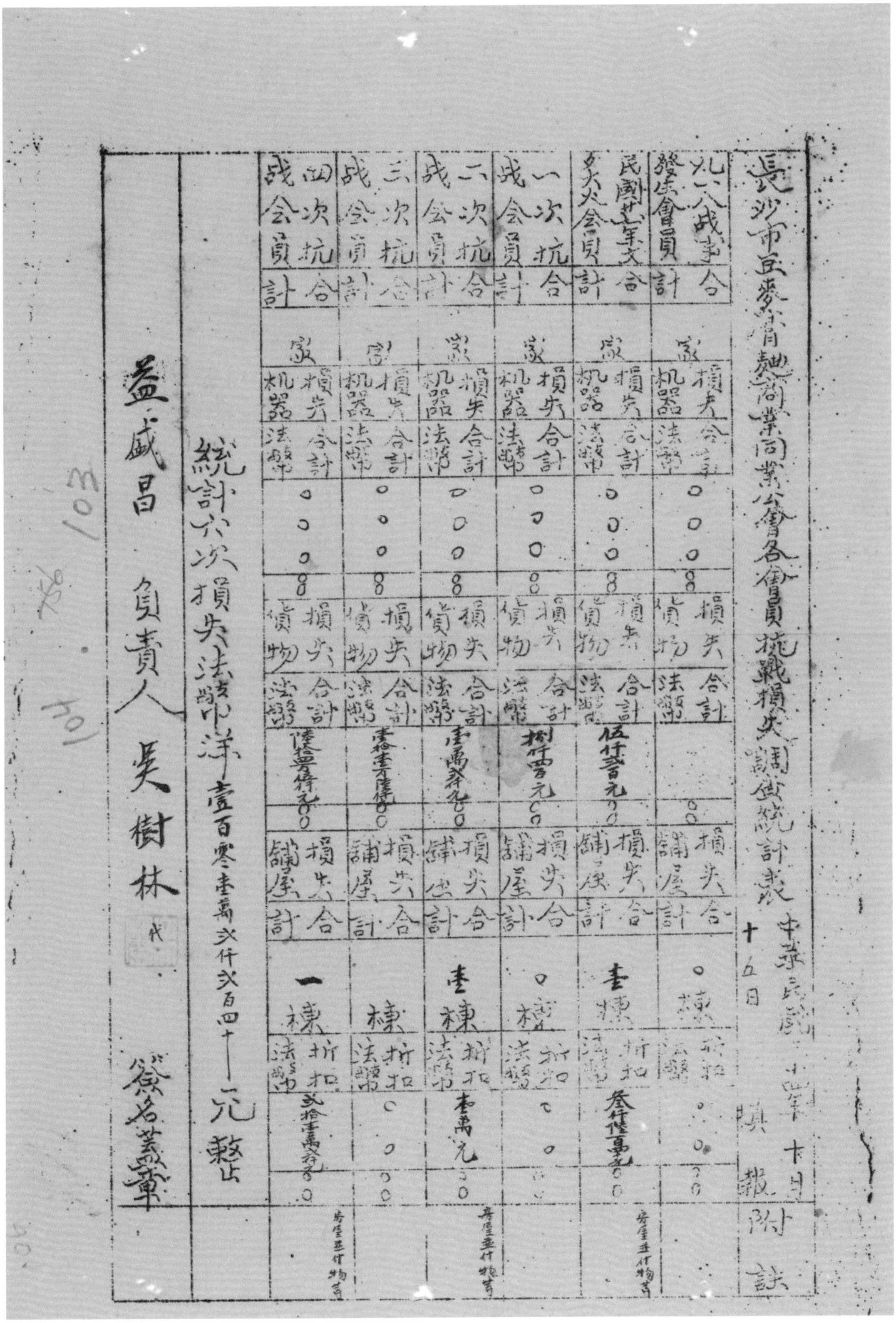

長沙市豆麥膏麯商業同業公會各會員抗戰損失調查統計表

中華民國三十四年十月十五日填報

	損失家數	損失機器合計法幣	損失貨物合計法幣	損失鋪屋合計	折扣法幣	附註
九一八戰事發生會員合計		○○○○○	○○	○棟	○○○○○	
民國廿六年七七事變會員合計		○○○○○	伍仟壹百元○○	壹棟	叁仟陸百元○○	房屋並什物等
一次抗戰會員合計		○○○○○	捌仟壹百元○○	○棟	○○○○	
二次抗戰會員合計		○○○○○	壹萬貳仟元○○	壹棟	壹萬元○○	房屋並什物等
三次抗戰會員合計		○○○○○	壹拾壹萬陸仟元○○	棟	○○○○	
四次抗戰會員合計		○○○○○	陸拾肆萬肆仟元○○	一棟	貳拾壹萬叁仟元○○	房屋並什物等

統計六次損失法幣小洋壹百零壹萬貳仟貳百四十一元整

益盛昌 負責人 吳樹林 簽名蓋章

长沙市豆麦膏曲商业同业公会洪顺和抗战损失调查统计表（一九四五年十月十六日）

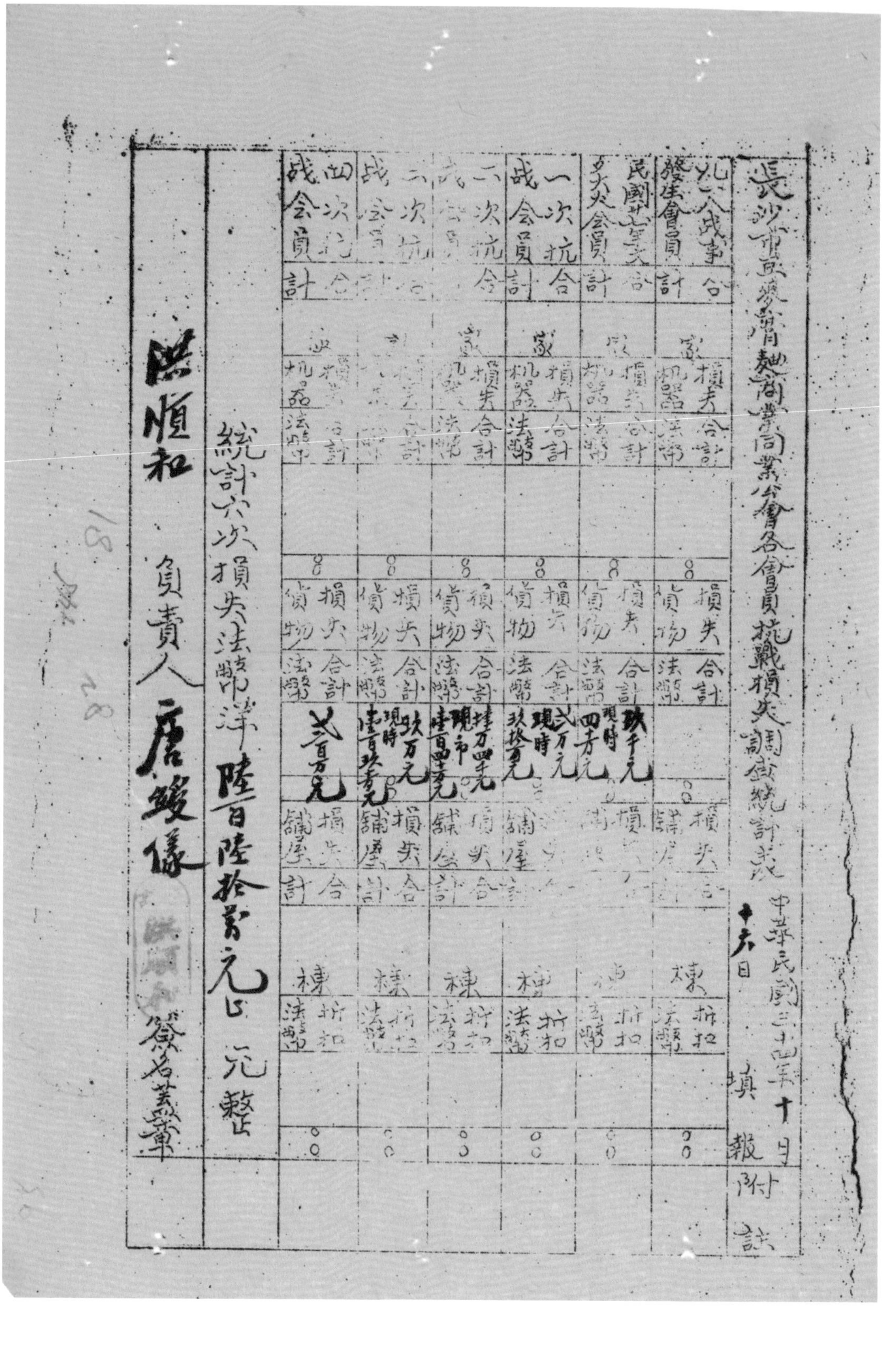

长沙市豆麦膏曲商业同业公会各会员抗战损失调查统计表

中华民国三十四年十月十六日填报

	九一八战事发生会员合计	民国廿七年文夕大火会员合计	一次抗战会员合计	二次抗战会员合计	三次抗战会员合计	四次抗战会员合计
家具损失合计 机器法币						
货物损失合计 法币		玖千元 现时四百万元	弍万元 现时玖拾万元	捌万四百元 现市肆百四十万元	玖万元 现时肆百玖拾万元	弍百万元
铺屋损失合计						
栋 折扣法币						

附注

统计六次损失法币洋陆百陆拾万元整

洪顺和 负责人 唐□□ 签名盖章

长沙市豆麦膏曲商业同业公会刘新华抗战损失调查统计表（一九四五年十月十七日）

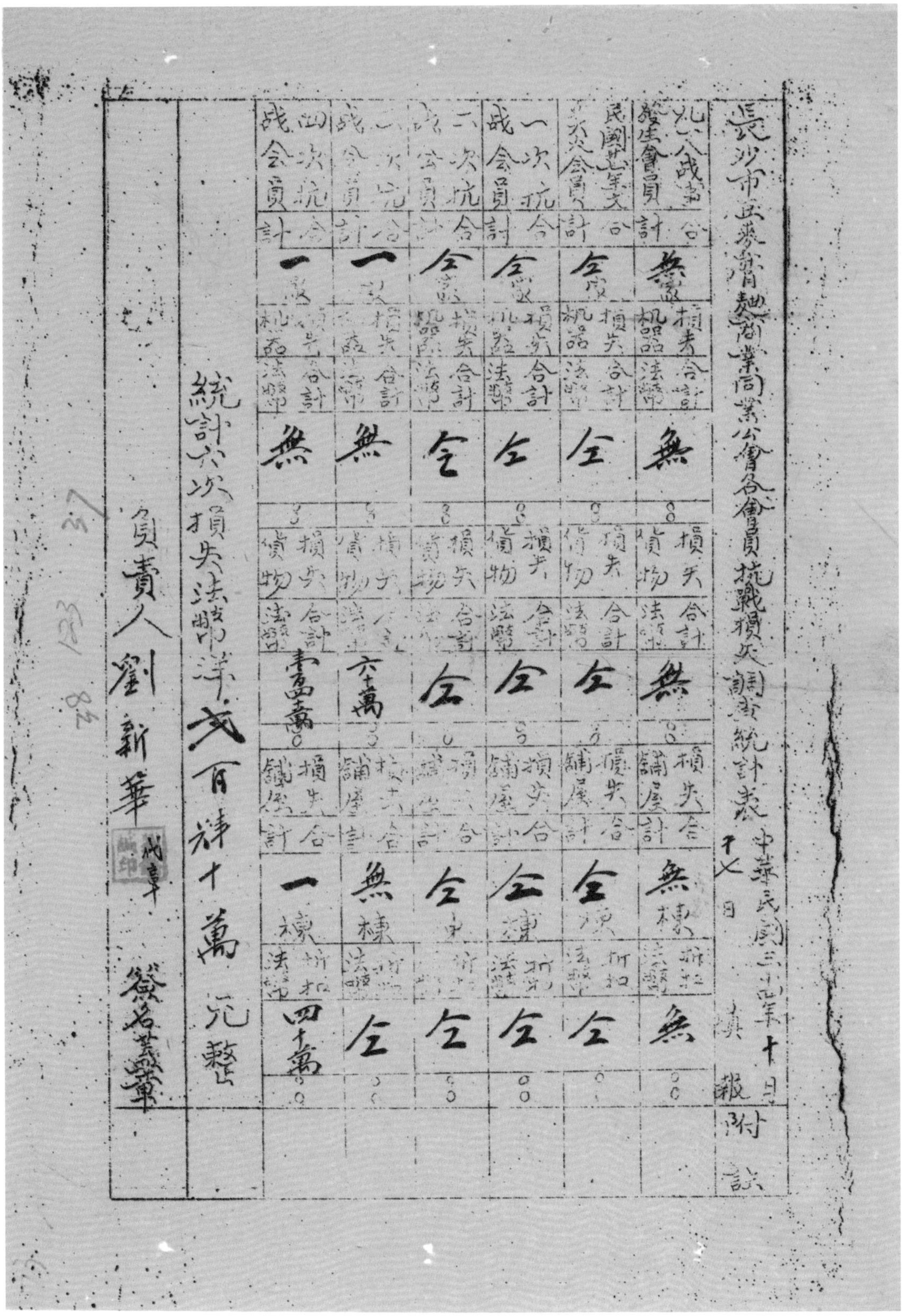

長沙市豆麥膏麯商業同業公會各會員抗戰損失調查統計表

中華民國三十四年十月十七日填報

	合計	損失機器合計法幣	損失貨物合計法幣	損失鋪屋合計	折扣法幣
九一八戰事發生會員計	無家	無	無	無棟	無
民國廿七年文夕大火災會員計	仝家	仝	仝	仝棟	仝
一次抗戰會員計	仝家	仝	仝	仝棟	仝
二次抗戰會員計	仝家	仝	仝	仝棟	仝
三次抗戰會員計	一家	無	六十萬	無棟	仝
四次抗戰會員計	一家	無	壹百四十萬	一棟	四十萬

統計六次損失法幣洋弍百肆十萬元整

負責人 劉新華（印）代章 簽名蓋章

附註

长沙市豆麦膏曲商业同业公会裕茂昌抗战损失调查统计表（一九四五年十月十七日）

長沙市豆麥膏麯商業同業公會各會員抗戰損失調查統計表　中華民國三十四年十月十七日填報

項目	九一八戰事發生會員合計	民國廿六年七七抗戰會員合計	一次抗戰會員合計	二次抗戰會員合計	三次抗戰會員合計	四次抗戰會員合計
損失合計 機器 架						
損失合計 機器 法幣						
損失合計 貨物 法幣	〇	〇	〇	〇	〇	一七四〇〇〇〇
損失合計 鋪屋 棟						三
折扣 法幣	〇〇	〇〇	〇〇	〇〇	〇〇	一五〇〇〇〇〇

附註

統計六次損失法幣洋叁百弍拾肆萬元整

裕茂昌　負責人周桂生（簽名蓋章）

长沙市豆麦膏曲商业同业公会刘锡钦抗战损失调查统计表（一九四五年十月十七日）

長沙市豆麥膏麯商業同業公會各會員抗戰損失調查統計表

中華民國三十四年十月十七日填報

	損失機器法幣合計	損失貨物法幣合計	損失鋪屋合計	折扣法幣
九一八戰事會員合計　家	無	無	一棟	無
民國廿七年文夕大火會員合計　一家	仝	四拾萬〇〇	一棟	叁拾萬〇〇
一次抗戰會員合計　一家	仝	陸拾萬〇〇	棟	〇〇
二次抗戰會員合計　一家	仝	捌拾萬〇〇	棟	〇〇
三次抗戰會員合計　一家	仝	壹百萬〇〇	棟	〇〇
四次抗戰會員合計　一家	仝	弍百萬〇〇	棟	陸拾萬〇〇

附註

統計六次損失法幣洋伍百柒拾萬圓元整

負責人劉錫欽　簽名蓋章

劉錫欽章

长沙市豆麦膏曲商业同业公会永大粮业抗战损失调查统计表（一九四五年十月十八日）

長沙市豆麥膏麯商業同業公會各會員抗戰損失調查統計表　中華民國三十四年十月十八日填報

	損失機器法幣合計	損失貨物法幣合計	損失鋪屋合計	折扣法幣
抗戰事發生會員合計　家	無	無	棟	
民國廿七年文夕大火会員合計　一家	全	叁拾萬	一棟	捌拾萬
一次抗戰会員合計　一家	全	弍拾萬	棟	
二次抗戰会員合計　一家	全	捌拾萬	棟	
三次抗戰会員合計　一家	全	陸拾萬	棟	
四次抗戰会員合計　一家	全	壹百萬	一棟	陸拾萬

附註

統計六次損失法幣洋叁百伍拾萬圓元整

負責人　周壽松　簽名蓋章

75

96

874

长沙市豆麦膏曲商业同业公会德孚泰抗战损失调查统计表（一九四五年十月二十一日）

長沙市豆麥膏麯商業同業公會各會員抗戰損失調查統計表

事項	會員合計	損失合計機器法幣	損失合計貨物法幣	損失合計鋪屋	折扣法幣
九一八戰事發生會員合計	〇家	無	8	〇棟	8
民國廿七年文夕大火會員合計	一家	7	壹	〇棟	8
一次抗戰會員合計	〇家	7	8	〇棟	8
二次抗戰會員合計	〇家	7	8	〇棟	8
三次抗戰會員合計	〇家	7	8	〇棟	8
四次抗戰會員合計	〇家	7	8	〇棟	8

統計六次損失法幣洋貳佰肆拾陸萬貳仟元整

負責人德孚泰經理人胡冬生 簽名蓋章

德孚泰

中華民國三十四年十月二十一日胡冬生填報

附註

长沙市豆麦膏曲商业同业公会怡顺祥号抗战损失调查统计表（一九四五年十月二十一日）

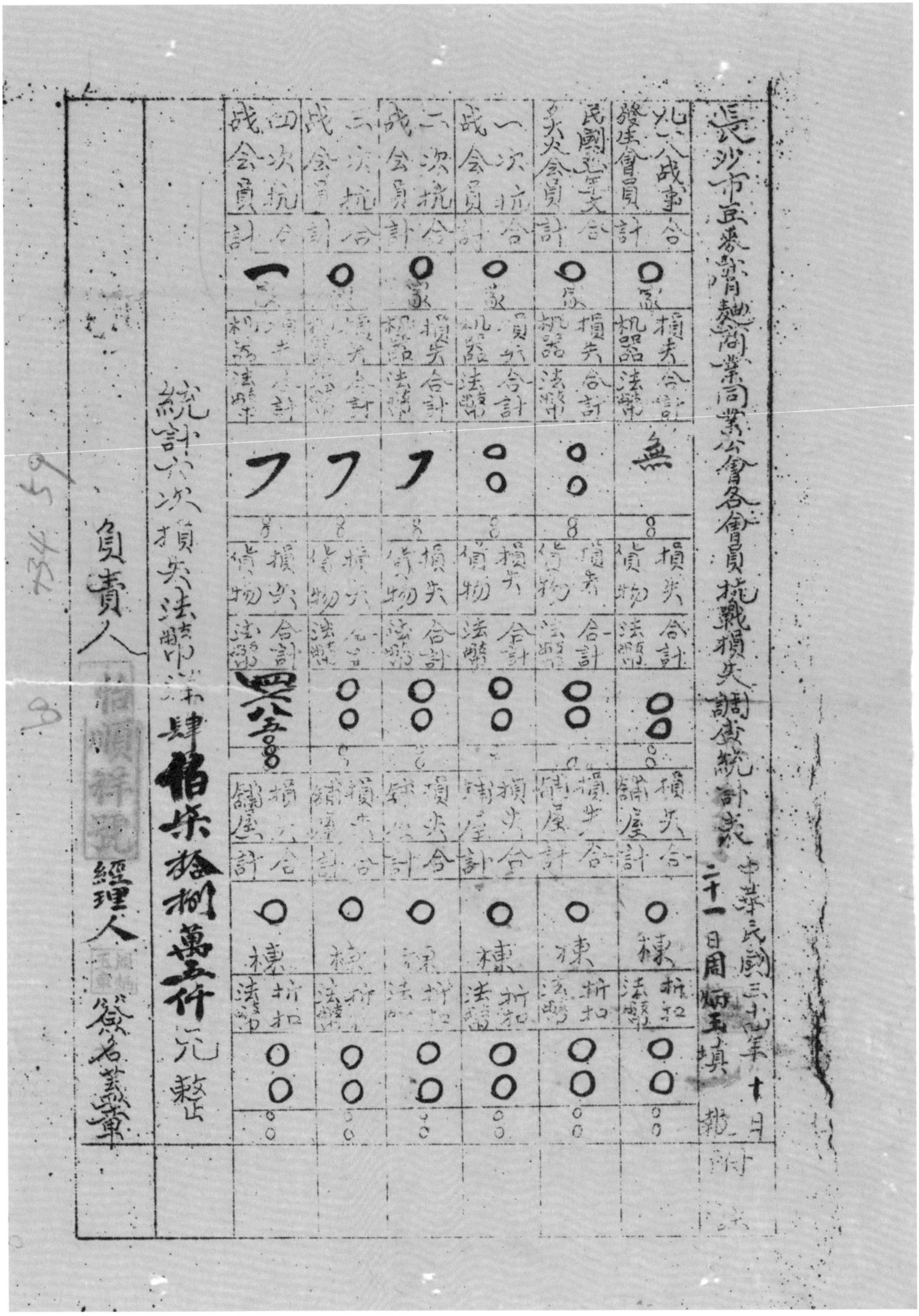

長沙市豆麥膏麯商業同業公會各會員抗戰損失調查統計表

中華民國三十四年十月二十一日周炳玉填報

	九一八戰事發生會員合計	民國廿六年七七事變會員合計	一次抗戰會員合計	二次抗戰會員合計	三次抗戰會員合計	四次抗戰會員合計
	〇家	〇家	〇家	〇家	〇家	一家
損失合計機器法幣	無	〇〇	〇〇	[illegible]	[illegible]	[illegible]
損失合計貨物法幣	〇〇	〇〇	〇〇	〇〇	〇〇	四八五〇〇〇
損失合計鋪屋	〇棟	〇棟	〇棟	〇棟	〇棟	〇棟
折扣法幣	〇〇	〇〇	〇〇	〇〇	〇〇	〇〇

統計六次損失法幣共計肆佰柒拾捌萬五仟元整

負責人 怡順祥號

經理人 周炳玉 簽名蓋章

长沙市豆麦膏曲商业同业公会福昌和抗战损失调查统计表（一九四五年）

長沙市豆麥膏麴商業同業公會各會員抗戰損失調查統計表 中華民國三十四年 月 日填報

九一八戰事發生會員合計	家	損失機器合計法幣	00	損失貨物合計法幣	00	損失鋪屋合計	棟	折扣法幣 0 0
民國廿六年七七全面抗戰會員合計	家	損失機器合計法幣	00	損失貨物合計法幣	柒仟元 現市卌萬00	損失鋪屋合計	一棟	折扣法幣 肆仟元 現市貳拾叁万元00
一次抗戰会員合計	家	損失機器合計法幣	00	損失貨物合計法幣	壹万仟 現市柒拾萬00	損失鋪屋合計	棟	折扣法幣 0 0
二次抗戰会員合計	家	損失機器合計法幣	00	損失貨物合計法幣	叁万元 現市玖拾万元00	損失鋪屋合計	棟	折扣法幣 0 0
三次抗戰会員合計	家	損失機器合計法幣	00	損失貨物合計法幣	陸万元 現市壹百五拾萬00	損失鋪屋合計	棟	折扣法幣 0 0
四次抗戰会員合計	家	損失機器合計法幣	00	損失貨物合計法幣	壹百五拾萬00	損失鋪屋合計	棟	折扣法幣 0 0

統計六次損失法幣洋肆佰玖拾柒萬元整

負責人 李勤生 簽名蓋章 福昌和

附註

长沙市豆麦膏曲商业同业公会大丰和抗战损失调查统计表（一九四五年）

長沙市豆麥膏麯商業同業公會各會員抗戰損失調查統計表　中華民國三十四年　月　日填報　附註

合計	家	損失合計機器法幣	損失合計貨物法幣	損失合計鋪屋	栋	折扣法幣
九一八戰事發生會員合計	家	〇〇	〇〇		栋	〇〇
民國廿七年文夕大火会員合計	家	〇〇	壹百弍拾萬元〇〇		壹栋	陸拾萬元〇〇
一次抗战会員合計	家	〇〇	柒拾萬元〇〇		栋	〇〇
二次抗战会員合計	家	〇〇	陸拾萬元〇〇		栋	〇〇
三次抗战会員合計	家	〇〇	弍百伍拾萬元〇〇		栋	〇〇
四次抗战会員合計	家	〇〇	叁百伍拾萬元〇〇		栋	〇〇

統計六次損失法幣洋捌百貳拾萬元整

負責人　大豐和李茂光（簽名蓋章）

长沙市豆麦膏麯商業同業公會各會員抗戰損失調查統計表

	會員家數	損失機器合計法幣	損失貨物合計法幣	損失鋪屋合計	折扣法幣	附註
九一八戰事發生會員合計	家	0 00	0 00	棟	0 00	
民國廿七年文夕大火會員合計	家	0 00	0 00	棟	0 00	
一次抗戰會員合計	一家	[illegible] 00	[illegible] 00	棟	0 00	
二次抗戰會員合計	一家	[illegible] 00	[illegible] 00	棟	0 00	
三次抗戰會員合計	一家	[illegible] 00	[illegible] 00	棟	0 00	
四次抗戰會員合計	一家	[illegible] 00	[illegible] 00	一棟	[illegible] 00	

統計六次損失法幣洋四百零捌萬元整

負責人 德昌福 簽名蓋章

中華民國三十四年 月 日填報

长沙市豆麦膏曲商业同业公会怡兴隆抗战损失调查统计表（一九四五年）

長沙市豆麥膏麯商業同業公會各會員抗戰損失調查統計表　中華民國三十四年　月　日填報　附註

	會員合計	損失機器合計法幣	損失貨物合計法幣	損失鋪屋合計	折扣法幣
九一八戰事發生會員合計	家	〇	〇	棟	〇
民國廿七年文夕大火會員合計	一家	弍拾萬元	弍百萬元	二棟	弍百萬元
一次抗戰會員合計	家	〇	〇	棟	〇
二次抗戰會員合計	一家	拾五萬元	壹百叁拾萬元	棟	〇
三次抗戰會員合計	一家	陸萬元	五拾萬元	棟	〇
四次抗戰會員合計	家	〇	〇	棟	〇

統計六次損失法幣洋柒百壹拾壹萬元整

負責人　怡興隆　簽名蓋章

長沙市豆麥膏麯商業同業公會各會員抗戰損失調查統計表　中華民國三十四年　月　日填報

	會員合計	損失機器法幣合計	損失貨物法幣合計	損失舖屋合計	折扣法幣	附註
九一八戰事發生會員合計	家	〇 〇〇	〇 〇〇	棟	〇〇	
民國廿七年文夕大火會員合計	一家	拾貳萬元 〇〇	壹叁萬 〇〇	一棟	壹五拾萬 〇〇	
一次抗戰會員合計	家	〇 〇〇	〇 〇〇	棟	〇〇	
二次抗戰會員合計	一家	拾萬元 〇〇	壹萬元 〇〇	棟	〇〇	
三次抗戰會員合計	一家	五萬元 〇〇	陸拾萬元 〇〇	棟	〇〇	
四次抗戰會員合計	一家	拾萬元 〇〇	貳百萬元 〇〇	棟	〇〇	

統計六次損失法幣洋陸百玖拾柒萬元整

負責人　生泰　簽名蓋章

长沙市豆麦膏曲商业同业公会裕新福抗战损失调查统计表（一九四五年）

長沙市豆麥膏麯商業同業公會各會員抗戰損失調查統計表　中華民國三十四年　月　日填報

會員	家數	損失機器合計法幣	損失貨物合計法幣	損失舖屋合計	折扣法幣	附註
九一八戰事發生會員合計	家	〇	〇〇	棟	〇〇	
民國廿六年七七事變會員合計	一家	五萬元〇	五拾萬元〇〇	棟	〇〇	
一次抗戰會員合計	家	〇	〇〇	棟	〇〇	
二次抗戰會員合計	一家	貳萬元〇	貳拾萬元〇〇	棟	〇〇	
三次抗戰會員合計	一家	貳萬元〇	拾萬元〇〇	棟	〇〇	
四次抗戰會員合計	一家	陸萬元〇	陸拾萬元〇〇	棟	〇〇	

統計六次損失法幣洋壹百五拾五萬元整

負責人　裕新福（印）　簽名蓋章

长沙市豆麦膏曲商业同业公会各会员抗战损失调查统计表

中华民国三十四年 月 日填报

	九一八战事发生会员合计	民国廿七年文夕大火会员合计	一次抗战会员合计	二次抗战会员合计	三次抗战会员合计	四次抗战会员合计
家	家	家	家	家	家	家
损失机器合计法币	00	00	00	00	00	00
损失货物合计法币	00	玖千元 现时四百万零 00	贰万四千元 现时壹百万元 00	肆万捌千元 现时壹百四十万 00	玖万余元 现时贰百万 00	贰百万 00
损失铺屋合计	栋	一栋	栋	栋	栋	一栋
折扣法币	00	五千元 现时廿五万 00	00	00	00	壹百万 00

附注

统计六次损失法币洋捌伯另玖万五千元整

负责人 李润贵 义兴福 签名盖章

长沙市豆麦膏曲商业同业公会大兴裕抗战损失调查统计表（一九四五年）

長沙市豆麥膏麴商業同業公會各會員抗戰損失調查統計表　中華民國三十四年　月　日填報

類別	家	損失合計 機器法幣	損失合計 貨物法幣	損失合計 鋪屋	折扣法幣	附註
抗戰事發生會員合計	家			棟		
民國廿七年文夕大火會員合計	家		壹萬元 [illegible]	一棟	伍仟元 [illegible]	
一次抗戰會員合計	家		叁萬元 [illegible]	棟		
二次抗戰會員合計	家		伍萬元 [illegible]	棟		
三次抗戰會員合計	家		拾萬元 [illegible]	棟		
四次抗戰會員合計	家		貳百萬元	一棟	壹佰萬元	

統計六次損失法幣洋捌佰叁拾陸萬元整

大興裕　負責人　王潤帆（印）　簽名蓋章

長沙市豆麥膏曲業同業公會各會員抗戰損失調查統計表　中華民國三十四年　月　日填報

	家損失合計 机器法幣	損失合計 貨物法幣	損失合計 舖屋	折扣法幣
九一八戰事發生會員合計	0	0	棟	00
民國廿七年大火會員合計	0	二百萬 00	一棟	市現八十萬 00
一次抗戰会員合計	0	00	棟	00
二次抗戰会員合計	0	三十萬 00	棟	00
三次抗戰会員合計	0	五十萬 00	棟	00
四次抗戰会員合計	0	一百五十萬 00	一棟	八十萬 00

統計六次損失法幣洋五百九十萬元整

福昌隆　負責人　鄔雲祿（印）　簽名蓋章

附註

长沙市豆麦膏曲商业同业公会南湘阜抗战损失调查统计表（一九四五年）

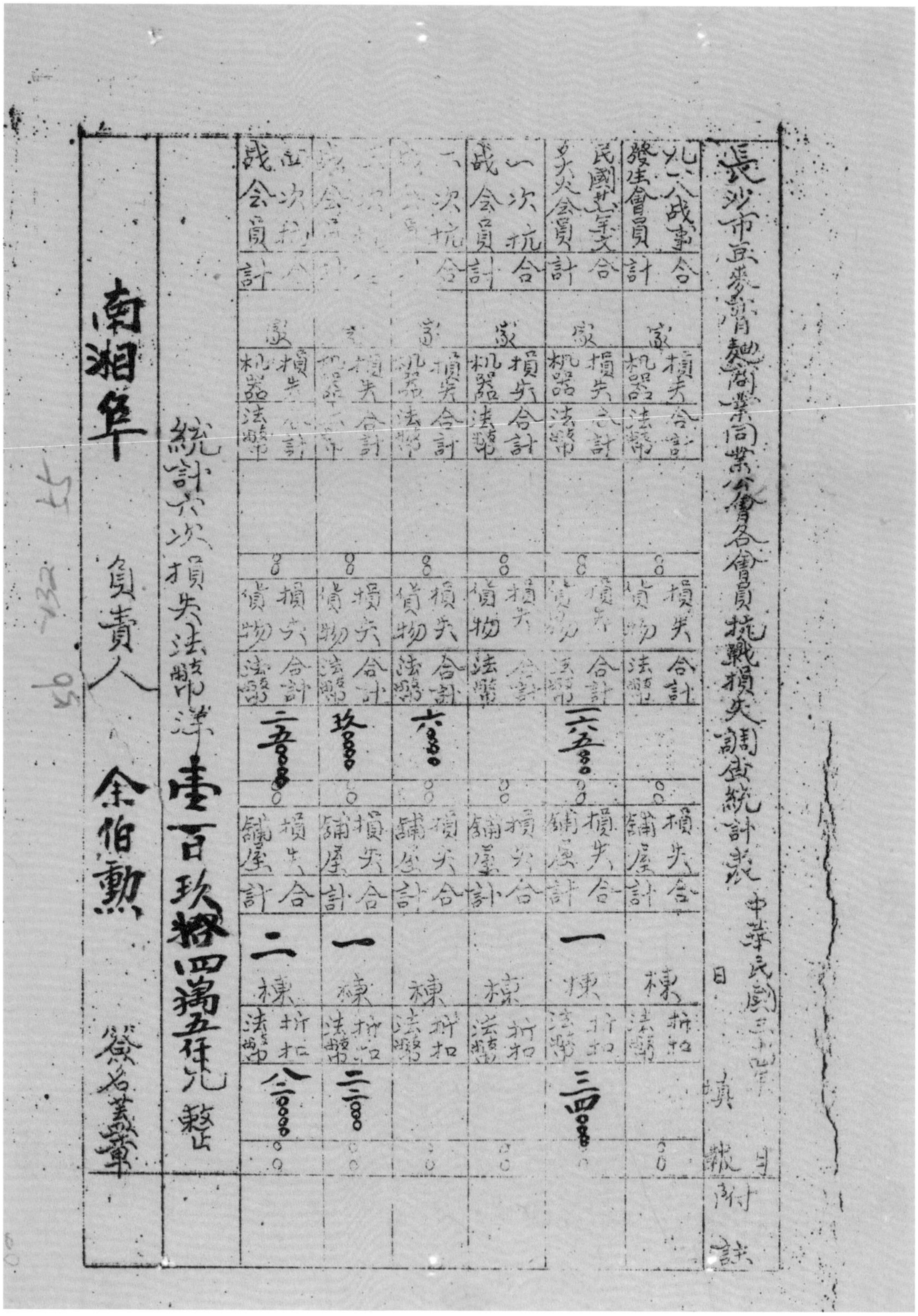

长沙市豆麦膏麯商业同业公会各会员抗战损失调查统计表　中华民国三十四年　月　日填报附註

项目	九一八战事发生会员合计	民国廿七年大火会员合计	一次抗战会员合计	二次抗战会员合计	三次抗战会员合计	四次抗战会员合计
损失合计　家						
损失合计　机器法币						
损失合计　货物法币		一六五〇〇〇〇〇		六〇〇〇〇	玖〇〇〇〇〇	二五〇〇〇〇〇〇
损失合计　铺屋　栋		一			一	二
折扣法币		三四〇〇〇〇〇			二〇〇〇〇〇	八〇〇〇〇〇〇

统计六次损失法币洋壹百玖拾四万五仟元整

南湘阜　负责人　余伯勋　签名盖章

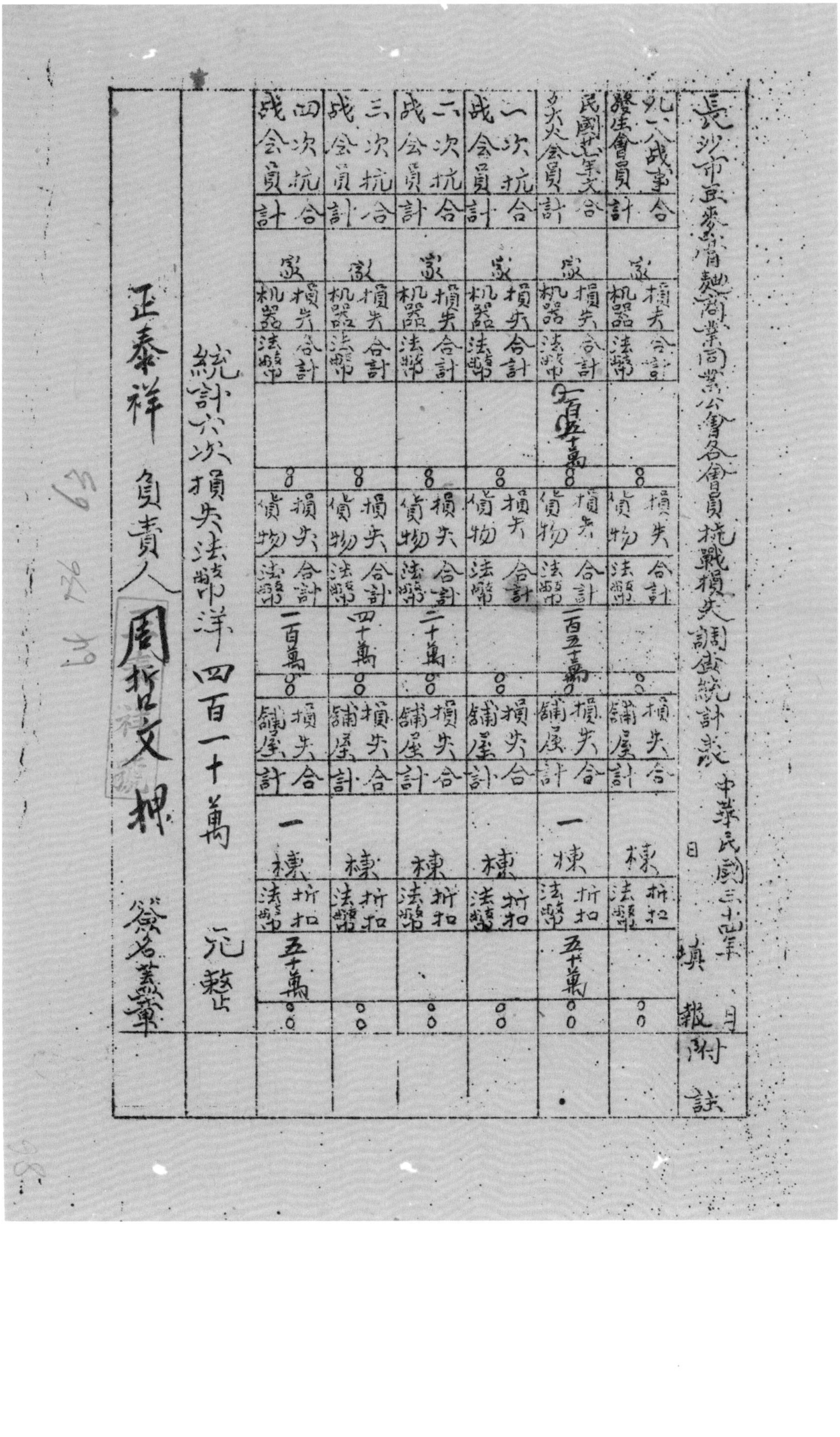
長沙市豆麥膏麯商業同業公會各會員抗戰損失調查統計表　中華民國三十四年　月　日填報

	房屋損失合計	機器損失合計法幣	貨物損失合計法幣	鋪屋損失合計	折扣法幣	附註
九一八戰事發生會員合計	家	〇	〇	棟	〇	
民國廿七年文夕大火会員合計	家	二百五十萬〇	一百五十萬〇	一棟	五十萬〇	
一次抗戰会員合計	家	〇	〇	棟	〇	
二次抗戰会員合計	家	〇	二十萬〇	棟	〇	
三次抗戰会員合計	家	〇	四十萬〇	棟	〇	
四次抗戰会員合計	家	〇	一百萬〇	一棟	五十萬〇	

統計六次損失法幣洋四百一十萬元整

正泰祥　負責人　周哲文（押）　簽名蓋章

长沙市豆麦膏曲商业同业公会福盛昌抗战损失调查统计表（一九四五年）

長沙市豆麥膏麴商業同業公會各會員抗戰損失調查統計表

中華民國三十四年 月 日 填報

	損失合計 家數	損失合計 機器法幣	損失合計 貨物法幣	損失合計 鋪屋	折扣法幣	附註
九一八戰事發生會員合計				棟		
民國廿七年文夕大火會員合計			二百萬○○	一棟	六十萬○○	
一次抗戰會員合計				棟		
二次抗戰會員合計			三十萬○○	棟		
三次抗戰會員合計			四十萬○○	棟		
四次抗戰會員合計			一百十萬○○	一棟	六十萬○○	

統計六次損失法幣洋五百一十萬元整

福盛昌 負責人 章煥斌印 簽名蓋章

长沙市豆麦膏曲商业同业公会新泰祥抗战损失调查统计表（一九四五年）

長沙市豆麥膏麯商業同業公會各會員抗戰損失調查統計表　中華民國三十四年　月　日填報

	家數	損失機器合計法幣	損失貨物合計法幣	損失舖屋合計棟	折扣法幣	附註
九一八戰事發生會員合計	家	〇〇	〇〇	棟	〇〇	
民國廿六年七七事變會員合計	家	〇〇	壹拾萬	棟	〇〇	
一次抗戰會員合計	家	〇〇	肆拾萬〇〇	棟	〇〇	
二次抗戰會員合計	家	〇〇	貳拾萬〇〇	棟	〇〇	
三次抗戰會員合計	家	〇〇	伍拾萬〇〇	棟	〇〇	
四次抗戰會員合計	家	〇〇	陸拾萬〇〇	棟	〇〇	

統計六次損失法幣洋貳佰肆拾元　元整

新泰祥負責人　廖振聲　簽名蓋章

长沙市豆麦膏曲商业同业公会德昌恒抗战损失调查统计表（一九四五年）

長沙市豆麥膏麯商業同業公會各會員抗戰損失調查統計表

中華民國三十四年　月　日填報

	損失合計 機器法幣	損失合計 貨物法幣	損失合計 舖屋	折扣法幣
九一八戰事發生會員合計	家	0	棟	0
民國廿七年大火會員合計	家	二百五十萬	一棟	現市三百萬
一次抗戰会員合計	家	0	棟	0
二次抗戰会員合計	家	四十萬	棟	0
三次抗戰会員合計	家	七十萬	棟	0
四次抗戰会員合計	家	二百萬	一棟	一百萬

統計六次損失法幣洋九百六十萬元整

德昌恒　負責人　盧瑞林　簽名蓋章

附註

长沙市豆麦膏曲商业同业公会德昌抗战损失调查统计表（一九四五年）

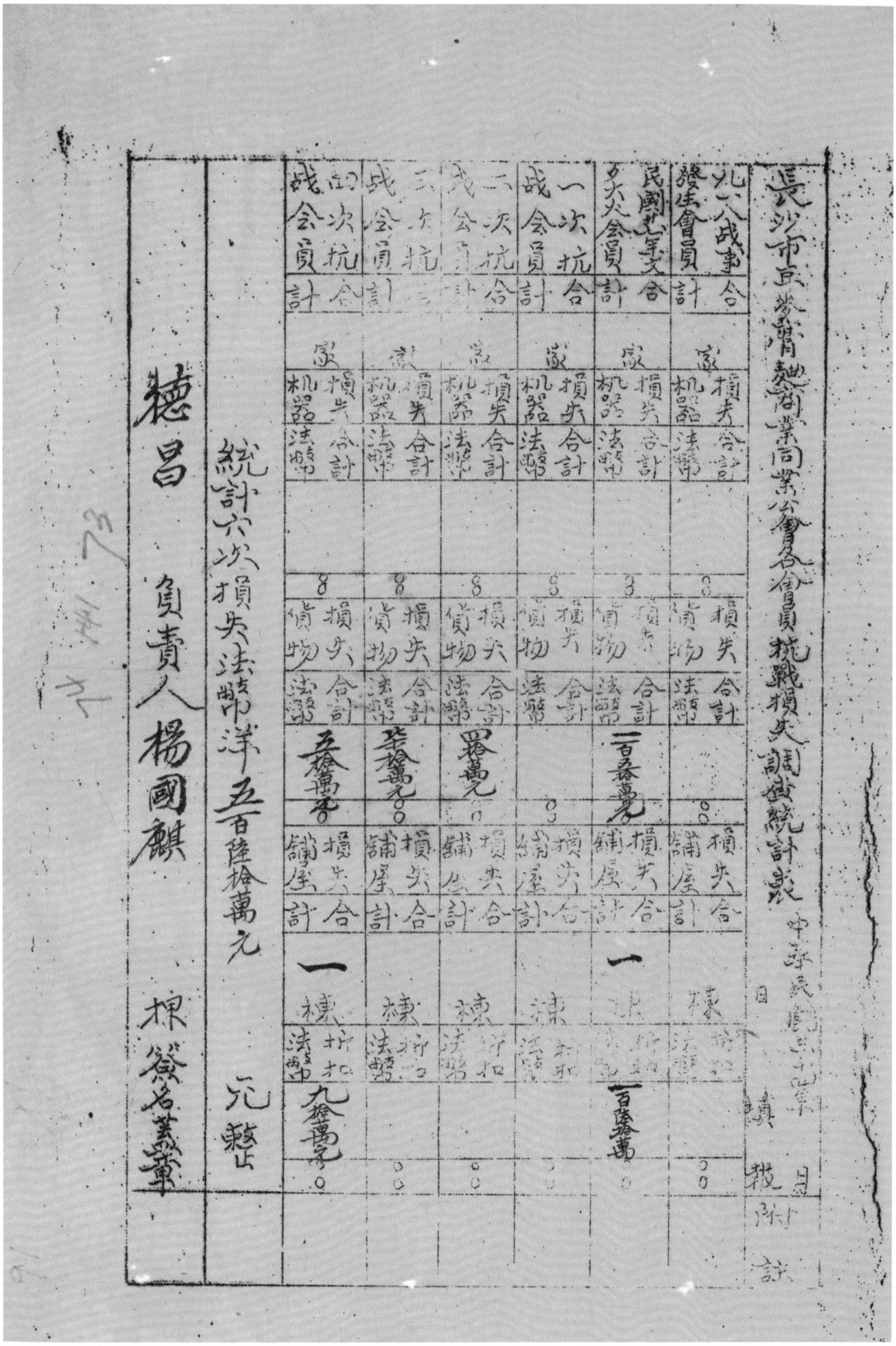

長沙市豆麥膏麴商業同業公會各會員抗戰損失調查統計表

	九一八戰事發生會員合計	民國廿七年文夕大火会員合計	一次抗战会員合計	二次抗战会員合計	三次抗战会員合計	四次抗战会員合計
	家	家	家	家	家	家
損失合計機器法幣	〇	〇	〇	〇	〇	〇
損失合計貨物法幣	〇	一百五拾萬元	〇	肆拾萬元	柒拾萬元	五拾萬元
損失合計鋪屋計	棟	一棟	棟	棟	棟	一棟
折扣法幣	〇	一百陸拾萬	〇	〇	〇	九拾萬元

統計六次損失法幣洋五百陸拾萬元整

德昌 負責人楊國麒 簽名蓋章

中華民國三十四年 月 日填報

附註

长沙市豆麦膏曲商业同业公会大孚庆抗战损失调查统计表（一九四五年）

長沙市豆麥膏麵商業同業公會各會員抗戰損失調查統計表

中華民國三十四年 月 日填報

	合計	損失機器合計法幣	損失貨物合計法幣	損失鋪屋合計	折扣法幣	附註
七七抗戰事發生會員	家	0	0	棟	0	
民國廿七年大火會員	家	0	陸仟元 共計現市廿四萬元 0	棟	0	
一次抗戰會員	家	0	壹萬叁元 計現市伍拾捌萬元 0	棟	0	
二次抗戰會員	家	0	叁万元 計現市壹百万元 0	棟	0	
三次抗戰會員	家	0	伍万仟元 計現市壹百四十万元 0	棟	0	
四次抗戰會員	家	0	叁百万元	一棟	玖拾万元 0	

統計六次損失法幣洋陸佰拾陸萬元七〇元整

大孚慶 負責人 張煦鏞 簽名蓋章

长沙市豆麦膏曲商业同业公会阜记抗战损失调查统计表（一九四五年）

長沙市豆麥膏麯商業同業公會各會員抗戰損失調查統計表

中華民國三十四年 月 日填報 附表

	機器損失合計法幣	貨物損失合計法幣	鋪屋損失合計	折扣法幣
九一八戰事發生會員合計	○○	○○	棟	○○
民國廿六年七七事變會員合計	肆萬元○○	玖萬元○○	壹棟	捌萬元○○
一次抗戰會員合計	○○	五萬肆千元○○	棟	○○
二次抗戰會員合計	○○	拾貳萬元○○	棟	○○
三次抗戰會員合計	○○	拾陸萬元○○	棟	○○
四次抗戰會員合計	○○	壹佰肆拾萬元○○	壹棟	廿柒萬元○○

統計六次損失法幣洋貳佰貳拾貳萬元整

阜記 負責人 范新發 簽名蓋章

长沙市豆麦膏曲商业同业公会怡丰厚抗战损失调查统计表（一九四五年）

長沙市豆麥膏麯商業同業公會各會員抗戰損失調查統計表 中華民國三十四年 月 日填報

	九一八戰事發生會員合計	民國廿七年大火會員合計	一次抗戰會員合計	二次抗戰會員合計	三次抗戰會員合計	四次抗戰會員合計
損失合計	家	家	家	家	家	家
機器法幣	00	00	00	00	00	00
損失合計 貨物法幣	00	六千元 計現市二十四万元 00	一萬元 計現市四十五万元 00	三万五千元 計現市八十八万元 00	五万元 計現市一百廿万元 00	壹百陸拾[illegible]万元
損失合計 鋪屋	棟	棟	棟	棟	棟	棟
折扣法幣	00	00	00	00	00	00

統計六次損失法幣洋捌佰叁拾柒萬元整

怡豐厚負責人 黃明鍾 簽名蓋章

附註

长沙市豆麦膏曲商业同业公会大顺昌抗战损失调查统计表（一九四五年）

長沙市豆麥膏麯商業同業公會各會員抗戰損失調查統計表

中華民國三十四年　月　日填

	損失合計機器法幣	損失合計貨物法幣	損失合計舖屋	折扣法幣	附註
九一八戰事會員合計	○○○	00	棟	00	
民國廿六年七七事變會員合計	○○○	伍仟元正（折現法幣叁拾貳萬元）00	一棟	伍仟元（折現法幣叁拾貳萬元）00	
一次抗戰會員合計	○○○	貳萬元（計捌拾萬元）00	棟	00	
二次抗戰會員合計	○○○	肆萬元（計壹佰貳拾萬元）00	棟	00	
三次抗戰會員合計	○○○	陸萬元（計壹佰貳拾萬元）00	棟	00	
四次抗戰會員合計	○○○	貳佰伍拾萬元00	壹棟	壹佰陸拾萬元0	

統計六次損失法幣洋柒佰壹拾貳萬元整

大順昌　負責人　劉棣華　簽名蓋章

长沙市豆麦膏曲商业同业公会义丰祥抗战损失调查统计表（一九四五年）

長沙市豆麥膏麯商業同業公會各會員抗戰損失調查統計表

中華民國三十四年 月 日填報

	九一八戰事發生會員合計	民國廿六年七七事變會員合計	一次抗戰會員合計	二次抗戰會員合計	三次抗戰會員合計	四次抗戰會員合計
家						
損失機器合計法幣	0	0	0	0	0	0
損失貨物合計法幣	0	0	0	0	0	一百五十萬元
損失鋪屋合計 棟						
折扣法幣	0	0	0	0	0	0
附註						

統計六次損失法幣洋壹百五拾萬元整

義豐祥負責人 王錫周（押） 簽名蓋章

長沙市豆麥[illegible]業同業公會會員抗戰損失調查統計表

	會員合計	損失機器法幣合計	損失貨物法幣合計	損失鋪屋合計	損失法幣合計
九一八戰事發生會員合計	家				
民國廿六年七七事變會員合計	一家	一百伍拾萬元	一百伍拾萬元	壹棟 六十萬元	六十萬元
一次抗戰會員合計	家			棟	
二次抗戰會員合計	家		叁十萬元	棟	
三次抗戰會員合計	家		七十萬元	棟	
四次抗戰會員合計	家			棟	

統計六次損失法幣洋叁佰叁拾萬元整

萬裕 負責人 陶伯希 簽名蓋章

通訊處 中正路義丰祥

长沙市豆麦膏曲商业同业公会三泰义抗战损失调查统计表（一九四五年）

長沙市豆麥膏麯業同業公會各會員抗戰損失調查統計表　中華民國三十四年　月　日填報

	合計	損失機器法幣合計	損失貨物法幣合計	損失鋪屋合計	折扣法幣	附註
九一八戰事發生會員計	家	0	0	棟	0	
民國廿七年文夕大火會員計	家	0	一百六十萬0	一棟	七十萬0	
一次抗戰会員計	家	0	0	棟	0	
二次抗戰会員計	家	0	四十萬0	棟	0	
三次抗戰会員計	家	0	二十萬0	棟	0	
四次抗戰会員計	家	0	二百萬0	一棟	七十萬0	

統計六次損失法幣洋五百六十萬元整

南正路　三泰義　負責人　陳鴻先　簽名蓋章

长沙市豆麦膏曲商业同业公会美香园抗战损失调查统计表（一九四五年）

長沙市豆麥膏麯商業同業公會各會員抗戰損失調查統計表 中華民國三十四年　月　日填報

	家數	損失合計 機器法幣	損失合計 貨物法幣	損失合計 鋪屋法幣	棟數	折扣法幣	附註
九一八戰事發生會員合計							
民國廿七年長沙大火會員合計			叁仟元 現時拾貳萬元				
一次抗戰會員合計			伍千元 現時貳拾五萬元				
二次抗戰會員合計			壹萬貳千元 現時陸拾萬元				
三次抗戰會員合計			貳萬四千元 現時玖拾陸萬元				
四次抗戰會員合計			0000				
統計六次損失法幣	陸佰玖拾叁萬元					元整	

美香園　負責人　魏迪生　簽名蓋章

长沙市豆麦膏曲商业同业公会洪春和抗战损失调查统计表（一九四五年）

長沙市豆麥膏麴商業同業公會各會員抗戰損失調查統計表

中華民國三十四年　月　日填報

項目	家機器損失合計法幣	貨物損失合計法幣	鋪屋損失合計	棟	折扣法幣
九一八戰爭合計	0		0		0
民國廿七年文夕大火會員合計	0	壹萬元 現值四十萬元	0		0
一次抗戰會員合計	0		0		0
二次抗戰會員合計	0		0		0
三次抗戰會員合計	0		0		0
四次抗戰會員合計	0		0		0
統計六次損失法幣洋肆拾萬元元整					

附註

洪春和　負責人　唐[illegible][illegible]　簽名蓋章

长沙市鞭炮豆豉商业同业公会各会员抗战损失调查统计表（一九四五年十月二十日）

長沙市鞭炮豆豉商業同業公會各會員抗戰損失調查統計表

中華民國卅四年十月二十日

长沙市鞭炮豆豉商业同业公会鼎泰和号抗战损失调查统计表（一九四五年十月二十日）

長沙市鞭炮豆豉商業同業公會各會員抗戰損失調查統計表　　中華民國三十四年十月二十日填報

	合計	損失合計機器法幣	損失合計貨物法幣	損失合計鋪屋	折扣法幣	附註
九一八戰事發生會員合計	家	〇〇	〇〇	棟	〇〇	
民國廿七年文夕大火會員合計	家	〇〇	伍佰四拾萬元	四棟	壹仟伍佰萬元	
一次抗戰會員合計	家	〇〇	柒拾萬元	〇〇	棟 〇〇	
二次抗戰會員合計	家	〇〇	伍拾四萬元	〇〇	棟 〇〇	
三次抗戰會員合計	家	〇〇	玖拾陸萬元	〇〇	棟 〇〇	
四次抗戰會員合計	家	〇〇	玖佰萬元	〇〇	棟 〇〇	

統計六次損失法幣叁仟壹佰陸拾萬元

負責人　鄧春初（牌名鼎泰和）　簽名蓋章

长沙市鞭炮豆豉商业同业公会盟记公和庆号抗战损失调查统计表（一九四五年十月二十一日）

長沙市鞭炮豆豉商業同業公會各會員抗戰損失調查統計表　中華民國三十四年十月二十一日填報

	合計	損失合計機器法幣	損失合計貨物法幣	損失合計鋪屋	折扣法幣
九一八戰事發生會員合計	三家	〇〇〇〇〇〇〇	〇〇〇〇〇〇	〇棟	〇〇〇〇〇〇
民國廿七年文夕大火會員合計	三家	一五〇〇〇〇〇〇	二五〇〇〇〇	八棟	[illegible]〇〇
一次抗戰會員合計	三家	二〇〇〇〇〇〇	三五〇〇〇〇〇〇	〇棟	〇〇〇〇〇〇
二次抗戰會員合計	三家	〇〇〇〇〇〇	二〇〇〇〇〇〇〇	〇棟	〇〇〇〇〇〇
三次抗戰會員合計	三家	一五〇〇〇〇〇	四六〇〇〇〇〇〇	〇棟	〇〇〇〇〇〇
四次抗戰會員合計	三家	二五〇〇〇〇〇〇	五三〇〇〇〇〇〇	一二棟	四五〇〇〇〇〇

附註：三家鞭炮作坊、豆豉工廠營業處

統計六次損失法幣壹仟捌百肆拾壹萬元整

負責人　唐奎臨（簽名蓋章）

（印：長沙盟記公和慶號）

长沙市鞭炮豆豉商业同业公会声大豆豉号抗战损失调查统计表（一九四五年）

长沙市鞭炮豆豉商业同业公会各会员抗战损失调查统计表

	九一八战争发生会员合计	民国廿七年文夕大火会员合计	一次抗战会员合计	二次抗战会员合计	三次抗战会员合计	四次抗战会员合计
家数	家	家	二家	二家	三家	三家
损失机器法币合计	〇〇	〇〇	〇〇	〇〇	〇〇	〇〇
损失货物法币合计	〇〇	〇〇	四〇、〇〇〇〇〇〇	五三〇、〇〇〇〇〇〇	七五〇、〇〇〇〇〇	六四〇、〇〇〇〇〇
损失铺屋合计	栋	栋	二栋	栋	栋	三栋
折扣法币	〇〇	〇〇	五〇〇、〇〇〇〇〇	〇〇	〇〇	二〇〇、〇〇〇〇
附注			工厂一所 营业处 作坊一所			时估价计

统计六次损失法币捌仟壹百五拾玖万元正

负责人 签名盖章

声大豆豉号

中华民国三十四年 月 日填报

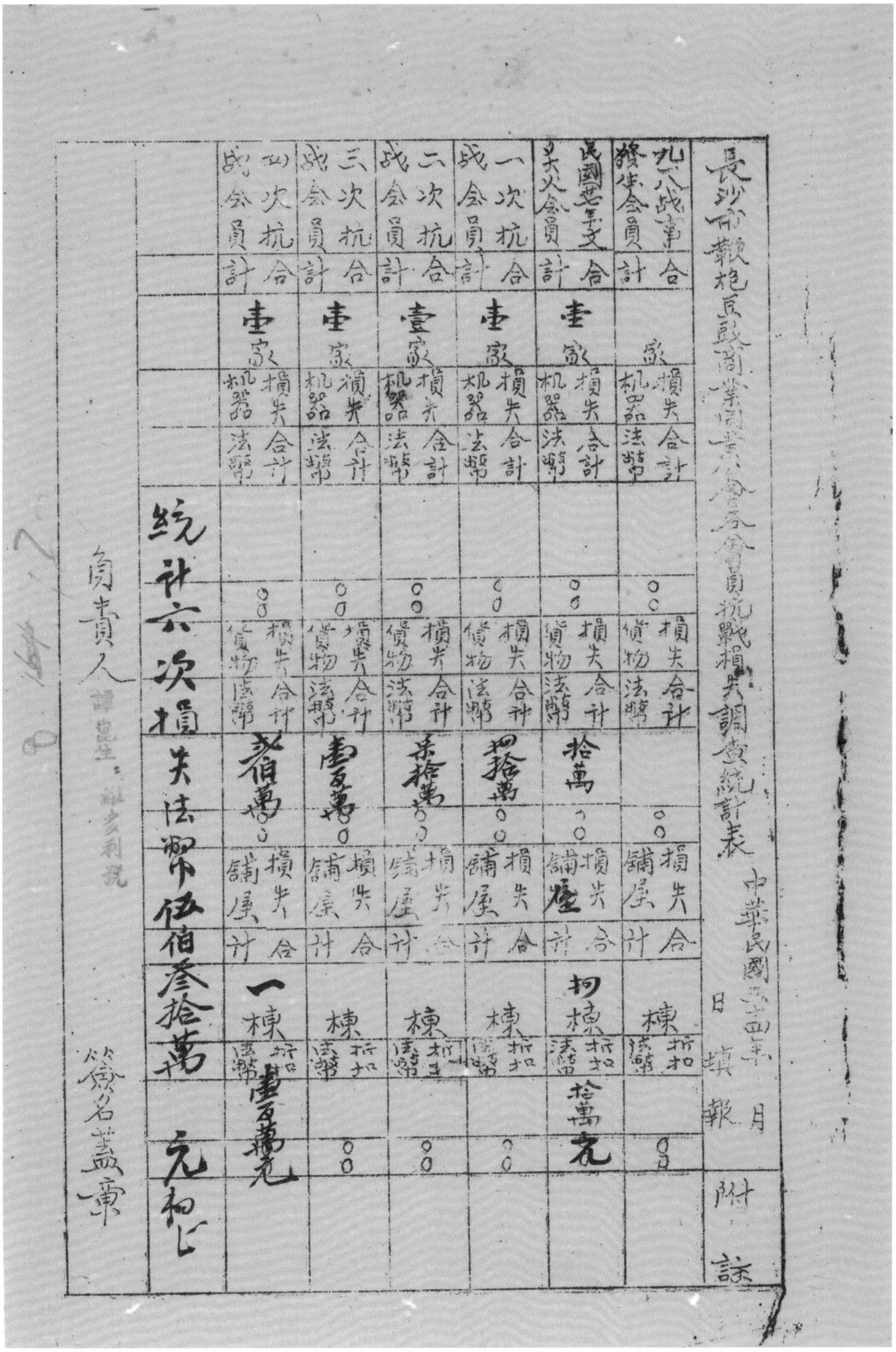

長沙市鞭炮豆豉商業同業公會各會員抗戰損失調查統計表

中華民國三十四年 月 日填報

	合計	損失合計 機器法幣	損失合計 貨物法幣	損失合計 舖屋	折扣法幣
九一八戰事發生會員合計	家		〇〇	〇〇 棟	〇〇
民國廿七年文夕大火會員合計	壹家		〇〇 拾萬〇〇	捌棟	拾萬元
一次抗戰會員合計	壹家		〇〇 捌拾萬〇〇	棟	〇〇
二次抗戰會員合計	壹家		〇〇 柒拾萬〇〇	棟	〇〇
三次抗戰會員合計	壹家		〇〇 壹百萬〇〇	棟	〇〇
四次抗戰會員合計	壹家		〇〇 叁佰萬〇〇	一棟	壹百萬元
統計六次損失法幣伍佰叁拾萬元					

附註

負責人 譚崑生 維多利號 簽名蓋章

长沙市鞭炮豆豉商业同业公会公和豆豉铺抗战损失调查统计表（一九四五年）

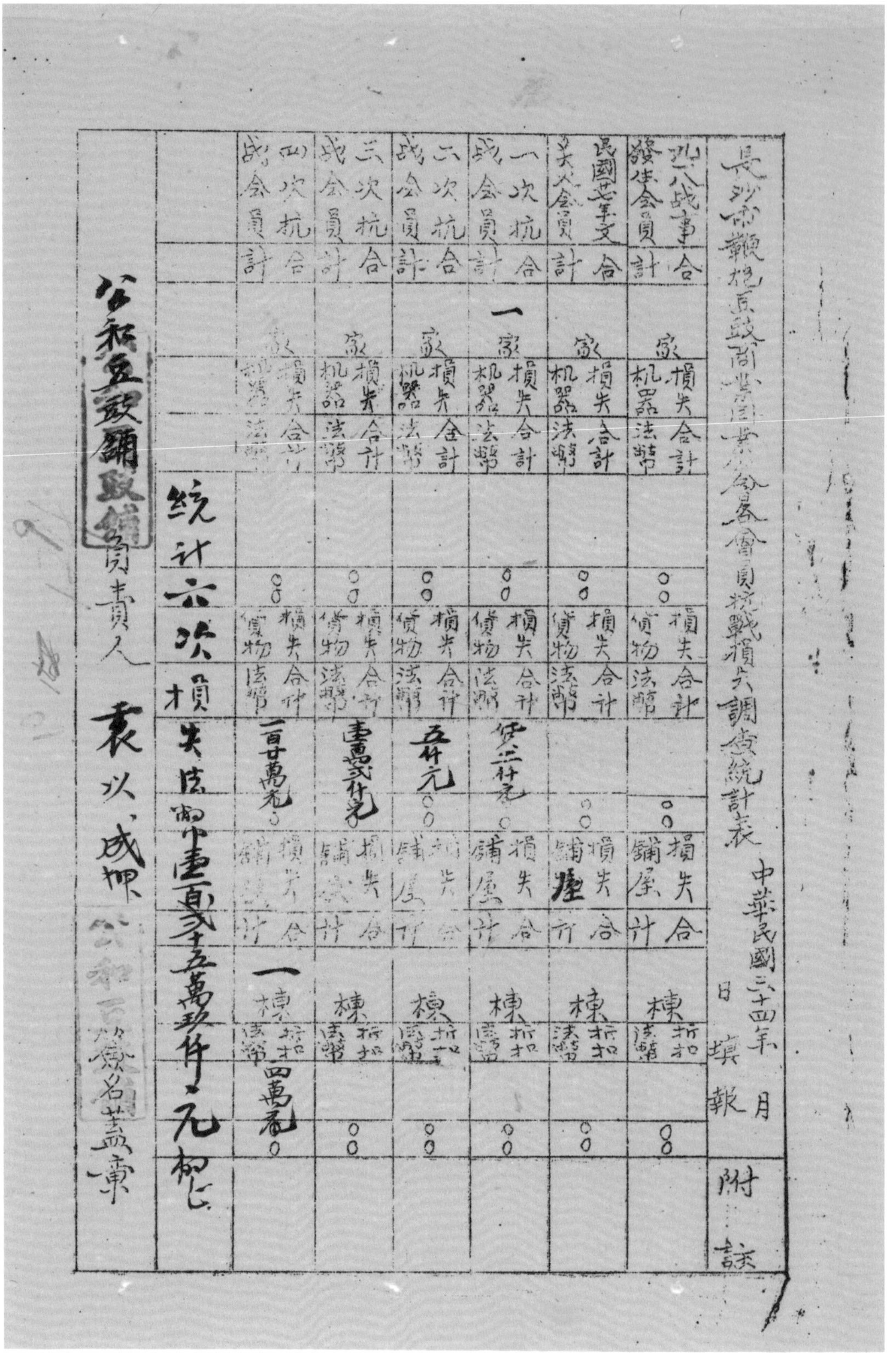

長沙市鞭炮豆豉商業同業公會會員抗戰損失調查統計表

中華民國三十四年　月　日填報

項目	家數	機器損失合計法幣	貨物損失合計法幣	鋪屋損失合計	折扣法幣
八一三戰事發生會員合計	家	〇〇	〇〇	棟	〇〇
民國廿七年文夕大火會員合計	家	〇〇	〇〇	棟	〇〇
一次抗戰會員合計	一家	〇〇	貳仟元〇	棟	〇〇
二次抗戰會員合計	家	〇〇	五仟元〇〇	棟	〇〇
三次抗戰會員合計	家	〇〇	壹萬貳仟元〇	棟	〇〇
四次抗戰會員合計	家	〇〇	一百廿萬元〇	一棟	四萬元〇

統計六次損失法幣壹百貳十五萬玖仟元

公和豆豉鋪負責人　袁以成　押

公和豆豉鋪簽名蓋章

附註

长沙市鞭炮豆豉商业同业公会同声爆庄抗战损失调查统计表（一九四五年）

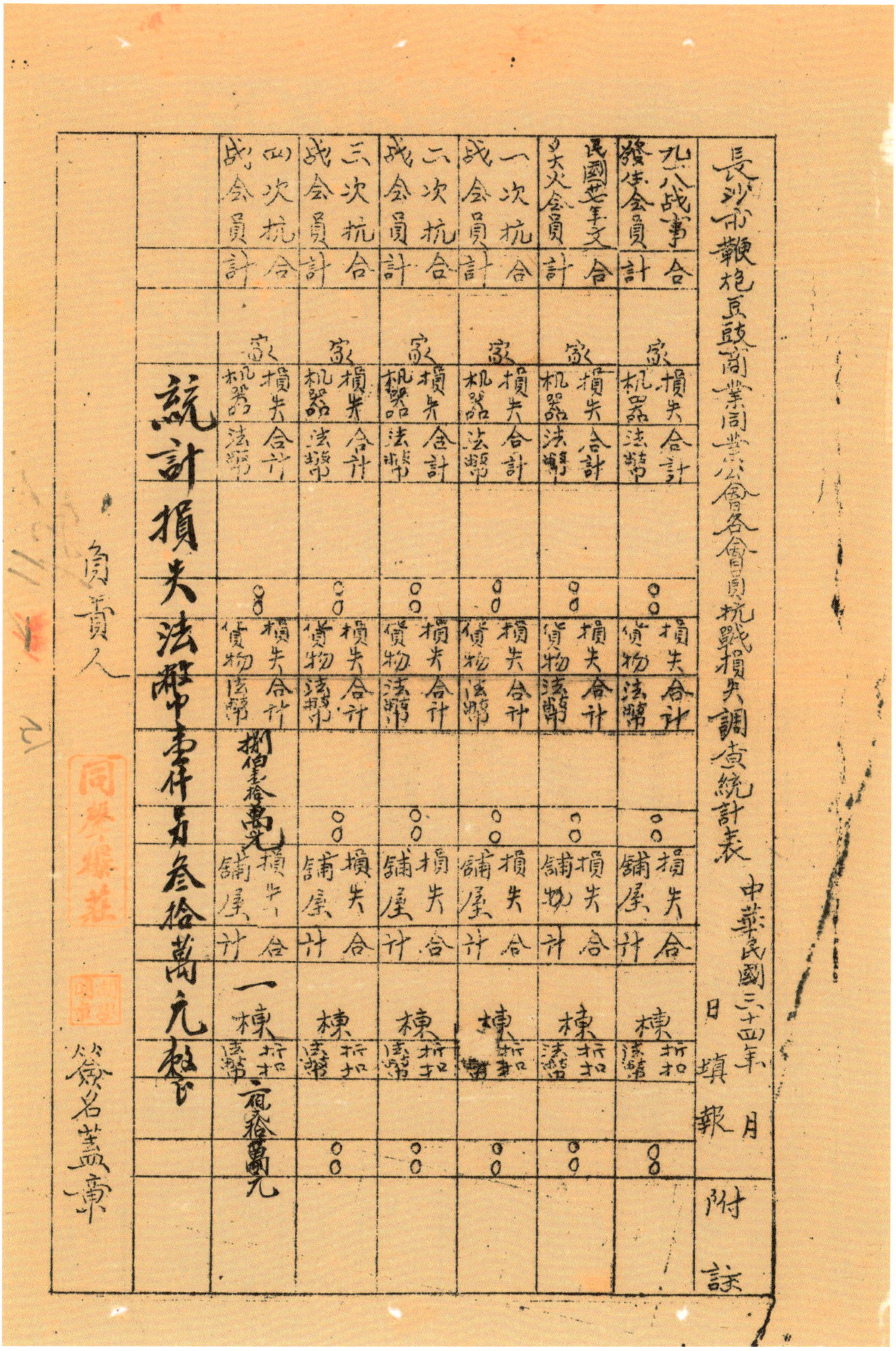

長沙市鞭炮豆豉商業同業公會各會員抗戰損失調查統計表

中華民國三十四年　月　日填報

	九一八戰事發生會員合計	民國廿七年文夕大火會員合計	一次抗戰會員合計	二次抗戰會員合計	三次抗戰會員合計	四次抗戰會員合計
家數	家	家	家	家	家	家
損失機器法幣合計						
損失貨物法幣合計	〇〇	〇〇	〇〇	〇〇	〇〇	〇〇 捌佰叁拾萬元
損失舖屋合計	〇〇 棟	〇〇 棟	〇〇 棟	〇〇 棟	〇〇 棟	一棟
折扣法幣	〇〇	〇〇	〇〇	〇〇	〇〇	貳佰萬元

統計損失法幣壹仟零叁拾萬元整

附註

負責人　同聲爆莊　簽名蓋章

长沙市鞭炮豆豉商业同业公会谦利和庄抗战损失调查统计表（一九四五年）

长沙市鞭炮豆豉商业同业公会会员抗战损失调查统计表

中华民国三十四年 月 日填报

	九一八战事發生會員合計	民國廿七年文夕大火會員合計	一次抗戰會員合計	二次抗戰會員合計	三次抗戰會員合計	四次抗戰會員合計
	家	家	家	家	家	家
損失合計 機器法幣	〇〇	〇〇	〇〇	〇〇	〇〇	〇〇
損失合計 貨物法幣	〇〇	〇〇	豆豉編炮 陸拾萬元	柒拾萬元	捌拾萬元	豆豉編爆 壹佰五拾萬元
損失合計 舖屋	棟	棟	棟	棟	棟	一棟
折扣法幣	〇〇	〇〇	〇〇	〇〇	〇〇	壹佰四拾萬元〇〇

統計六次損失法幣伍佰萬元和[illegible]

附註

謙利和莊

負責人 譚裕厚 住西牌樓 謙利和 簽名蓋章

長沙市鞭炮豆豉商業同業公會各會員抗戰損失調查統計表

中華民國三十四年　月　日填報

合計	家	損失合計機器法幣	損失合計貨物法幣	損失合計鋪屋	棟	折扣法幣	附註
九一八战事發生會員合計	家	〇〇	〇〇	鋪屋	棟	〇〇	
民國廿七年文夕大火會員合計	家	〇〇	豆豉炮叁拾萬元〇〇	鋪物	棟	〇〇	
一次抗战會員合計	家	〇〇	叁拾伍萬元	鋪屋	棟	〇〇	
二次抗战會員合計	家	〇〇	壹百壹拾五萬元〇〇	鋪屋	棟	〇〇	
三次抗战會員合計	家	〇〇	壹百四拾萬元〇〇	鋪屋	棟	〇〇	
四次抗战會員合計	家	〇〇	叁百贰拾五萬元〇〇	鋪屋	棟	〇〇	

統計六次損失法幣陆百捌拾五萬元整

豐和慶號

負責人　唐錫瑞　簽名蓋章

长沙市鞭炮豆豉商业同业公会元和庆抗战损失调查统计表（一九四五年）

長沙市鞭炮豆豉商業同業公會各會員抗戰損失調查統計表

中華民國三十四年　月　日填報

	損失機器法幣合計	損失貨物法幣合計	損失鋪屋合計	折扣法幣
九八戰事發生會員合計	家	00	棟	00
民國廿七年文夕大火會員合計	家	豆豉鞭炮式百柒拾捌萬元 00	二棟	叁百四拾柒萬元 00
一次抗戰會員合計	家	式百式拾四萬元 00	棟	00
二次抗戰會員合計	家	叁百壹拾五萬元 00	棟	00
三次抗戰會員合計	家	叁百叁拾萬元 00	棟	00
四次抗戰會員合計	家	式百萬元正 00	一棟	式百另五萬元 00

統計六次損失法幣壹仟捌百捌拾玖萬元整

附註

商號：長沙元和慶

負責人：王伯常　簽名蓋章

长沙市鞭炮豆豉商业同业公会邱鼎和抗战损失调查统计表（一九四五年）

長沙市鞭炮豆豉商業同業公會各會員抗戰損失調查統計表

中華民國三十四年 月 日填報

項目	會員合計	損失合計機器法幣	損失合計貨物法幣	損失合計鋪屋	折扣法幣	附註
九一八戰事發生會員合計	家	0	柒拾萬元	棟	0	
民國廿七年文夕大火會員合計	家	0	豆豉爆炮共四拾萬元	二棟	壹伯萬元	
一次抗戰會員合計	家	0	捌拾萬元	棟	0	
二次抗戰會員合計	家	0	捌拾萬元	棟	0	
三次抗戰會員合計	家	0	玖拾萬元	棟	0	
四次抗戰會員合計	家	0	豆豉壹佰四拾萬元	二棟	貳伯萬元	

統計六次損失法幣捌伯萬元正

負責人 邱方炳 住甫正路 邱鼎和 簽名蓋章

（印：邱鼎和）

长沙市轮票业同业公会各会员抗战损失调查统计表（一九四五年十月二十一日）

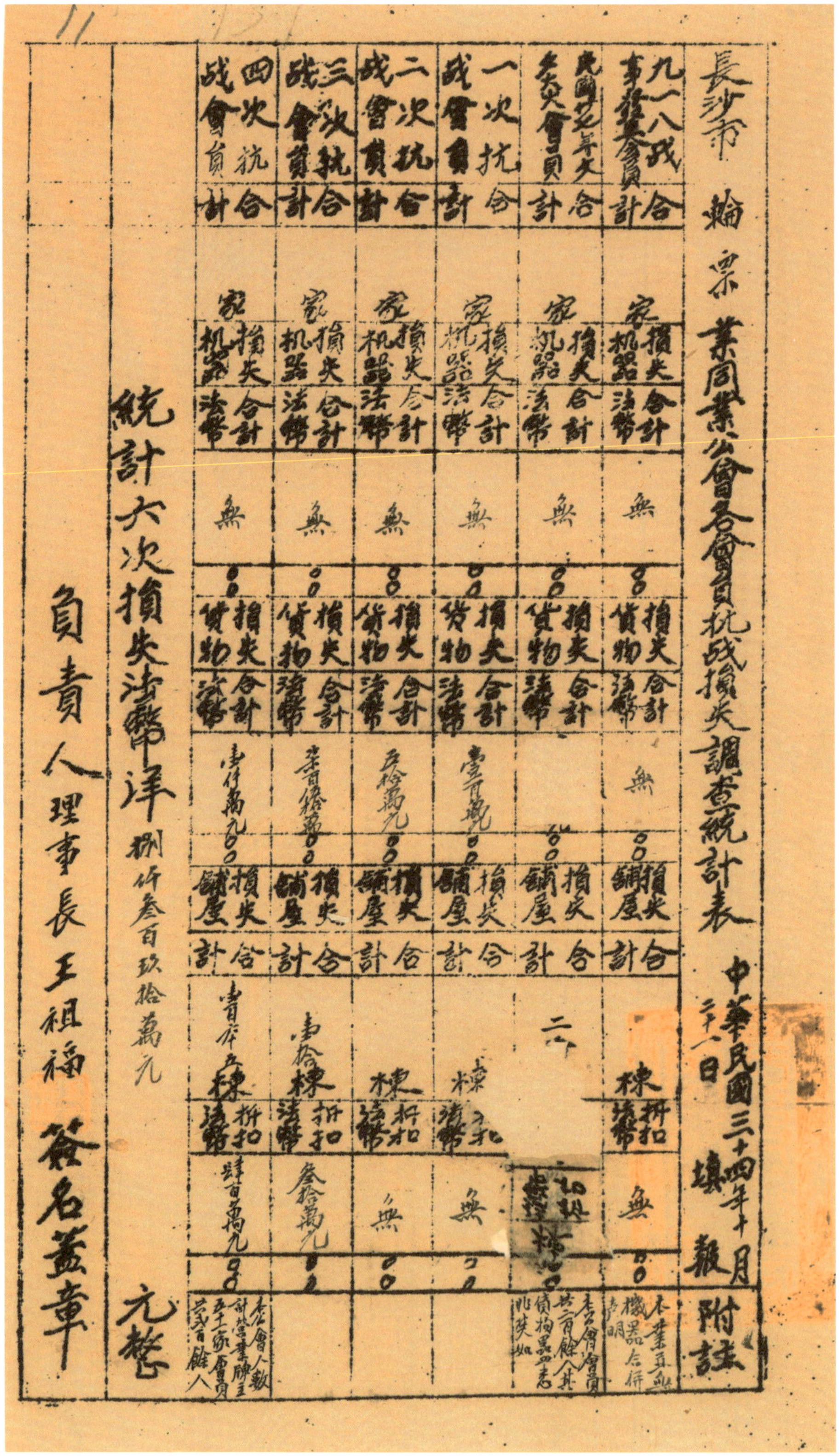

長沙市輪票業同業公會各會員抗戰損失調查統計表

中華民國三十四年十月二十一日填報

	損失家具機器法幣合計	損失貨物法幣合計	損失鋪屋合計	折扣法幣	附註
九一八戰事發生會員合計	無	無	棟	無	本業員無機器合併聲明
民國廿七年大火會員合計	無	[illegible]	二[illegible]	[illegible]	本公會會員共二百餘人其貨物器具[illegible]如
一次抗戰會員合計	無	壹百萬元〇〇	棟	無	
二次抗戰會員合計	無	五拾萬元〇〇	棟	無	
三次抗戰會員合計	無	[illegible]百[illegible]拾萬元〇〇	壹拾棟	叁拾萬元〇〇	
四次抗戰會員合計	無	壹仟萬元〇〇	壹百五棟	肆百萬元〇〇	本公會人數計營業牌照五十家會員共貳百餘人

統計六次損失法幣洋捌仟叁百玖拾萬元整

負責人理事長王祖福簽名蓋章

15

長沙市酒席業同業公會各會員抗戰損失調查統計表

中華民國三十四年十月二十四日填報

	家	損失機器合計法幣	損失貨物合計法幣	損失鋪屋合計	折扣法幣	附註
九一八戰事發生會員合計		〇〇	〇〇	棟	〇〇	
民國廿六年失火會員合計	徐長興家	〇〇	四六八〇〇〇〇〇〇	壹棟	八〇〇〇〇〇〇〇〇	中正路
一次抗戰會員合計	徐長興家	〇〇	五〇〇〇〇〇〇	棟	〇〇	大東茅巷
二次抗戰會員合計	徐長興家	〇〇	二七〇〇〇〇〇〇	壹棟	卌五〇〇〇〇〇〇〇	飼鴨塲巷 龍塘
三次抗戰會員合計	徐長興家	〇〇	四〇〇〇〇〇〇	棟	〇〇	大東茅巷
四次抗戰會員合計	徐長興家	〇〇	廿九七〇〇〇〇〇〇	壹棟	卅〇〇〇〇〇〇〇	大東茅巷

統計六次損失法幣洋弍仟叁佰伍拾壹萬圓 元整

負責人 徐長興酒家 簽名蓋章

长沙市肥皂工业同业公会各会员抗战损失调查统计表（一九四五年十月二十五日）

長沙市肥皂工業同業公會各會員抗戰損失調查統計表

中華民國三十四年十月二十五日填報

	合計	損失機器合計法幣	損失貨物合計法幣	損失鋪屋合計	折扣法幣	附註
九一八戰事發生會員	家	〇〇		棟	〇〇	
民國廿七年文夕大火會員	七家	〇〇	五〇〇〇〇〇〇元	七棟	五〇〇〇〇〇元〇〇	
一次抗戰會員	十三家	〇〇	六五〇〇〇〇〇〇元	棟	〇〇	
二次抗戰會員	十四家	〇〇	九〇〇〇〇〇〇元	棟	〇〇	
三次抗戰會員	十三家	〇〇	一三〇〇〇〇〇〇元	棟	〇〇	
四次抗戰會員	十一家	〇〇	五五〇〇〇〇〇〇元	拾壹棟	二〇〇〇〇〇〇〇元〇〇	

統計五次損失法幣洋壹萬萬零零捌拾萬元整

負責人 龔壽年（印）

簽名蓋章

32

长沙市瓦货业同业公会各会员抗战损失调查统计表

	家数	损失机器合计法币	损失货物合计法币	损失铺屋合计	折扣法币
九一八战事发生会员合计	家		〇〇	栋	〇〇
民国廿七年大火会员合计	五十一家		弍百五十五萬〇〇	五十一栋	五十一萬〇〇
一次抗战会员合计	六十三家		六十三萬〇〇	十栋	四十萬〇〇
二次抗战会员合计	六十三家		壹百廿萬〇〇	三栋	六萬〇〇
三次抗战会员合计	六十五家		叁百萬〇〇	栋	〇〇
四次抗战会员合计	七十四家		七百四十萬〇〇	七十二栋	七百廿萬〇〇

附注

统计六次损失法币洋贰仟贰百玖拾五萬元整

中华民国三十四年十月 日 填报

负责人 沈镜吾 签名盖章

[印：沈镜吾]

长沙市西染工业同业公会各会员抗战损失调查统计表（一九四五年十月）

長沙市西染工業同業公會各會員抗戰損失調查統計表

中華民國三十四年十月 日填報

	家	損失機器法幣合計	損失貨物法幣合計	損失鋪屋合計	折扣法幣	附註
九一八戰事發生會員合計		〇〇	〇〇	〇〇棟	〇〇	
民國廿七年文夕火災會員合計	三十四家	捌仟萬元〇〇	貳仟萬元〇〇	〇〇棟	〇〇	
一次抗戰會員合計	三十二家	〇〇	六百萬元〇〇	〇〇棟	〇〇	
二次抗戰會員合計	三十二家	〇〇	六百萬元〇〇	〇〇棟	〇〇	
三次抗戰會員合計	三十二家	〇〇	九百萬元〇〇	〇〇棟	〇〇	
四次抗戰會員合計	三十二家	〇〇	貳仟萬元〇〇	〇〇棟	〇〇	

統計六次損失法幣洋壹萬肆仟壹百萬元整

負責人謝松林（印） 簽名蓋章

長沙市煙作工業同業公會各會員抗战損失調查統計表

項目	九一八战事發生會員合計	民國廿七年文夕大火會員合計	一次抗战會員合計	二次抗战會員合計	三次抗战會員合計	四次抗战會員合計
家數	136家	134家	120家	286家	284家	288家
損失機器合計法幣	無	〃	〃	〃	〃	〃
	00	00	00	00	00	00
損失貨物合計法幣	無	1440000	6000000	1440000	2800000	50000000
	00	00	00	00	00	00
損失鋪屋合計	無	134棟	無棟	5棟	20棟	200棟
折扣法幣	無	250000	無	250000	1000000	60000000
	00	00	00	00	00	00
附註						

統計六次損失法幣洋壹貳零壹捌伍○○○○○元整

負責人陳德珊 簽名蓋章

中華民國三十四年十一月一日填報

长沙市制箱工业同业公会各会员抗战损失调查统计表（一九四五年十一月八日）

長沙市製箱工業同業公會各會員抗戰損失調查統計表

合計	家	損失機器合計法幣		損失貨物合計法幣		損失鋪屋合計	折扣法幣	附註
九一八戰事發生合會員計	四十二家	損失機器合計法幣	四十萬〇〇	損失貨物合計法幣	四仟五百万〇〇	損失鋪屋合計拾捌棟	折扣法幣壹仟万〇	
民國廿七年冬大火合會員計	四十家	損失機器合計法幣	二百万〇〇	損失貨物合計法幣	玖仟七百万〇〇	損失鋪屋合計叁拾六棟	折扣法幣叁仟万〇〇	
一次抗戰會員合計	三十三家	損失機器合計法幣	五十萬〇〇	損失貨物合計法幣	五仟万〇〇	損失鋪屋合計拾弍棟	折扣法幣七百廿万〇〇	
二次抗戰會員合計	三十家	損失機器合計法幣	二十万〇〇	損失貨物合計法幣	玖仟万〇〇	損失鋪屋合計拾一棟	折扣法幣六百六十万〇	
三次抗戰會員合計	三十一家	損失機器合計法幣	三十万〇〇	損失貨物合計法幣	捌仟万〇〇	損失鋪屋合計五棟	折扣法幣三百万〇〇	
四次抗戰會員合計	三十一家	損失機器合計法幣	三百万〇〇	損失貨物合計法幣	三万玖仟万〇〇	損失鋪屋合計二十八棟	折扣法幣弍仟万〇〇	

統計六次損失法幣洋捌萬肆（叁）仟陸佰萬元整

中華民國三十四年十一月八日填報

負責人劉建章（印：劉建章印）簽名蓋章

100

長沙市石灰磚瓦商業同業公會各會員抗戰損失調查統計表

	會員合計	損失機器法幣合計	損失貨物法幣合計	損失鋪屋合計	折扣法幣	附註
九一八戰事發生會員合計	六八家	〇〇		棟	〇〇	
民國廿六年七七事變會員合計	六八家	〇〇	二〇六五、〇〇〇〇元〇〇	六八棟	〇〇	均係承賃房屋
一次抗戰會員合計	五四家	〇〇	一四二三、〇〇〇〇元〇〇	棟	〇〇	
二次抗戰會員合計	五二家	〇〇	一八三〇、〇〇〇〇元〇〇	、棟	〇〇	
三次抗戰會員合計	五二家	〇〇	七五、〇〇〇〇元〇〇	棟	〇〇	
四次抗戰會員合計	六三家	〇〇	二九〇〇、〇〇〇〇元〇〇	六三棟	三七八〇、〇〇〇〇元〇〇	鋪屋永租地皮由會員自建築

統計六次損失法幣洋壹萬貳仟柒伯壹拾叁萬元整

中華民國三十四年十一月九日填報

負責人 吳積成 簽名蓋章

长沙市瓷商业同业公会各会员抗战损失调查统计表（一九四五年十一月十一日）

35

長沙市瓷商業同業公會各會員抗戰損失調查統計表

中華民國三十四年十一月十一日填報

	合計	損失機器合計法幣	損失貨物合計法幣	損失鋪屋合計	折扣法幣	附註
九一八戰事發生會員	五五家	〇〇〇	五四二〇〇〇〇〇	〇棟	〇〇〇	
民國廿七年大火會員	五八家	〇〇〇	四五六〇〇〇〇〇	三八棟	七三五四〇〇〇〇〇〇〇	
一次抗戰會員	三八家	〇〇〇	一四二五〇〇〇〇〇	〇棟	〇〇〇	
二次抗戰會員	三九家	〇〇〇	一八五二〇〇〇〇	一棟	一二五六〇〇〇〇〇〇	
三次抗戰會員	四二家	〇〇〇	九二六〇〇〇〇〇	二棟	二四〇〇〇〇〇〇	
四次抗戰會員	五一家	〇〇〇	二六三六四〇〇〇〇〇	四五棟	九四三二〇〇〇〇〇〇	

統計六次損失法幣洋貳拾捌萬萬陸百五拾玖萬貳千元整

負責人 王嘉祺 簽名蓋章

长沙市油行业同业公会各会员抗战损失调查统计表（一九四五年十一月十一日）

长沙市油行业同业公会美记油行抗战损失调查统计表（一九四五年十一月十一日）

19

长沙市油行业同业公会各会员抗战损失调查统计表

中华民国三十四年十一月十一日填报

	损失机器法币合计	损失货物法币合计	损失铺屋合计	拆扣法币	附注
九一八战事发生会员合计	〇	〇	栋	〇	
民国廿六年失火会员合计	一〇〇〇〇〇〇〇〇（榨油机二部）	一六〇〇〇〇〇〇〇〇〇	三栋	二五〇〇〇〇〇〇〇〇	货物计桐油四千九百担、茶油一千七百担、菜油三百担、柏油二百担
一次抗战会员合计	〇	〇	栋	〇	
二次抗战会员合计	〇	〇	栋	〇	
三次抗战会员合计	〇	〇	栋	〇	
四次抗战会员合计	〇	〇	栋	〇	

统计六次损失法币洋壹万捌千柒百万元整

负责人 长沙美记油行店主阎伏生 签名盖章

长沙市油行业同业公会昌记油行抗战损失调查统计表（一九四五年十一月十一日）

長沙市油行業同業公會各會員抗戰損失調查統計表

中華民國三十四年十二月十一日填報

	家具損失合計法幣	貨物損失合計法幣	鋪屋損失合計	拆扣法幣	附註
九一八戰事發生會員合計					
民國廿七年文夕大火會員合計					
一次抗戰會員合計					
二次抗戰會員合計					
三次抗戰會員合計		134000000.00	二棟	10000000.00	貨物計桐油一千二百石，五棓子三千石，洋紗二十五件
四次抗戰會員合計		50000000.00	四棟	30000000.00	

統計六次損失法幣洋壹萬捌千玖百萬元整

負責人昌記油行店主閻伏生簽名蓋章

长沙市铁器商业同业公会各会员抗战损失调查统计表（一九四五年十一月十二日）

30

長沙市鐵器商業同業公會各會員抗戰損失調查統計表

中華民國三十四年十一月十二日填報

	合計	損失機器合計法幣	損失貨物合計法幣	損失鋪屋合計	折扣法幣
九一八戰事發生時會員合計	35家	〇〇〇	四三〇〇〇〇〇	〇棟	〇〇〇
民國廿年至七七事變會員合計	三七家	〇〇〇	三八〇四〇〇〇〇〇	二三棟	四一四五〇〇〇〇〇
一次抗戰會員合計	三二家	〇〇〇	一一六五〇〇〇〇〇	〇棟	〇〇〇
二次抗戰會員合計	三四家	〇〇〇	一四六二〇〇〇〇〇	二棟	一四二〇〇〇〇〇〇
三次抗戰會員合計	三三家	〇〇〇	七二五〇〇〇〇〇	二棟	一三五〇〇〇〇〇〇
四次抗戰會員合計	三四家	〇〇〇	一四二六五〇〇〇〇〇〇	三二棟	三六二〇〇〇〇〇〇

附註

統計六次損失法幣洋壹拾伍萬萬伍仟貳伯拾叁萬玖千元整

負責人 黃達望 簽名蓋章

长沙市针织工业同业公会各会员抗战损失调查统计表（一九四五年十一月十二日）

長沙市針織工業同業公會各會員抗戰損失調查統計表

會員	合計	損失機器合計法幣	損失貨物合計法幣	損失舖屋合計	折扣法幣
九一八戰事發生後會員	無家	無〇〇	無〇〇	無棟	無〇〇
民國廿六年七七事變後會員	三〇〇家	七五〇〇〇〇〇〇〇〇	六〇〇〇〇〇〇〇〇〇〇	三〇〇棟	四五〇〇〇〇〇〇〇〇〇
一次抗戰會員	二二五家	無〇〇	六七五〇〇〇〇〇〇〇	無棟	無
二次抗戰會員	二二五家	二二五〇〇〇〇〇〇〇	一八〇〇〇〇〇〇〇〇〇	二二五棟	二二五〇〇〇〇〇〇〇
三次抗戰會員	二一〇家	一二六〇〇〇〇〇〇〇	三六八〇〇〇〇〇〇〇〇	二一〇棟	一二六〇〇〇〇〇〇〇
四次抗戰會員	一八九家	四七五〇〇〇〇〇〇〇	三二八五〇〇〇〇〇〇〇	一八九棟	一一三四〇〇〇〇〇〇〇

中華民國三十四年十一月十二日填報

附註

統計六次損失法幣洋九二、一四五、〇〇、〇〇〇元整

負責人 范興昔 夏宇平 王樹德 簽名蓋章

长沙市纸商刷印业同业公会各会员抗战损失调查统计表（一九四五年十一月十二日）

長沙市紙商刷印業同業公會各會員抗戰損失調查統計表

中華民國三十四年十一月十二日 填報

會員	合計	損失機械合計法幣	損失貨物合計法幣	損失鋪屋合計	折扣法幣	附註
九一八戰事發生會員	一三五家			棟		戰事未到長沙
民國二十七年文夕大火會員	一三五家	九〇,〇〇〇,〇〇〇	一二五,〇〇〇,〇〇〇	一三五棟	一〇八,〇〇〇,〇〇〇	
一次抗戰會員	一三五家					
二次抗戰會員	一三五家		九〇,〇〇〇,〇〇〇			
三次抗戰會員	一三五家	三七五,〇〇〇,〇〇〇	四〇〇,〇〇〇,〇〇〇	二五棟	二五〇,〇〇〇,〇〇〇	
四次抗戰會員	一四五家	二八〇,〇〇〇,〇〇〇	二八〇,〇〇〇,〇〇〇	一二〇棟	一八〇,〇〇〇,〇〇〇	

統計六次損失法幣洋捌仟伍佰柒拾伍萬元整

負責人 柳和初 簽名蓋章

长沙市估衣商业同业公会各会员抗战损失调查统计表（一九四五年十一月十三日）

長沙市估衣商業同業公會各會員抗戰損失調查統計表

中華民國三十四年十一月十三日填報

	九一八戰事損失會員合計	民國廿七年大火會員合計	一次抗戰會員合計	二次抗戰會員合計	三次抗戰會員合計	四次抗戰會員合計
	家	家	家	三家	一八家	五八家
損失機器合計法幣				無	無	無
	○○	○○	○○	○○	○○	○○
損失貨物合計法幣				五一○萬	九一八萬	二三二九萬
	○○	○○	○○	○○○	○○	○
損失鋪屋合計	棟	棟	棟	二棟	七棟	一九棟
折扣法幣				二○萬	一三○萬	五八五萬
	○○	○○	○○	○○	○○	○○
附註						

統計六次損失法幣洋肆仟肆百捌拾貳萬元整

負責人 朱鴻賓（印） 簽名蓋章

長沙市煤炭商業同業公會各會員抗戰損失調查統計表

	合計（家）	損失機器合計法幣	損失貨物合計法幣	損失舖屋合計	折扣法幣
九一八戰事發生會員合計	〇家	〇〇〇〇	〇〇〇〇	〇〇棟	〇〇〇〇
民國廿七年文夕大火會員合計	二九〇家	〇〇〇〇	二四六八〇〇〇〇〇〇〇〇〇	二四〇棟	七一二〇〇〇〇〇〇〇〇
一次抗戰會員合計	家	〇〇〇〇	〇〇〇〇	〇〇棟	〇〇〇〇
二次抗戰會員合計	家	〇〇〇〇	四五二〇〇〇〇〇〇〇〇	三〇棟	九〇〇〇〇〇〇〇〇
三次抗戰會員合計	家	〇〇〇〇	一八四〇〇〇〇〇〇〇	棟	〇〇
四次抗戰會員合計	四二〇家	〇〇〇〇	二四六八〇〇〇〇〇〇〇〇	三〇〇棟	九八〇〇〇〇〇〇〇〇

中華民國三十四年十一月十四日填報

附註

統計六次損失法幣洋壹拾陸萬萬壹千柒百零叁萬元整

負責人謝友誠 簽名蓋章

长沙市制糖工业同业公会各会员抗战损失调查统计表（一九四五年十一月十五日）

7

長沙市製糖工業同業公會各會員抗戰損失調查統計表

中華民國三十四年十一月十五日填報

	損失機器合計法幣	損失貨物合計法幣	損失鋪屋合計	折扣法幣	附註
九一八戰事發生後會員合計　家	〇〇	〇〇	棟	〇〇	
民國廿六年七七事變會員合計　家	〇〇	〇〇	棟	〇〇	
一次抗戰會員合計　家	〇〇	〇〇	棟	〇〇	
二次抗戰會員合計　五家	無	一一〇七萬〇〇	三棟	一四〇萬〇〇	
三次抗戰會員合計　一二家	無	二二九一萬〇〇	一五棟	五七八萬〇〇	
四次抗戰會員合計　三七家	無	四四二八萬〇〇	二二棟	一九八〇萬〇〇	

統計六次損失法幣洋壹萬零伍百貳拾肆元整

負責人　鄧雲鵬（印）　簽名蓋章

8

長沙市刺繡業同業公會各會員抗戰損失調查統計表

中華民國三十四年十一月二十日 填報

	家數	損失機器合計法幣		損失貨物合計法幣		損失鋪屋合計	折扣法幣		附註
九一八戰事發生會員計	家		〇〇		〇〇	棟		〇〇	
民國二十七年文夕大火會員計	八家	無	〇〇	九八四万	〇〇	八棟	六四八万	〇〇	
一次抗戰會員計	家		〇〇		〇〇	棟		〇〇	
二次抗戰會員計	二家	無	〇〇	四五〇万	〇〇	二棟	一三四万	〇〇	
三次抗戰會員計	三家	無	〇〇	八一〇万	〇〇	一棟	七五万	〇〇	
四次抗戰會員計	二七家	無	〇〇	一六九二五万	〇〇	二三棟	二二五六万	〇〇	

統計六次損失法幣貳萬貳仟貳百捌拾貳萬元整

負責人 林福生 簽名蓋章

长沙市面粉工业同业公会各会员抗战损失调查统计表（一九四五年十一月二十三日）

长沙市麵粉工業同業公會各會員抗戰損失調查統計表

中華民國三十四年十一月二十三日 填報

	合計	損失機器合計法幣	損失貨物合計法幣	損失舖屋合計	折扣法幣	附註
九一八戰事發生會員合計	八家	[illegible]○○	○○	棟	○○	
民國廿六年失合會員計	七家	[illegible]○○	二七一五七○八○○	三棟	五二○○○○○○○	
一次抗戰會員合計	七家	○○	二八六五六○○○○	一棟	一五○○○○○	
二次抗戰會員合計	十家	○○	六○二四○○○○○	一棟	三○○○○○○○○	
三次抗戰會員合計	十二家	○○	四七七四八四○○○	二棟	六五○○○○○○○	
四次抗戰會員合計	十六家	○○	二九八四二五○○○○	四棟	一七七○○○○○○○	

統計六次損失法幣洋柒仟六百六十二萬叁千零四十元元整

負責人 易壽雲 簽名蓋章

长沙市亚光烟厂遭受抗战影响损失数目表（一九四五年十一月二十六日）

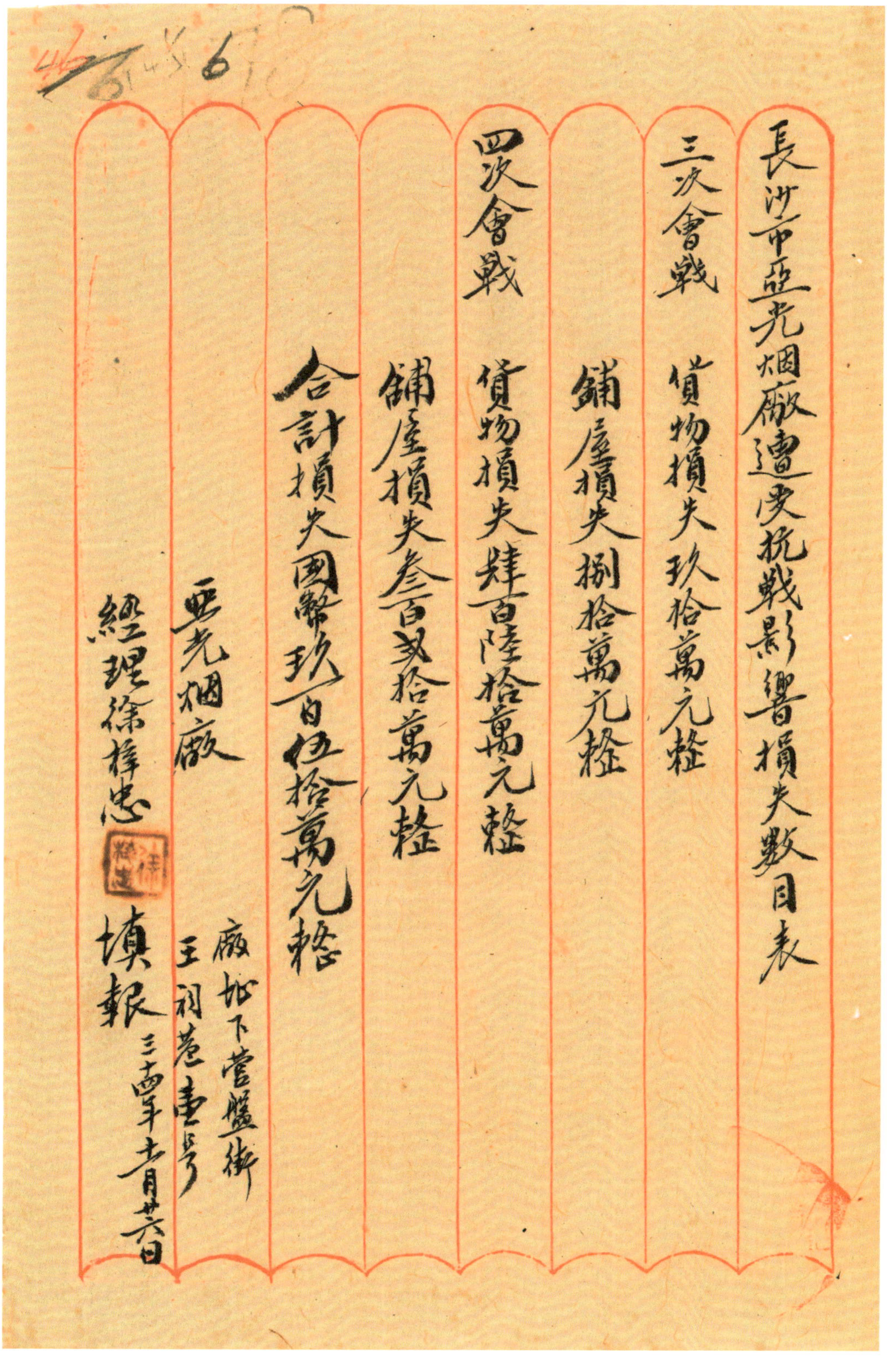

長沙市亞光烟廠遭受抗戰影響損失數目表

三次會戰　貨物損失玖拾萬元整

鋪屋損失捌拾萬元整

四次會戰　貨物損失肆百陸拾萬元整

鋪屋損失叁百貳拾萬元整

合計損失國幣玖百伍拾萬元整

亞光烟廠　廠址下營盤街王祠巷壹號

經理徐梓忠（印）填報

三十四年十一月廿六日

长沙市布商、丝绸呢绒商业同业公会各会员抗战损失调查统计表（一九四五年十一月二十七日）

長沙市布商、絲綢呢絨商業同業公會各會員抗戰損失調查統計表

中華民國三十四年十一月二十七日填報

合計	家	損失機器法幣合計	損失貨物法幣合計	損失鋪屋合計	折扣法幣
九一八戰事發生會員合計	—家	／ 〇〇	／ 〇〇	—棟	／ 〇〇
民國廿七年文夕大火會員合計	一三家	五〇〇〇〇〇 〇〇	九六七〇〇〇〇〇〇 〇〇	一〇棟	一五四六〇〇〇 〇〇
一次抗戰會員合計	四家	／ 〇〇	一四七二〇〇〇〇〇 〇〇	一棟	四〇〇〇〇 〇〇
二次抗戰會員合計	九家	／ 〇〇	三三八〇〇〇〇〇 〇〇	四棟	一六三〇〇〇〇 〇〇
三次抗戰會員合計	一五家	／ 〇〇	五三三六〇〇〇〇 〇〇	五棟	一九〇〇〇〇〇〇 〇〇
四次抗戰會員合計	二一家	一〇三〇〇〇〇〇〇 〇〇	三五七六四〇〇〇 〇〇	一七棟	一七五六〇〇〇〇〇 〇〇
附註					

統計六次損失法幣譯柒萬萬五仟六百柒拾貳萬玖千壹百元整

元整

負責人 鄭增榮（印）

簽名蓋章

湖南長沙地方法院財產間接損失報告表 (表式18)

填送日期 三十四年十一月二七日

分類	數額 (單位:國幣元)
共計	法幣伍伯零柒萬玖千元
遷移費	法幣伍拾柒萬玖千元
防空設備費	法幣肆伯伍拾萬元
疏散費	
救濟費	
撫卹費	

報告者湖南長沙地方法院院長洪OO 首席檢察官羅OO

留蓋章處

湖南长沙地方法院财产间接损失报告表（一九四五年十一月二十七日）

长沙市寄卖商业同业公会各会员抗战损失调查统计表（一九四五年十一月二十九日）

37

長沙市寄賣商業同業公會各會員抗戰損失調查統計表

民國三十四年十一月廿九日填報

四次抗戰損失	貨物損失		舖屋損失		附註
合計	合計法幣	合計		折扣法幣	
拾家	玖仟零叁拾捌萬元	捌棟		肆仟零玖拾伍萬元	原有商行十九家現在歸來十家特此申明

統計四次損失法幣洋壹萬叁仟壹百叁拾叁萬元整

長沙市寄賣商業同業公會理事長曾國屏

长沙市大箩荒货商业同业公会各会员抗战损失调查统计表（一九四五年十一月）

长沙市大籮荒貨商業同業公會各會員抗戰損失調查統計表

中華民國三十四年十一月 日 填報

	九一八戰事發生會員合計	民國廿六年冬文夕大火會員合計	一次抗戰會員合計	二次抗戰會員合計	三次抗戰會員合計	四次抗戰會員合計
家數	家	家	百十二家	百十二家	百十二家	百十二家
損失機器合計法幣			壹拾玖萬壹千一百元	貳拾萬另柒千五百元	伍拾壹萬四千七百元	伍百伍拾貳萬元
損失貨物合計法幣	○○	○○	○○	○○	○○	○○
損失鋪屋合計	○○	○○	○○	○○	○○	○○
拆扣法幣 棟	棟	棟	棟	棟	棟	棟
	○○	○○	○○	○○	○○	○○
附註						

統計六次損失法幣洋陸佰捌拾叁萬叁千叁佰元整

負責人 理事長 文雨霖 理事 廖德厚 黎德美 代 簽名蓋章

长沙市国药商业同业公会各会员抗战损失调查统计表（一九四五年十一月）

長沙市國藥商業同業公會各會員抗戰損失調查統計表

中華民國卅四年十一月 填報

	會員合計	損失合計 機器法幣	損失合計 貨物法幣	損失合計 鋪屋	折扣法幣
九一八戰事發生會員	1家	/	/	1棟	[illegible]
民國廿七年文夕大火會員	98家	/	591506,000.00	68棟	224,209,000.00
一次抗戰會員	84家	/	6214155,000.00	64棟	132780,000.00
二次抗戰會員	88家	/	984421,000.00	72棟	232715,000.00
三次抗戰會員	85家	/	851158,000.00	48棟	~~6559,000.00~~ 65590000.00
四次抗戰會員	128家	/	725154,000.00	89棟	224603,000.00

統計六次損失法幣叁拾捌萬萬叁仟貳百壹拾柒萬七千元整

合計＃38,32177,000元

負責人 理事長 郭季莂 蓋章

附註

湖南内河航商遭受战祸轮船及客货驳趸船损失查报表（一九四五年十一月）

内河航商 及客貨駁躉船

湖南省遭受戰禍輪船損失查報表

戰時損失情形

三十四年十一月

船名	噸位	航線起訖	損燬情形	損失金額	需用絞撈救濟費	失業、船員人數	救濟費	船主姓名	附註
民強	五七、六七	長沙至常德	在冷水灘鑿沉僅存船底機器鍋爐	八百萬元	一百萬元	十四人	廿八萬元	民衆輪船公司	
民泰	四四、七四	同右	同右	六百五十萬元	一百萬元	十四人	廿八萬元	同右	
民壽	二八、六〇	同右	在冷水灘鑿沉船身燒燬僅存機爐	七百五十萬元	八十萬元	十四人	廿八萬元	同右	
民生	二二、六四	同右	在冷水灘鑿沉僅存船底機器鍋爐	四百五十萬元	一百萬元	十二人	廿四萬元	同右	
通和	三七、三八	長沙至津市	在喬口小河內鑿沉僅存船底鍋爐	六百五十萬元	一百萬元	十四人	廿八萬元	長津輪駁公司	
新永豐	四八、三三	同右	同右	八百萬元	一百萬元	十四人	廿八萬元	同右	
雙騰	四一、八四	同右	同右	六百五十萬元	一百萬元	十四人	廿八萬元	雙蓬輪船公司	

—1—

、	長興	四八、七六	同右	在長沙半頭州鑿沉現存船底機爐	八百萬元	一百萬元	十四人	廿八萬元	長津公司
、	通泰	五四、七五	同右	在湘潭文昌閣沉没炸燬僅存鍋爐船壳全燬	一千一百萬元	八十萬元	十四人	廿八萬元	吳壽記
、	重慶	四五、六九	同右	在黑狗灘被大水沖燬僅存機器鍋爐	八百五十萬元	八十萬元	十四人	廿八萬元	張師佑
、	新安慶	五四、二一	同右	在白水灘自動鑿沉現存船底機爐	八百萬元	一百萬元	十四人	廿八萬元	郭梅舫
、	新鴻安	三八、九二	同右	在邵陽小河內鑿沉現存船底機爐	六百五十萬元	一百萬元	十四人	廿八萬元	長津公司
	新順	四七、三三	同右	在邵陽灘自動鑿沉現存船底機爐	八百萬元	一百萬元	十四人	廿八萬元	吳秩煌

揚子三號	二三八、三八	同右	在祁陽大河沉沒船底機爐尚存	四百五十萬元	二百萬元	二十四人	廿八萬元	福利輪駁公司
普益	五〇、一九	長沙至湘陰	在湘陰被敵機炸沉船底機爐尚存	六百萬元	二百萬元	廿四人	廿八萬元	長湘輪船公司
新江源	五三、六八	長沙至益陽	在益陽桃花江鑿沉船底機爐尚存	八百萬元	六百萬元	十四人	廿八萬元	長益合公司
聯志	四〇、九六	同右	同右	六百五十萬元	八十萬元	十四人	廿八萬元	五益南五輪公司
普濟	六〇、八八	長沙至湘陰	在歸陽沉沒僅存船底機器鍋爐	八百萬元	一百萬元	十四人	廿八萬元	同右
大有	五八、六九	同右	同右	八百萬元	二百萬元	十四人	廿八萬元	湘江室合記
華勝	五一、八六	同右	在歸陽沉沒被炸船殼全燬僅存鍋爐機件	八百五十萬元	五十萬元	十四人	廿八萬元	彭六安等
豫豐	五六、五六	岳陽至塔市驛	在祁陽觀音灘沉沒船身機爐尚存	五百五十萬元	五十萬元	十四人	廿八萬元	曾澤生

利平	五九、〇八	長沙至宜昌	在朱亭以下船壳機件均炸燬僅存鍋爐	一千一百萬元	八十萬元	十四人	廿八萬元	胡德初
裕通	五九、六二	長沙至南縣	在白水中州夾沉沒船底機鑪倘存	八百萬元	一百萬元	十四人	廿八萬元	楊荇蓀等
泰運	五四、六二	同右	在湘河口南北塘船身全燬機鑪倘存	一千一百萬元	二百萬元	十四人	廿八萬元	開濟公司鄧鳴球合
新鴻發	一五六、四六	長沙至湘潭	在湘河口外船身炸燬機鑪倘在	一千九百五十萬元	二百萬元	二十人	四十萬元	李韶荃等
新鴻運	一五一、六〇	同右	在湘河口賣草港船壳機爐均存	一千〇五十萬元	八十萬元	二十人	四十萬元	孫炳盧等
新鴻太	一〇〇、六一	同右	在湘河口原湘河船底機爐均存	一千五百萬元	一百五十萬元	十八人	三十六萬元	鴻記公司志成
新恆升	一三八、四二	同右	在衡陽上梁船埠船身機鑪倘存	一千五百萬元	二百萬元	二十人	四十萬元	楊菊馨等

國安	九九、四五	同右	在冷水灘鑿沉船底機鑪尚存	一千〇五十萬元	一百五十萬元	廿六人	三十二萬元	胡德初
曲江	六九、五二	同右	同右	八百五十萬元	一百萬元	十四人	廿八萬元	同右
鴻運	一三七、九	同右	在衡陽樟木市船身炸燬鍋鑪尚存	一千九百五十萬元	二百萬元	二十二人	四十萬元	楊炎炳等
祁陽	五四、四八	長沙衡陽	在白水鑿沉船身機鑪尚存	五百五十萬元	八十萬元	十四人	廿八萬元	羅湘記
泰祥	四三、〇六	同右	在白水中州夾沉沒船底機鑪尚存	六百五十七萬元	一百萬元	十四人	廿八萬元	袁勝祥
華康	六一、七六	同右	在湘潭源湘河沉沒船底機鑪尚存	八百五十萬元	一百萬元	十四人	廿八萬元	王青云等
建祥	五六、八六	同右	在白水中州夾沉沒船底機鑪尚存	八百萬元	一百萬元	十四人	廿八萬元	鄧儒逵
公福	六九、三七	同右	在衡陽大堡沉沒船底機鑪尚存	六百萬元	八十萬元	十四人	廿八萬元	夏俊卿

五福	三一、四六	同右	在益陽小河沉没船底機鑪尚存	五百五十萬元	一百萬元	十四人	卄八萬元	夏益永
新平	六五、六七	長沙至湘潭	在喬口小河內沉没船底僅存機鑪	八百五十萬元	一百萬元	十四人	卄八萬元	劉培生堂
資源	六〇、〇八	長沙至益陽	在零陵廉刀灣沉没船壳損毁僅存鍋爐	一千一百萬元	八十萬元	十四人	卄八萬元	蕭錫三等
永豐	五八、〇三	同右	在白水小河內沉没船底機尚存	八百萬元	一百萬元	十四人	卄八萬元	匡梅魁
長沙	七一、三六	同右	同右	八百五十萬元	一百萬元	十四人	卄八萬元	高晉三
新國光	六三、一七	同右	在白水中州夾沉没僅存船底機鑪	八百萬元	一百萬元	十四人	卄八萬元	合義記
新國源	五六、四四	同右	在白水上木埠頭炸沉現在淼水	八百萬元	一百萬元	十四人	卄八萬元	復興輪船公司

鴻源	三三、五六	湘潭至易俗河	在白水馬鞍嶺沉沒船身機爐尚存	三百五十萬元	一百萬元	十二人	廿四萬元	楊霖康等
鴻發	四一、三四	長沙至丁字灣	同右	四百五十萬元	一百萬元	十四人	廿八萬元	楊潤昌等
江雄	五八、九四	湘潭至朱亭	在白水中州夾沉沒船底機爐尚存	八百萬元	一百萬元	十四人	廿八萬元	周月泉等
江運	四八、五三	同右	祁陽對河沉沒船底機爐尚存	八百萬元	一百萬元	十四人	廿八萬元	周月屏
鴻運	五六、〇八	益陽至南縣	在湘河口南北塘炸沉船身全毀機爐尚存	一千一百萬元	八十萬元	十四人	廿八萬元	謝擇善等
豐運	五九、八七	沅江至南縣	在沅江蓬嘴炸沉船身機爐尚存	八百五十萬元	一百萬元	十四人	廿八萬元	謝本瑤等
宏通	一五二、五八	長沙至漢口	在祁陽上高喜司沉沒船身機爐尚存	一千〇五十萬元	一百萬元	二十八人	四十萬元	宏興商輪局

宏達	六三、五八	同右	在石潭沉沒船身機爐尚存	八百五十萬元	一百萬元	十四人	廿八萬元	同右
太福	四三、八七	長沙至衡陽	在白水中州夾沉沒船身機爐尚存	六百五十萬元	一百萬元	十四人	廿八萬元	詹蔚青
振湘利	七一、七一	同右	在祁陽下十五里船身炸燬機爐尚存	一千一百萬元	八十萬元	十四人	廿八萬元	志成公司
源泰	五一、〇〇	長沙至宜昌	在灣水灘鑿沉船底機爐尚存	八百萬元	一百萬元	十四人	廿八萬元	張孝通
平江	二八、一七	同右	同右	五百五十萬元	一百萬元	十二人	廿四萬元	上海老公茂船廠
福泰	六八、〇八	同右	在衡陽鐵爐門炸沉船底機器尚存	八百五十萬元	一百萬元	十四人	廿八萬元	福記輪船局
餘杭	一三五、九六	長沙至漢口	在湘河口內沉沒船身機爐尚存	九百五十萬元	一百五十萬元	十六人	三十二萬元	三北鴻安公司 鋼殼
浦興	七〇、〇〇	同右	在長沙沉沒船身機爐尚存	九百五十萬元	一百五十萬元	十六人	三十二萬元	中興煤鑛公司

—一二—

新保和	五四、六三	長沙至安鄉	在津市鏊沉船底機爐尚存	八百萬元	八十萬元	十四人	廿八萬元	長益合公司	
楚利	二一、〇四	長沙至漢口	在衡陽沉沒船底機爐尚存	四百萬元	八十萬元	十二人	廿四萬元	福記輪船局	
燮興	二〇、八六	同右	在衡陽黄巢嶺沉沒船壳鍋爐尚存	四百萬元	八十萬元	十二人	廿四萬元	燮興輪船局	鋼殼
鳳陽	三三、五七	同右	同右	六百五十萬元	一百萬元	十二人	廿四萬元	同右	
恆餘	三七、九七	同右	在白水下沉沒僅存船底機爐	六百萬元	一百萬元	十二人	廿四萬元	楊子輪船公司	
新恆大	二九、二五	同右	在衡陽東洋渡沉沒僅存機爐	七百五十萬元	八十萬元	十二人	廿四萬元	同右	
正大	一五、二一	長沙至上海	在湘河口內炸沉船身機件尚存	一千九百萬元	二百萬元	二十人	四十萬元	上海大鑫公司	鋼殼
竟成	五八、六八	長沙至漢口	在湘河口內南北塘沉沒船身機爐尚存	八百萬元	一百萬元	十四人	廿八萬元	竟成輪船公司	

聯豐	四七、三一	沅江至百祿橋	在沅江炸沉尚存船底機爐	六百萬元	八十萬元	十二人	廿四萬元	順豐公司	
新鴻達	四八、一三	長沙至南縣	在衡陽炸沉僅存機爐	八百萬元	一百萬元	十二人	廿四萬元	建友實業公司	
洪順	三二、五〇	常德至津市	在祁陽下沉沒機爐尚存	六百萬元	八十萬元	十二人	廿四萬元	黃振壽	
郘平	二五、〇二	同右	在甸縣炸沉船身機爐尚存	四百萬元	八十萬元	十二人	廿四萬元	和濟輪船公司	
新蘇錫	一七、二〇	內河	在冷水灘沉船底尚存機器被敵折去	二百五十萬元	二十萬元	六人	十二萬元	蘇錫輪船局	油輪
南嶽	一六、〇〇	內河	在零陵老埠頭沉機器船底尚存	二百萬元	二十萬元	六人	十二萬元	公利輪船局	同右
群裕	一〇、八〇	內河	同右	一百八十萬元	二十萬元	六人	十二萬元	東北群電船局	同右
新蘇盧	二〇、五九	內河	同右	二百五十萬元	二十萬元	六人	十二萬元	永濟輪船局	同右
清新	四、〇〇	內河	同右	一百六十萬元	二十萬元	六人	十二萬元	林伯泉	同右

—10—

大東	二〇、九四	內河	在衡陽沉沒	三百萬元	三十萬元	六人	十二萬元	沈品生 王殿寅	同右
鳳翔	六、〇〇	內河	同右	一百二十萬元	二十萬元	六人	十二萬元	湖泗輪船局	同右
潤東	六五、六六	內河	在湘河口全部炸燬	五百五十萬元	二十萬元	八人	十六萬元	潤東輪船公司	同右
振華	五九、四六	長沙至津市	在湘潭楊梅州折沉僅存機爐	八百萬元	五十萬元	六人	十二萬元	王毓麟	濱湖會戰損失
長安汽船	二〇、二〇	同右	在觀音港沉沒船底機鑪尚存	三百萬元	二十萬元	三人	六萬元	長津公司	同右
源洪江	六五、六七	長沙至衡陽	在楊梅州折毀機爐尚存	八百五十萬元	五十萬元	六人	十二萬元	蔡中白	同右
新華慶	五九、六〇	長沙至益陽	同右	一千一百萬元	五十萬元	六人	十二萬元	長益鹽發公司	同右
泰安	四九、七六	長沙至宜昌	在桃源鄭家河炸沉船底機鑪尚存	八百萬元	五十萬元	五人	十萬元	漢冶萍鐵廠	同右
泰昌	四三、七三	長沙至漢口	在桃源洞庭溪上洞口炸沉在深水	八百萬元	一百萬元	五人	十萬元	和昌拖輪公司	同右

源昌	四四、〇二	同右	在常德被炸機鑪尚存	八百萬元	五十萬元	五人	十萬元	福記輪船局	同右
桃源	五六、四九	常德至桃源	在桃源炸沉機鑪尚存	八百五十萬元	一百萬元	十四人	廿八萬元	富利號	同右
新運	九一、四七	長沙至宜昌	在沅江炸沉船底機鑪尚存	八百萬元	八十萬元	十四人	廿八萬元	開濟公司	同右
寶豐	九七、四七	長沙至宜昌	在楊梅州沉毀僅存機鑪	一千四百五十萬元	五十萬元	八人	十六萬元	中和輪船局	第三次會戰損失
新太和	九六、〇二	長沙至湘潭	在湘潭折毀僅存機鑪	一千五百萬元	八十萬元	十八人	三十六萬元	胡範九等	同右
利湘	大一三五、九	長沙至宜昌	在長沙折毀機鑪尚存	一千五百萬元	八十萬元	十六人	三十二萬元	和春輪船公司	同右
江利	六七、六二	同右	在衡陽折毀僅存機鑪	八百萬元	八十萬元	十二人	廿四萬元	楊子輪船公司	同右
合利	三、〇〇	內河	在冷水灘沉尚存機器	一百二十萬元	二十萬元	四人	八萬元	合利汽船局	第四次會戰受損油輪
新福慶	四一、四七	長沙至益陽	供差炸燬尚存機鑪	八百萬元	八十萬元	十二人	廿四萬元	李岱雲	第二次會戰受損

新華運	一五四、五六	長沙至湘潭	二十八年被水雷炸燬僅存機鑪	一千五百萬元	一百萬元	八人	十六萬元	劉靜培等	第一次會戰受損
安鄉	四八、八七	常德至津市	在楊梅州折散僅存機鑪	八百萬元	八十萬元	八人	十六萬元	福記輪船局	第四次會戰受損
海龍	二一、〇五	長沙至宜昌	同右	六百萬元	八十萬元	八人	十六萬元	同右	同右
新長江	六八〇五	長沙至益陽	存在漢口以下會戰全部損失	一千萬元		八人	十六萬元	高少斌	第一次會戰損失
永綏	七二〇八	同右	在漢口被炸沉沒船身機鑪倘存	六百萬元		八人	十六萬元	郭梅舫	同右
新快利	五一、七二	長沙至衡陽	二十八年冬在鵝羊山被水雷炸燬	八百萬元	五十萬元	四人	八萬元	彭桂林	同右
同福汽船	二〇一四	長沙至益陽	二十八年供差炸燬	三百萬元	二十萬元	四人	八萬元	郭梅舫	同右
維新	五八九五	沅江至南縣	被敵機炸燬僅存機件	四百五十萬元	五十萬元	四人	八萬元	張桂[illegible]	同右

陆、

永大	一九、〇〇	長沙至水渡河	同右	四百五十萬元	五十萬元	六人	十二萬元	彭六安	第三次會戰受損
鴻遐	四八、二四	南縣至藕池	同右	四百五十萬元	五十萬元	四人	八萬元	鄧鳴球	
寶濟	二六、七二	長沙至漢口	在衡陽鐵橋下沉沒船売燬損僅存機鑪	五百五十萬元	一百萬元	十二人	廿四萬元	[illegible]實記輪船局	
安明	三三、六八	同右	在歸陽下八卦洲船売機鑪尚存	五百五十萬元	一百萬元	十二人	廿四萬元	文桂記	
新安太	六〇、五一	至津市	在會津	八百萬元	八十萬元	十二人	廿四萬元	王桂生	

合计统屯数五八五七〇一

以上共計一百另六艘合計損失金額八萬萬二千四百三十萬元

絞撈救濟費九千另六十萬元

船員救濟費二千五百六十八萬元

以上二項統計國幣九萬萬四千另五十八萬元

湖南省遭受戰禍客貨駁及躉船損失查報表

戰時損失情形

船名	噸位	航線起訖	損燬情形	損失金額	需用絞撈救濟費	失業人數	救濟船員費	船主姓名及附註
長亭	七三七八	長沙至常德	差運被炸須大修	三百萬元	六十萬元	六人	十二萬元	民衆輪船公司
長利	七五七九	同右	同右	三百萬元	六十萬元	六人	十二萬元	同右
長安	八九六五	同右	被炸沉沒	四百五十萬元	六十萬元	六人	十二萬元	同右
民衆一號	七六六四	同右	同右	四百五十萬元	六十萬元	六人	十二萬元	同右
民衆二號	七七六三	同右	同右	四百五十萬元	六十萬元	六人	十二萬元	同右
民衆三號	八一一三	同右	同右	四百五十萬元	六十萬元	六人	十二萬元	同右
民衆四號	七八一二	同右	被炸須大修	三百萬元	六十萬元	六人	十二萬元	同右
民衆五號	七八一二	同右	供差燒沉	四百五十萬元	六十萬元	六人	十二萬元	民衆公司
長民一號躉船		長沙	同右	四百五十萬元	六十萬元	六人	十二萬元	同右
沅民二號躉船		常德	同右	四百五十萬元	六十萬元	六人	十二萬元	同右
通華	七四三八		供差被炸須大修	三百萬元	六十萬元	六人	十二萬元	長津輪駁公司
通濟	七六四二		同右	三百萬元	六十萬元	六人	十二萬元	同右
通亞	七六二八		供差炸沉	四百五十萬元	六十萬元	六人	十二萬元	同右
華祥	八五六四		同右	四百五十萬元	六十萬元	六人	十二萬元	同右
利順	七四四八		供差被炸須大修	三百萬元	六十萬元	六人	十二萬元	同右
太華	七六二五		同右	三百萬元	六十萬元	六人	十二萬元	同右

—1—

慶華		供差炸沈	四百五十萬元	六十萬元	六人	十二萬元	同右
江新		供差炸沈	四百五十萬元	六十萬元	六人	十二萬元	長津公司
永安		被炸須大修	三百萬元	六十萬元	六人	十二萬元	同右
永利		供差炸沈	四百五十萬元	六十萬元	六人	十二萬元	同右
永清		被炸需大修	三百萬元	六十萬元	六人	十二萬元	胡永盛
楚華		同右	三百萬元	六十萬元	六人	十二萬元	符道一
關和		供差炸沈	四百五十萬元	六十萬元	六人	十二萬元	胡絶九
湘雄		同右	四百五十萬元	六十萬元	六人	十二萬元	彭六安
長津一號躉船	津市	同右	四百五十萬元	六十萬元	六人	十二萬元	長津公司
鑫利		被炸須大修	三百萬元	六十萬元	六人	十二萬元	福利公司
公安		同右	三百萬元	六十萬元	六人	十二萬元	長津公司 福利公司
普渡		供差炸沈	二百萬元	五十萬元	五人	十萬元	長湘公司
利湘		同右	二百萬元	五十萬元	五人	十萬元	同右
快安		同右	三百萬元	六十萬元	六人	十二萬元	同右
楚江		同右	三百萬元	六十萬元	六人	十二萬元	聚春發
長一號躉船	長沙	同右	一百萬元	四十萬元	三人	六萬元	長湘公司
靖二號躉船	靖港	同右	一百萬元	四十萬元	三人	六萬元	同右
湘三號躉船	湘陰	同右	一百萬元	四十萬元	三人	六萬元	同右
永盛		被炸需大修	三百萬元	六十萬元	三人	六萬元	胡永盛
復和一號貨駁		供差炸沈	四百五十萬元	六十萬元	六人	十二萬元	復和公司
復和二號貨駁		同右	四百五十萬元	六十萬元	六人	十二萬元	同右

— 2 —

64 18

普濟三號	七〇五九	長沙	供差被炸須大修	四百萬元	六十萬元	六人	十二萬元	普濟公司
復和長臺船		長沙	炸沉	三百萬元	六十萬元	四人	八萬元	復和公司
復和潭臺船		湘潭	同右	二百萬元	五十萬元	四人	八萬元	同右
華力	七八四六	長沙	供差炸沉	四百五十萬元	六十萬元	六人	十二萬元	華益公司
湘寧	四八八〇	長沙	同右	三百萬元	六十萬元	六人	十二萬元	周介福
華潭號臺船		湘潭	炸沉	一百萬元	四十萬元	三人	六萬元	華益公司
華裕	六四四	同右	被炸須大修	三百萬元	六十萬元	六人	十二萬元	王懋廷
和裕	五二一八	同右	供差炸沉	四百五十萬元	六十萬元	六人	十二萬元	同右
新永康	六八三八	同右	同右	三百萬元	六十萬元	六人	十二萬元	蔡中白
國彝	七二六三	祁陽	同右	四百五十萬元	六十萬元	六人	十二萬元	袁英旺
吉祥	六四二八		同右	四百五十萬元	六十萬元	六人	十二萬元	長衡祁輪駁公司
新永昌	六一三六		被炸須大修	三百萬元	六十萬元	六人	十二萬元	蔡中白
恆利	五九四八		供差炸沉	四百五十萬元	六十萬元	六人	十二萬元	羅承裕
德松	七二三五		被炸須大修	三百萬元	六十萬元	六人	十二萬元	李松林
長衡一號臺船		衡陽	炸沉	一百萬元	四十萬元	三人	六萬元	長衡祁公司
民裕	六八四六		同右	四百五十萬元	六十萬元	六人	十二萬元	民權公司
海安	五一二五		同右	四百五十萬元	六十萬元	六人	十二萬元	陸正發
新華	四八六五		被炸須大修	二百萬元	四十萬元	六人	十二萬元	蘇湘皖代理
鎮吉	四二五六		同右	二百萬元	六十萬元	六人	十二萬元	同右
德喜	四一三二		炸沉	一百萬元	四十萬元	四人	八萬元	同右

仁記	二八九六		供差炸沉	一百五十萬元	四十萬元	四人	八萬元	同右
華祥	八六六八		同右	四百五十萬元	六十萬元	六人	十二萬元	同右
鶴記	三三四五		同右	二百五十萬元	四十萬元	四人	八萬元	同右
銀記	四八〇二		同右	一百五十萬元	四十萬元	四人	八萬元	同右
寶甫	五一三八		同右	一百五十萬元	四十萬元	四人	八萬元	同右代運
同富	四四三九		同右	一百五十萬元	四十萬元	四人	八萬元	同右
鴻安鐵躉船			被炸須大修	四百萬元	六十萬元	六人	十二萬元	鴻安公司
開湘躉船			炸沉	四百五十萬元	六十萬元	六人	十二萬元	龍敦厚堂
福湘	五九四八		同右	三百萬元	六十萬元	六人	十二萬元	張慶聲
正祥	六一二九		同右	四百五十萬元	六十萬元	六人	十二萬元	袁英旺
永順	五八六六		被炸須大修	七百萬元	六十萬元	六人	十二萬元	長津公司
建利	八五三五		炸沉	四百五十萬元	六十萬元	六人	十二萬元	同右
長津二號	八八〇五		同右	三百萬元	六十萬元	六人	十二萬元	同右
長福一號躉船		長沙	同右	二百萬元	四十萬元	四人	八萬元	長津公司 福利
長福二號躉船		湘潭	同右	二百萬元	四十萬元	四人	八萬元	同右
長福三號躉船		衡陽	同右	二百萬元	四十萬元	四人	八萬元	同右
長衡二號躉船		衡陽	同右	三百萬元	四十萬元	四人	八萬元	長衡祁輪駁公司
長衡三號躉船		衡陽 寶茶嶺	同右	二百萬元	四十萬元	四人	八萬元	同右
長衡四號躉船		衡陽 柏坊	同右	四百萬元	四十萬元	四人	八萬元	同右
公和	四八五六	長沙	被炸須大修	三百萬元	六十萬元	六人	十二萬元	夏伯勳

極益一號臺船	湘潭	同右	五十萬元	一十萬元	三人	六萬元	極利公司
極利二號臺船	株州	同右	五十萬元	一十萬元	三人	六萬元	同右
極利三號臺船	淥口	同右	五十萬元	一十萬元	三人	六萬元	同右
極利四號臺船	朱亭	同右	五十萬元	一十萬元	三人	六萬元	同右
鳳記 七三、八		供差炸沉	一百五十萬元	四十萬元	四人	八萬元	蘇浙皖代理
三益臺船	長沙	同右	三百萬元	六十萬元	六人	十二萬元	新華公司
沅開濟臺船	沅江	同右	二百萬元	四十萬元	四人	八萬元	開濟公司
南開濟臺船	南縣	同右	一百五十萬元	三十萬元	三人	六萬元	同右
長福四號臺船	沅江	同右	一百萬元	二十萬元	三人	六萬元	長津公司
易宿臺船	湘潭	同右	五十萬元	一十萬元	三人	六萬元	福利楚利公司
同記臺船	沅江	同右	二百萬元	四十萬元	四人	八萬元	長九公司
湘南益臺船	南縣	同右	二百萬元	四十萬元	四人	八萬元	同右
湘濟臺船	同右	同右	二百萬元	四十萬元	四人	八萬元	同右

以上計客駁五十一艘貨駁八艘臺船三十一艘

共計損失金額二萬萬六千一百萬元 絞撈救濟費四千五百九十萬元 船員救濟費九百二十二萬元

以上三項共計三萬萬一千六百一拾二萬元正

合計客貨駁總數三、九〇〇、〇二五

长沙市行号商店恒丰、利大等寇灾损失请求赈贷调查表（一九四五年十二月二十八日）

長沙市行號商店寇灾損失請求振貸調查表

商店名稱	恒豐	利大	美記	聚義	同益	祥昌	恒利
所營商務	植物油類						
所在地	大西门上檣湾	大西门上河街	大西门[illegible]山街	太平门下河街	大西门外正街	小西门正街	大西门[illegible]山街
資本總額	現洋卅万	現洋廿五万	現洋卅万	現洋卅万	現洋卅万	現洋廿五万	現洋卅万
組織：獨資							
組織：合股	合股						
負責人：店主							
負責人：經理	李叔和	陈宗閩	閩伏生	曾德泉	陈德吾	王其祥	錢[illegible]森
隸屬公會	長沙市植物油輸出業同業公會						
登記年月日	三十四年九月二十八日復員登記						
執照號數	因抗戰被毀現在尚未發下						
寇灾損失：物資	[illegible]	[illegible]	[illegible]	[illegible]	[illegible]	[illegible]	[illegible]
寇灾損失：房屋器具	[illegible]	[illegible]	[illegible]	[illegible]	[illegible]	[illegible]	[illegible]
現在情形	勉強復員資本缺乏						
請求振貸數目	[illegible]	[illegible]	[illegible]	[illegible]	[illegible]	[illegible]	[illegible]
備考							

具報人

中華民國三十四年十二月二十八日

长沙市鱼行商业同业公会各会员抗战损失调查统计表（一九四五年十二月）

長沙市魚行商業同業公會各會員抗戰損失調查統計表

	合計	損失機器合計法幣	損失貨物合計法幣	損失鋪屋合計	折扣法幣
九一八戰事發生會員	九家		九〇,〇〇〇,〇〇〇	棟	〇
民國廿七年文夕大火會員	十五家		一七〇,〇〇〇,〇〇〇	十五棟	一五〇,〇〇〇,〇〇〇
一次抗戰會員	十三家		一五〇,〇〇〇,〇〇〇	三棟	一〇〇,〇〇〇,〇〇〇
二次抗戰會員	十三家		六〇〇,〇〇〇,〇〇〇	五棟	三五〇,〇〇〇,〇〇〇
三次抗戰會員	十三家		二六〇,〇〇〇,〇〇〇	四棟	二六〇,〇〇〇,〇〇〇
四次抗戰會員	十五家		四五〇,〇〇〇,〇〇〇	十五棟	一五〇,〇〇〇,〇〇〇

附註

統計六次損失法幣洋壹萬壹仟玖百貳拾肆萬圓 元整

中華民國三十四年十二月 日 填報

負責人 李淦泉（印）

簽名蓋章

长沙市南货土果商业同业公会各会员抗战损失调查统计表（一九四五年十二月）

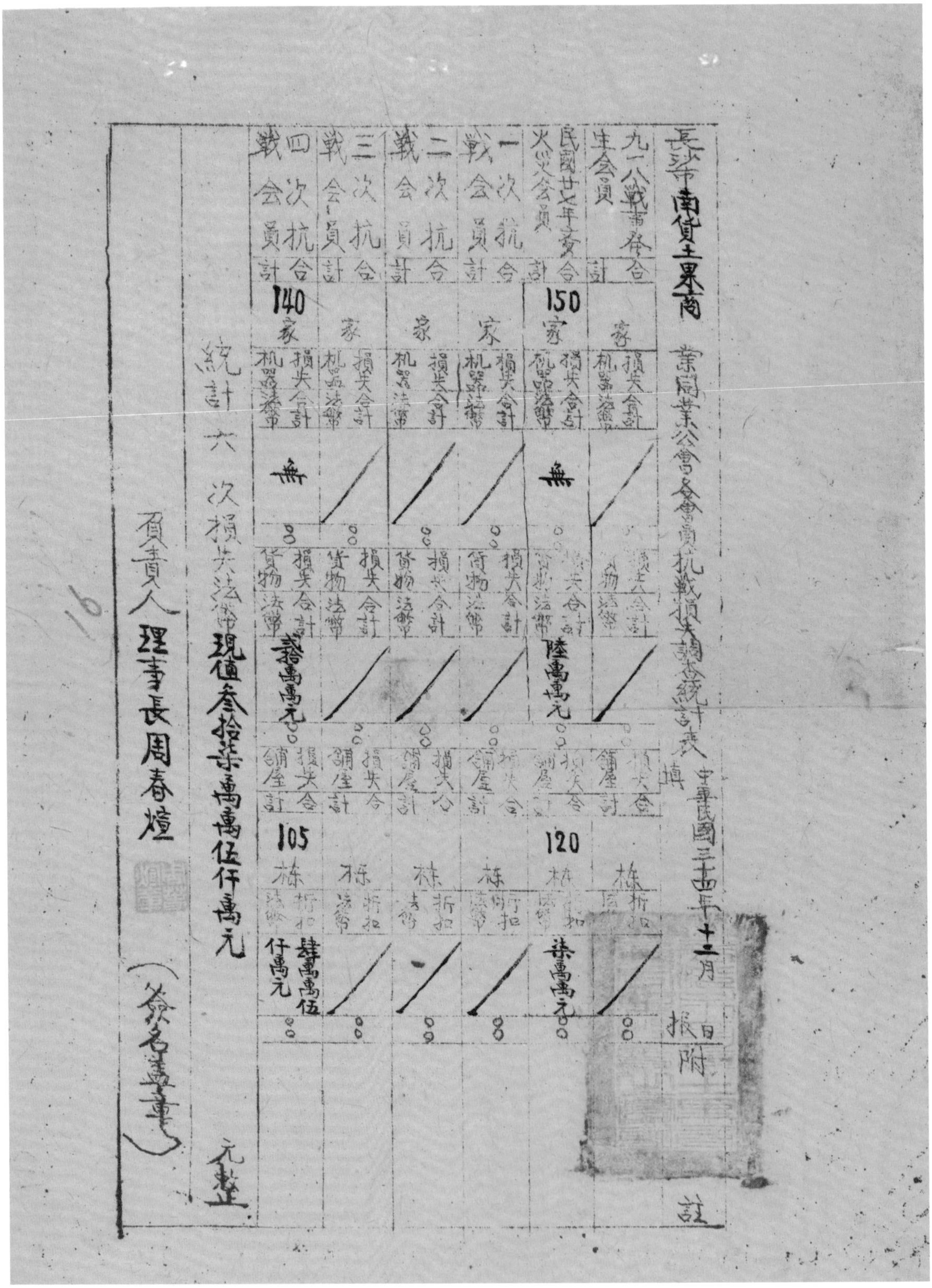

長沙市南貨土果商業同業公會各會員抗戰損失調查統計表

	九一八戰事各會員合計	民國廿七年大火災各會員合計	一次抗戰會員合計	二次抗戰會員合計	三次抗戰會員合計	四次抗戰會員合計
家	家	150家	家	家	家	140家
損失合計 機器法幣	/	無	/	/	/	無
損失合計 貨物法幣	/	陸萬萬元	/	/	/	貳拾萬萬元
損失合計 鋪屋	棟	120棟	棟	棟	棟	105棟
折扣法幣	/	柒萬萬元	/	/	/	肆萬萬伍仟萬元

統計六次損失法幣現值叁拾柒萬萬伍仟萬元整

負責人 理事長周春煊（簽名蓋章）

中華民國三十四年十二月 日填報

附註

长沙市玻璃商业同业公会各会员抗战损失调查统计表（一九四五年十二月）

長沙市玻璃商業同業公會會員抗戰損失調查統計表

中華民國三十四年十二月 日報

會員	機器損失合計法幣	貨物損失合計法幣	鋪屋損失合計	折扣法幣
九一八戰事各會員合計 無家			棟	〇〇
民國廿六年各會員合計 八十家		四八〇〇〇〇〇〇〇〇	八〇棟	三二〇〇〇〇〇〇〇〇〇
一次抗戰會員合計 四十七家		[illegible]〇〇	棟	〇〇
二次抗戰會員合計 四十五家		六二五〇〇〇〇〇〇〇	四五棟	一三五〇〇〇〇〇〇〇
三次抗戰會員合計 四十六家		三三四〇〇〇〇〇〇〇	四二棟	一三八〇〇〇〇〇〇
四次抗戰會員合計 四十家		六二〇〇〇〇〇〇〇〇	四〇棟	六九〇〇〇〇〇〇〇

附

註

統計六次損失法幣壹拾捌萬萬柒仟零貳拾萬元整

負責人 張鼎銘 王春麓（簽名蓋章）

长沙市建筑业同业公会各会员抗战损失调查统计表（一九四五年）

長沙市建築業同業公會各會員抗戰損失調查統計表

中華民國三十四年　月　日填報

	合計	損失機器合計法幣	損失貨物合計法幣	損失舖屋合計	折扣法幣
九一八戰事發生會員	家	〇〇	〇〇	棟	〇〇
民國廿六年至廿七年會員	四百八十[illegible]家	一五〇〇〇〇	九八〇〇〇〇	四百八十九棟	七五〇〇〇〇〇
一次抗戰會員	三百八十[illegible]家	〇〇	一五〇〇〇〇	棟	〇〇
二次抗戰會員	三百六十三家	〇〇	五〇〇〇〇〇	三百六十三棟	七二〇〇〇〇
三次抗戰會員	三百三十三家	〇〇	一六二〇〇〇〇〇	三百四十三棟	三二〇〇〇〇〇〇
四次抗戰會員	二百九十五家	〇〇	三〇〇〇〇〇〇〇〇〇	二百九十五棟	六〇〇〇〇〇〇〇〇

附註

統計六次損失法幣洋九萬百零七百零七萬元正　元整

負責人　理事長陳光厚　簽名蓋章

10

長沙市生花業同業公會各會員抗戰損失調查統計表

中華民國三十四年　月　日填報

合計	家	損失合計機器法幣	損失合計貨物法幣	損失合計舖屋	棟	折扣法幣	附註
九一八戰事發生後會員合計							
民國廿六年七七事變後會員合計	壹		壹仟肆佰萬元	壹		肆佰萬元	
一次抗戰會員合計	壹		壹佰捌拾萬元				
二次抗戰會員合計	壹		叁佰萬元				
三次抗戰會員合計	壹		伍佰萬元				
四次抗戰會員合計	壹		壹仟捌佰萬元				

統計六次損失法幣洋肆仟伍佰捌拾萬圓整　花整

負責人陳資生　簽名蓋章

长沙市茶叶业同业公会陈永秾茶庄抗战损失调查统计表（一九四五年）

長沙市茶葉業同業公會各會員抗戰損失調查統計表

	損失合計 機器（家）	損失合計 貨物 法幣	損失合計 鋪屋（棟）	折扣 法幣
九一八戰事發生會員合計		〇	〇	〇
民國廿六年七七事變會員合計		〇	〇	〇
一次抗戰會員合計		捌拾萬元整	〇	〇
二次抗戰會員合計		叁佰萬元	〇	〇
三次抗戰會員合計		陸佰萬元	〇	〇
四次抗戰會員合計		叁仟貳佰萬元整	壹	叁佰萬元

附註

統計六次損失法幣肆仟肆佰捌拾萬元整

中華民國三十四年　月　日填報

負責人陳士訓　簽名蓋章

34

长沙市瓷业同业公会会员抗战损失调查表

中华民国三十四年　月　日填

期间	类别	名称	数量	价值	损失状况及地点	备考
四次会战	货物	江西镇瓷	共贰仟件	仟陆佰肆拾玖萬元	敌寇犯长急促，河干船只又无法雇得，在千钧一发时，乃将瓷器藏置于吉福街六号货栈内，比将对外门户窗户加锁，用砖砌封。乃以日寇踞长，所存之瓷器为其搬出，拍卖一部，旋该栈为燃烧弹投中，其余瓷器及什物器具均全数焚毁殆尽	
	器具	破瓶什物器具等		估计六十五万元正		

统计损失法币一千七百一十四万另四千元正

牌名　光裕瓷庄　负责人　廖靖波　签名盖章

（印：光裕瓷庄）

长沙市油盐花纱业益大油盐号抗战损失调查统计表（一九四五年）

長沙油鹽花紗業會員楊餘慶抗戰損失調查統計表

中華民國三十四年 月 日填報

	人口	損失合計機器法幣	損失合計貨物法幣	損失合計舖屋	折扣法幣
九一八戰事發生會員合計				棟	
民國廿六年發生火災會員合計	全家		八〇〇〇〇	五棟	三五〇〇〇〇〇
一次抗戰會員合計	全家		四〇〇〇〇	二棟	五六〇〇〇〇〇〇
二次抗戰會員合計	全家		五二〇〇〇〇〇	四棟	六〇〇〇〇〇〇
三次抗戰會員合計	全家		八〇〇〇〇〇	一棟	五〇〇〇〇〇〇
四次抗戰會員合計	全家		三八〇〇〇〇〇	四棟	三五〇〇〇〇〇

附註：於民國卅三年古五月初三日逃至河西福彥鄉第九保第九甲郭家塘屋場被日軍奸淫將媳婦胡氏迫至投水而斃命

統計五次損失法幣壹仟壹百捌拾捌萬叁[illegible]元整

益大油鹽號

負責人 楊餘慶 全家

（大西門正街）

17

长沙市行号商店大德昌、大丰昌寇灾损失请求赈贷调查表（一九四五年）

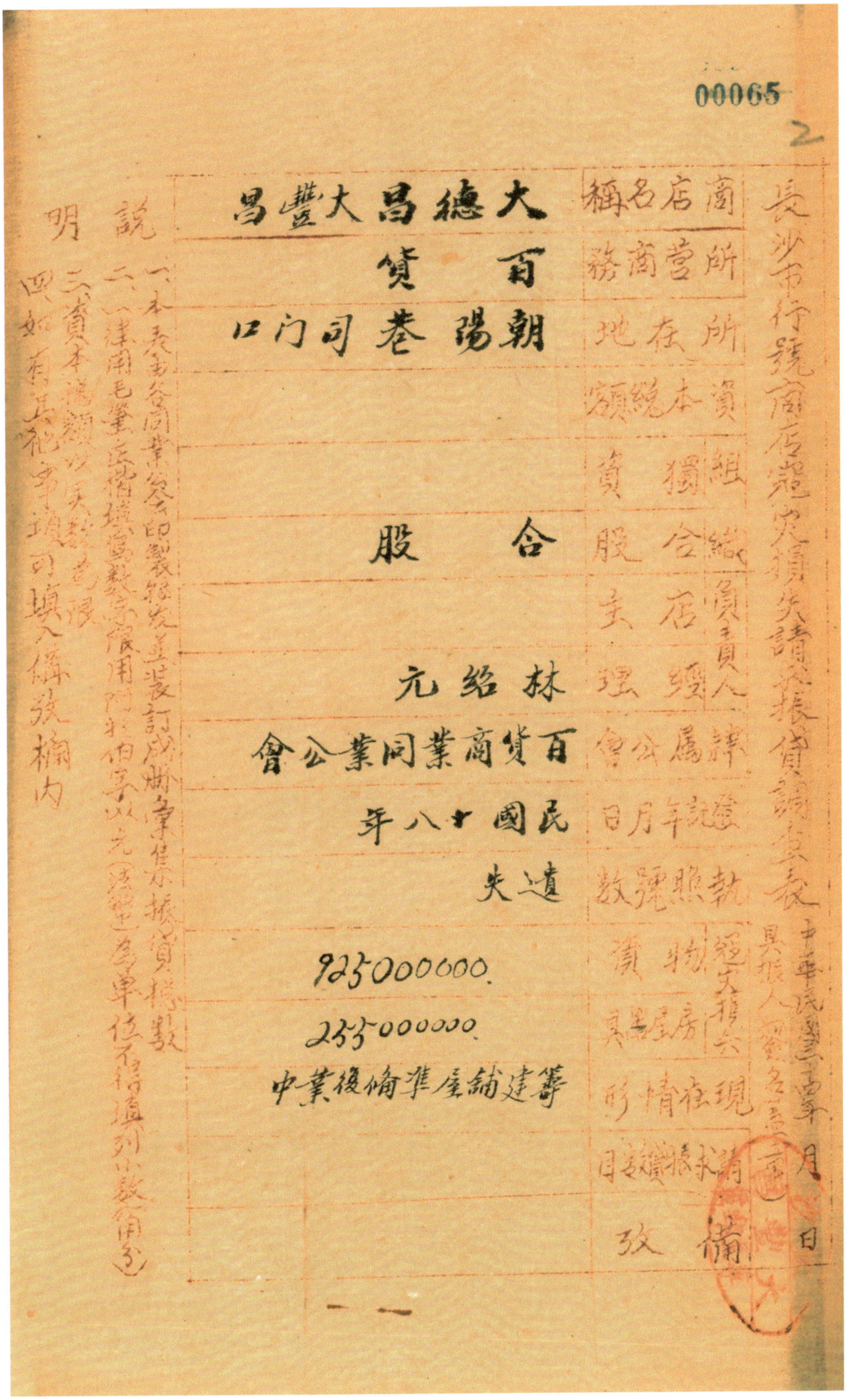

00065

2

長沙市行號商店寇災損失請求振貸調查表

中華民國三十四年 月 日 具報人姓名蓋章

商店名稱	大德昌 大豐昌
所營商務	百貨
所在地	朝陽巷司门口
資本總額	
組織（獨資 合股）	合股
負責人（經理 店東）	林紹元
隸屬公會	百貨商業同業公會
登記年月日	民國廿八年
執照號數	遺失
寇災損失（貨物）	925000000.
寇災損失（房屋）	255000000.
現在情形	籌建鋪屋準備復業中
請求振貸數目	
備考	

說明

一、本表由各同業公會印製發交並裝訂成冊彙集振貸總數

二、（建閘毛業）應填損失數字限用阿拉伯字以元（法幣）為單位不得填列小數（角分）

三、資本總額以實數為限

四、如有其他事項可填入備考欄內

湘北四次会战损毁客船货驳趸船调查表（一九四五年）

湘北四次會戰損燬客船貨駁躉船調查表 （第一頁）

船名	總噸位	所屬公司	損失情形	損失地點	備攷
長亨客拖船	73.78	民康	自動沉沒	河湘口内黃草港	
長利〃〃	75.79	〃	〃	〃	
長安〃〃	89.65	〃	〃	白水中洲尖	漲大水沖斷纜船舶仍沉沒
民众一號貨駁	76.64	〃	沉沒作燬	衡陽白沙洲	
〃〃二〃〃	77.63	〃	自動沉沒	〃〃大橋下	去歲水涸當地人拆毀
〃〃三〃〃	81.22	〃	燒燬〃〃	〃〃白沙洲	
〃〃四〃〃	78.16	〃	沉沒	〃〃大大堡	
〃〃五〃〃	78.12	〃	〃	〃〃白沙洲	
長民一號躉船		〃	沉燬	長沙小西门	
沅民二號〃		〃	〃	沅江第一樓	
乘通客拖船		長澤	自動沉沒	長沙下白沙洲	去歲水涸時被燒燬
通濟〃		〃	〃	湘河口黃草港	
通泰〃		〃	〃	祁陽小河内	
華裕〃		〃	〃	冷水灘	去歲水涸被拆毀
利順〃		〃	〃	白水下梁船埠	
太華〃		〃	〃	丁字灣下白沙洲	
慶華〃		〃	〃	祁陽小河内	
江新〃		〃	〃	〃	
永安〃		〃	〃	丁字灣下白沙洲	
永利〃		〃	〃	〃	
永清〃		〃	〃	〃	
楚亨〃		〃	〃	〃	
日月和〃		〃	〃	〃	去歲水涸被燒燬
湘雄〃		〃	〃	〃	〃
長津一號貨駁		〃	沉燬	衡陽上松柏	
〃〃躉船		〃	〃	長沙河岸	
長沅二號〃		〃	〃	沅江	
義利客拖船		福利	自動沉沒	湘潭黃草港	
公安〃		〃	〃	丁字灣下白沙洲	
普渡〃		長湘	沉沒	湘陰	
快安〃		〃	〃	歸陽	
楚江〃		〃	〃	衡陽上松柏	
長一號躉船		〃	〃	長沙大西门	
靖二號〃		〃	〃	靖港	
湘二號〃		〃	〃	湘陰	
永盛客拖船		復和	〃	湘潭黃草港	
復和一號貨駁	86.80	〃	〃	衡陽上白沙洲	
〃〃二〃〃	93.81	〃	〃	〃	
普濟三〃〃		〃	〃	湘河口石潭	
復和長躉船		〃	〃	長沙牛頭洲	
〃〃潭〃		〃	〃	湘潭十三總	
群力客拖船		群益	〃	衡陽上大堡	去冬水涸被燒燬
湘大〃		〃	〃	長沙下白沙洲	〃〃拆燬
群埠號躉船		〃	〃	湘潭板塘舖	〃〃拆燬
華裕客拖船		長衡祁	〃	湘河黃草港	
和裕〃		〃	〃	〃	
新永康〃		〃	〃	湘潭楊梅洲	
國祥〃		〃	〃	祁陽上木埠頭	

湘北四次會戰損失客船貨駁躉船調查表　（第二頁）

船名	總噸位	所屬公司	損失情形	損失地點	備考
吉祥客拖船		長衡社	自動沉沒	長沙下白沙洲	慈水湖被打撈
新運昌　〃		〃	〃	易俗河港內	
恒利　〃		〃	〃	漣河口內	
德松　〃		〃	〃	湘河口黃草港	
衡一號躉船		〃	沉毀	衡陽	
民裕客拖船		民权	自動沉沒	湘河口石塘	
海安　〃		蘇湘皖	〃	白水中洲夾	被敵拖放長沙
永慶　〃		〃	〃	冷水灘	〃
新華　〃		〃	〃	長沙靳江河	〃
鎮吉　〃		〃	〃	湘河口內	〃
德喜駁船		〃	〃	冷水灘	
仁記　〃		〃	〃	〃	
華祥　〃		〃	〃	〃	
錫記　〃		〃	〃	黃陽司	
銀記　〃		〃	〃	〃	
寶南　〃		〃	〃	〃	
同富　〃		〃	〃	零陵	
鳳記　〃		〃	〃	〃	
鴻安鐵躉船		三北鴻安公司	炸沉	湘河口內	
達源客拖船		湘達駛輪航處	自動沉沒	湘潭楊梅洲	
開濟躉船		開濟公司	沉毀	長沙金家碼頭	
合計				69艘	

长沙市漆商业同业公会各会员抗战损失调查统计表（一九四五年）

长沙市漆商业同业公会宝裕恒抗战损失调查统计表（一九四五年十一月十三日）

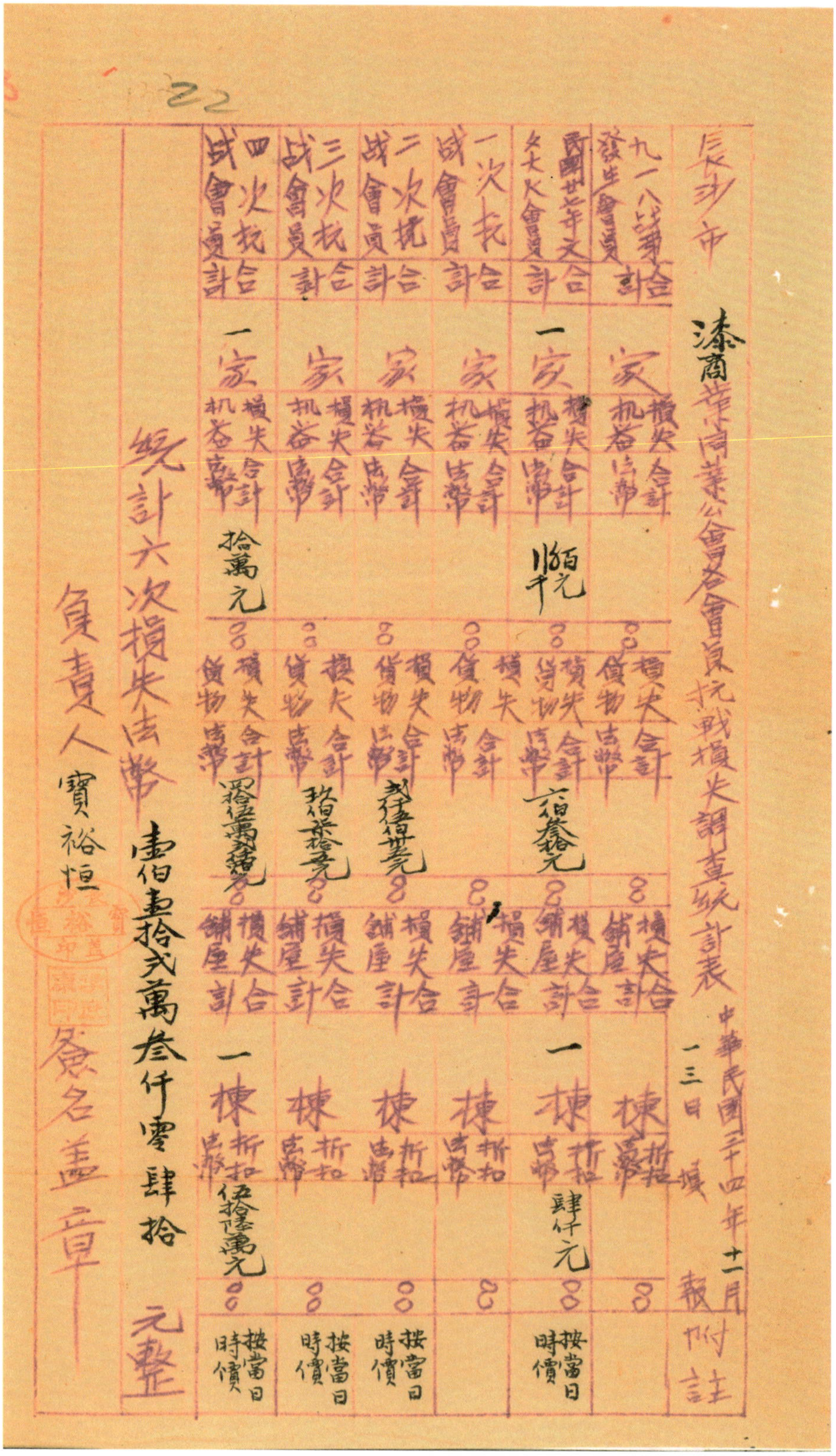

長沙市漆商業同業公會各會員抗戰損失調查統計表

中華民國三十四年十一月一三日填報

	九一八戰事發生會員合計	民國廿七年文夕大火會員合計	一次長戰會員合計	二次抗戰會員合計	三次抗戰會員合計	四次抗戰會員合計
家	家	一家	家	家	家	一家
損失合計機器法幣		叁仟肆佰元				拾萬元
	〇	〇	〇	〇	〇	〇
損失合計貨物法幣		陸佰叁拾元		[illegible]	[illegible]	肆拾伍萬[illegible]元
	〇	〇	〇	〇	〇	〇
損失合計鋪屋	棟	一棟	棟	棟	棟	一棟
折扣法幣		肆仟元				伍拾陸萬元
	〇	〇	〇	〇	〇	〇
附註		按當日時價		按當日時價	按當日時價	按當日時價

統計六次損失法幣壹佰壹拾貳萬叁仟零肆拾元整

負責人 寶裕恒 簽名蓋章

长沙市漆商业同业公会鸿信漆号抗战损失调查统计表（一九四五年十一月十三日）

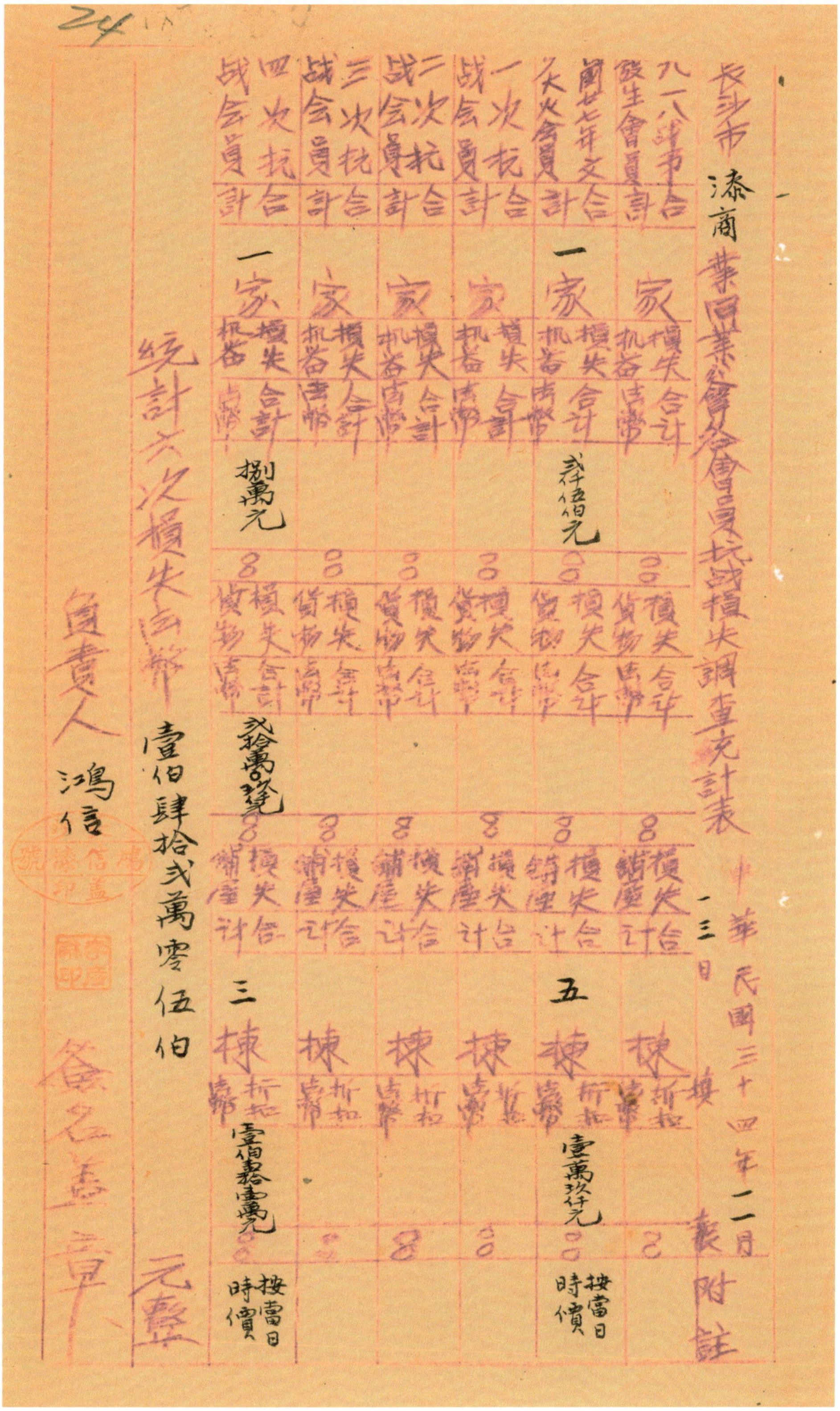

長沙市漆商業同業公會會員抗戰損失調查統計表

	家	損失合計 機器 法幣	損失合計 貨物 法幣	損失合計 舖屋	棟	折合法幣	附註
九一八以後發生會員合計	家				棟		
二十七年文夕大火會員合計	一家	貳仟伍佰元			五棟	壹萬玖仟元	按當日時價
一次抗戰會員合計	家				棟		
二次抗戰會員合計	家				棟		
三次抗戰會員合計	家				棟		
四次抗戰會員合計	一家	捌萬元	貳拾萬零玖仟元		三棟	壹佰壹拾壹萬元	按當日時價

統計六次損失法幣 壹佰肆拾貳萬零伍佰元整

中華民國三十四年十一月十三日 填表

負責人 鴻信 簽名蓋章

长沙市漆商业同业公会裕丰长漆号抗战损失调查统计表（一九四五年十一月）

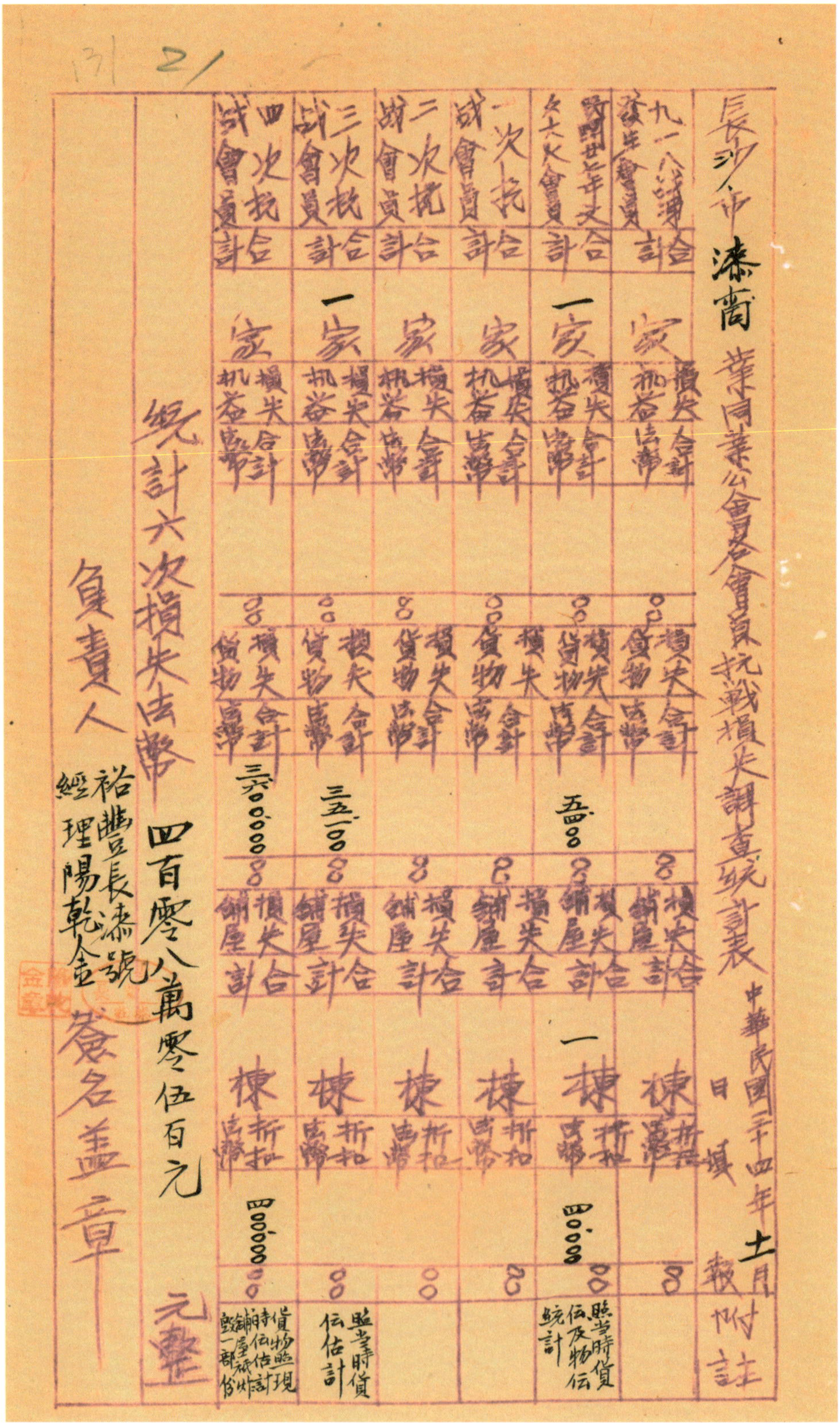

長沙市漆商業同業公會會員抗戰損失調查統計表

合計	家	損失合計機器法幣	損失合計貨物法幣	損失合計鋪屋	棟	折扣法幣	附註
九一八以後漆業會員		〇〇		〇〇		〇〇	
民國廿七年文夕大火會員	一	〇〇	五四〇〇 〇〇		一	四〇〇〇〇 〇〇	照當時貨價及物價統計
一次抗戰會員		〇〇		〇〇		〇〇	
二次抗戰會員		〇〇		〇〇		〇〇	
三次抗戰會員	一	〇〇	三五一〇〇 〇〇			〇〇	照當時貨價估計
四次抗戰會員		〇〇	三六〇〇〇〇〇 〇〇			四〇〇〇〇〇 〇〇	貨物照現時估計，鋪屋祇炸毀一部份

總計六次損失法幣 四百零八萬零伍百元整

負責人 裕豐長漆號 經理陽乾金 簽名蓋章

中華民國三十四年十一月 日填報

长沙市漆商业同业公会大昌祥漆号抗战损失调查统计表（一九四五年十一月）

23

长沙市漆商业同业公会会员抗战损失调查统计表

中华民国三十四年十一月　日填

	家	机器损失合计法币	货物损失合计法币	铺屋损失合计	折扣法币	附注
九一八事变发生会员合计	家	00	00	栋	00	
民国廿七年文夕大火会员合计	一家	00	3,000 00	一栋	15,000 00	照当时货价及物价估计
一次抗战会员合计	家	00	00	栋	00	
二次抗战会员合计	家	00	00	栋	00	
三次抗战会员合计	一家	00	15,600 00	栋	00	照当时货价估计
四次抗战会员合计	家	00	1,200,000 00	一栋	1,800,000 00	照现时物价估计

统计六次损失法币三百零三万三千六百元元整

负责人　大昌祥漆号　经理陈剑霞（押）　签名盖章

长沙市漆商业同业公会恒记怡顺漆号抗战损失调查统计表（一九四五年十一月）

25

長沙市漆商業同業公會各會員抗戰損失調查統計表

中華民國三十四年十一月 日填報

	家	損失合計 機器法幣	損失合計 貨物法幣	損失合計 鋪屋	折扣法幣	附註
九一八戰事發生會員合計	家	〇〇	〇〇	棟	〇〇	
民國廿六年七七大會員合計	一家	〇〇	肆千萬元	一棟	壹萬元	按當日時價
一次抗戰會員合計	家	〇〇	〇〇	棟	〇〇	
二次抗戰會員合計	家	〇〇	〇〇	棟	〇〇	
三次抗戰會員合計	一家	〇〇	貳萬元	棟	〇〇	照當時貨價估計
四次抗戰會員合計	一家	〇〇	壹億四百萬元	一棟	捌拾萬元	

統計六次損失法幣貳佰叁拾捌萬另伍佰元整

負責人 恒記怡順 簽名蓋章

（印：恒記怡順漆號）

长沙市漆商业同业公会通裕福漆号抗战损失调查统计表（一九四五年十一月）

长沙市漆商业同业公会会员抗战损失调查统计表

中华民国三十四年十一月　日填

	家	损失合计机器国币	损失合计货物国币	损失合计铺屋计栋	折扣国币	附注
九一八事变发生会员合计		〇〇	〇〇		〇〇	
民国廿七年文夕大火会员合计		〇〇	六〇〇〇〇	一栋	五,〇〇〇〇〇	按当时价
第一次抗战会员合计		〇〇	〇〇		〇〇	
第二次抗战会员合计		〇〇	〇〇		〇〇	
第三次抗战会员合计		〇〇	九七五〇〇		〇〇	按当时价
第四次抗战会员合计		〇〇	三九六〇〇〇〇〇（三九六〇,〇〇〇）		四〇,〇〇〇〇〇	按现时价 铺屋炸毁一部份

统计六次损失国币 四百三十六万六千六百另五 元整

负责人 通裕福漆号 经理张惠民 签名盖章

[印：通裕福]

长沙市漆商业同业公会通义仁漆号抗战损失调查统计表（一九四五年十一月）

28

長沙市漆商業同業公會會員抗戰損失調查統計表

中華民國三十四年十一月 日填報

	家	機器損失合計法幣	貨物損失合計法幣	鋪屋損失合計	折扣法幣	附註
九一八戰事發生會員合計	家	8	8	棟	8	
民國廿七年文夕大火會員合計	一家	8	五、二五〇 8	一棟	三〇、〇〇〇 8	當時貨價及物價估計
一次抗戰會員合計	家	8	8	棟	8	
二次抗戰會員合計	家	8	8	棟	8	
三次抗戰會員合計	一家	8	三二五〇〇 8	棟	8	照當時貨物估計
四次抗戰會員合計	一家	8	二一六〇、〇〇〇 8	棟	四〇〇、〇〇〇 8	貨物照現時價估計 鋪屋被炸毀一部份

統計六次損失法幣 二百六十二萬七千七百五十元整

負責人 通義仁漆號 經理李瑞庭 簽名蓋章

长沙市漆商业同业公会乾盛福漆号抗战损失调查统计表（一九四五年）

長沙市漆商業同業公會各會員抗戰損失調查統計表

中華民國三十四年 月 日填製

	家	機器損失合計法幣	貨物損失合計法幣	鋪屋損失合計	折扣法幣	附註
九一八戰事發生會員合計	家	8	8	棟	8	
民國廿七年文夕大火會員合計	一家	壹仟元	貳伯元	一棟	肆仟元	按當時價
一次抗戰會員合計	家	8	8	棟	8	
二次抗戰會員合計	家	8	8	棟	8	
三次抗戰會員合計	家	8	8	棟	8	
四次抗戰會員合計	一家	伍萬元	一五三〇〇〇	一棟	三〇〇〇〇〇	按當時價

統計六次損失法幣 貳伯叁拾萬零捌仟弍伯元整

負責人 乾盛福漆號 經理李鴻鈞 簽名蓋章

长沙市百货商业同业公会会员抗战损失调查表（一九四五年）

长沙市百货商业同业公会祥丰抗战损失调查表（一九四五年十二月二日）

22
2

00070

長沙市百貨商業同業公會會員抗戰損失調查表

戰役別	損失傢器合計法幣	損失貨物合計法幣	損失舖屋	合計法幣	備考
九一八戰事發生	〇〇	〇〇		〇〇	
廿七年文夕大火	〇〇	五百萬元〇〇	一	三百萬元〇〇	
一次抗戰	〇〇	二百万元〇〇		〇〇	
二次抗戰	〇〇	二百萬元〇〇		〇〇	
三次抗戰	〇〇	二百萬元〇〇		〇〇	
四次抗戰	〇〇	八百萬元〇〇	一	伍百萬元〇〇	

合計六次損失法幣洋弍千柒百萬元

牌名 祥豐

負責人 舒瑞昌 簽名蓋章

中華民國三十四年十二月二日填報

长沙市百货商业同业公会高乐百货庄抗战损失调查表（一九四五年十二月五日）

00069

長沙市百貨商業同業公會會員抗戰損失調查表

戰役別	損失機器合計法幣	損失貨物合計法幣	損失鋪屋棟數合計法幣	備考
九一八戰事發生	00	00	00	
二十七年文夕大火	00	三百八拾萬00	二棟 四百六十五萬00	
一次抗戰	00	00	00	
二次抗戰	00	貳十三萬00 疏散費	00	
三次抗戰	00	四十五萬00 疏散費	00	
四次抗戰	00	四百七拾叁萬00	00	

合計六次損失法幣洋 壹千叁百八拾六萬 元整

牌名 高樂百貨莊

負責人 胡丹 簽名蓋章

中華民國三十四年十二月五日填報

长沙市百货商业同业公会三友棉织社抗战损失调查表（一九四五年十二月十日）

25 ~~00000~~

5

長沙市百貨商業同業公會會員抗戰損失調查表

損別 / 次第	損失機器合計法幣	損失貨物合計法幣	損失鋪屋棟數	損失鋪屋合計法幣	備攷
九一八戰事發生	.00	二五〇.00		.00	
廿七年文夕大火	.00	二六〇.00	三棟	三四〇.00	
一次抗戰	.00	四一〇.00		.00	
二次抗戰	.00	六四〇.00		.00	
三次抗戰	.00	一弍〇〇.00		.00	
四次抗戰	.00	一七〇〇.00	二	一二〇〇.00	

合計六次損失法幣洋陸仟萬元整　元整

牌名　三友棉織社（印：三友棉織社）

負責人　吳振寰　簽名蓋章（印）

中華民國卅四年十二月十日填報

长沙市百货商业同业公会顺记百货号抗战损失调查表（一九四五年十二月二十四日）

長沙市百貨商業同業公會會員抗戰損失調查表

戰役別	損失機器合計法幣	損失貨物合計法幣	損失舖屋棟數	損失舖屋合計法幣	備致
九一八戰事發生	00	00		00	
二十七年文夕大火	00	00		00	因廿七年冬初組織營業
一次抗戰	00	三00,000.00	0	壹,五00,000.00	中途遇劫
二次抗戰	00	五00,000.00	0	壹,五00,000.00	疏散時遇劫
三次抗戰	00	三00,000.00	0	壹,五00,000.00	疏散用、失、
四次抗戰	00	五00,000.00	一棟	三,000,000.00	

合計六次損失法幣洋玖百壹拾萬元元整

牌名 順記

負責人 劉溥淞 簽名蓋章

中華民國三十四年十二月廿四日填報

长沙市百货商业同业公会大丰昌抗战损失调查表（一九四五年十二月）

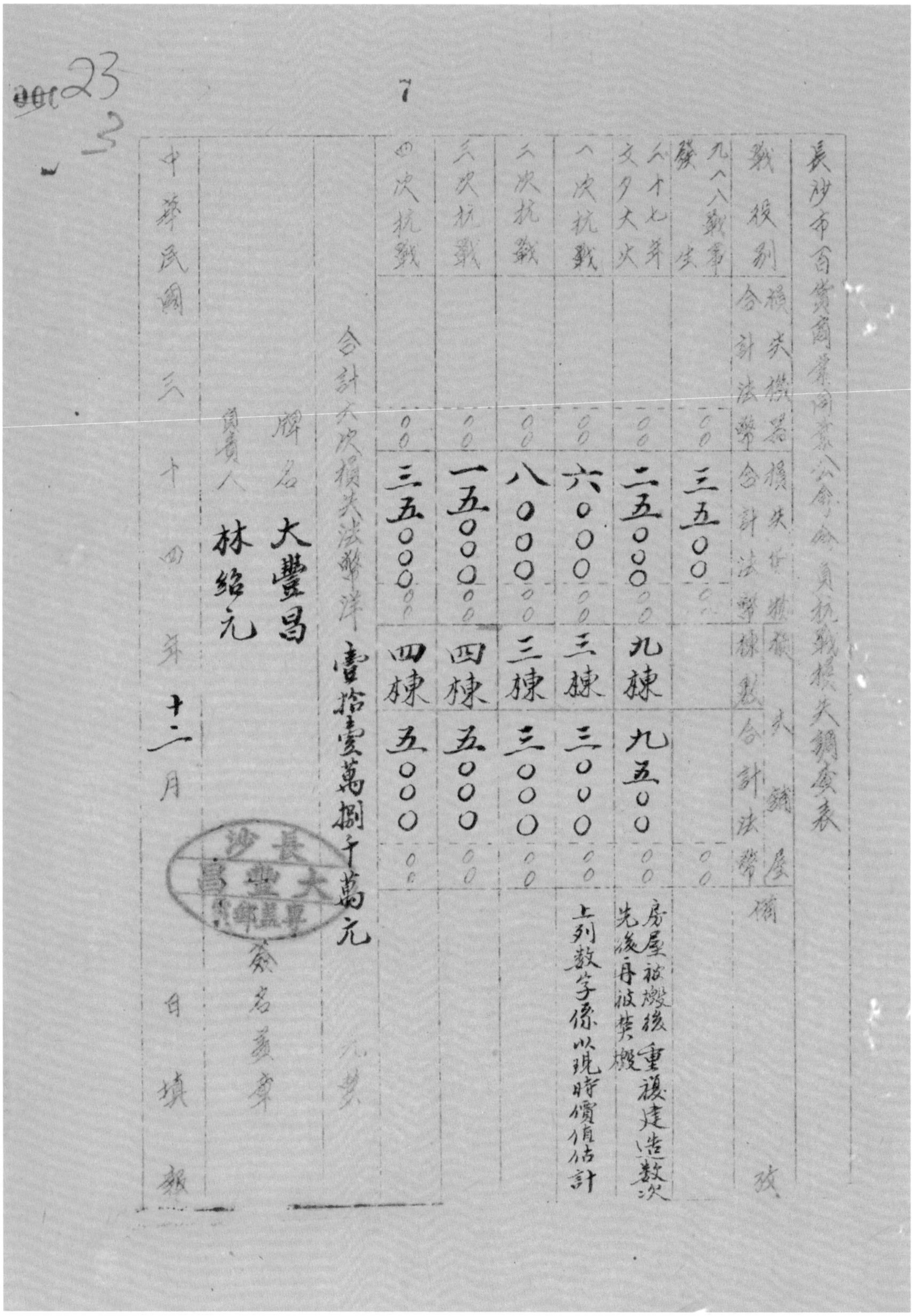

長沙市百貨商業同業公會會員抗戰損失調查表

戰役別	損失機器合計法幣	損失貨物合計法幣	損失房屋棟數	損失房屋合計法幣	備考
九一八戰事發生	00	三五〇〇 00		00	
二十七年文夕大火	00	二五〇〇〇 00	九棟	九五〇〇 00	房屋被燬後重複建造數次先後再被焚燬
一次抗戰	00	六〇〇〇 00	三棟	三〇〇〇 00	上列數字係以現時價值估計
二次抗戰	00	八〇〇〇 00	三棟	三〇〇〇 00	
三次抗戰	00	一五〇〇〇 00	四棟	五〇〇〇 00	
四次抗戰	00	三五〇〇〇 00	四棟	五〇〇〇 00	

合計六次損失法幣洋 壹拾壹萬捌千萬元 元整

廠名 大豐昌

負責人 林紹元 簽名蓋章

（印：長沙大豐昌）

中華民國三十四年十二月 日填報

長沙市百貨商業同業公會會員抗戰損失調查表

戰役別	損失機器合計法幣	損失貨物合計法幣	損失鋪屋棟數	損失鋪屋合計法幣	備攷
九一八戰事發生	.00	.00		.00	
二十七年文夕大火	.00	壹百玖拾萬元.00	一棟	貳百肆拾萬元.00	
一次抗戰	.00	壹百肆拾萬元.00		.00	
二次抗戰	.00	玖拾萬元.00		.00	
三次抗戰	.00	貳百伍拾萬元.00		.00	
四次抗戰	.00	壹千陸百萬元.00	一棟	叁百萬元.00	

合計六次損失法幣洋 貳千捌百壹拾萬 元整

牌名 三五

負責人 黃繼雲 簽名蓋章

（印：三五百貨莊）（印：黃繼雲）

中華民國三十四年 月 日填報

湖南长沙地方法院员工抗战财产损失报告单（一九四五年）

财產損失報告單（表式3）

填送日期三十四年十月　日

損失年月日	事件	地點	損失項目	購置年月	單位	數量	價值（國幣元）購置時價值	損失時價值	證件
三十四年七月	敵人進犯[illegible]田	美孟湖桐保鄉西	被	三十三年八月	床	二	3000	30000	
	〃	〃	帳	二十七年三月	鋪	一	80	8000	
	〃	〃	白大布	三十三年三月	疋	三	3000	18000	
	〃	〃	青大布	三十四年三月	疋	二	3000	22000	
	〃	〃	毛繩衣	三十年十月	件	一	1000	20000	
	〃	〃	女毛嗶機夾衣	二十七年五月	件	一	200	21000	
	〃	〃	男洋布棉袍	二十九年九月	件	一	50	8000	
	〃	〃	派丹士林布單袍	〃	件	一	50	9000	
	〃	〃	青布夾衣褲	三十年四月	套	一	200	6000	
	〃	〃	女文華綢棉袍	二十七年二月	件	一	60	13000	
	〃	〃	女竹布單袍	三十年二月	件	一	300	9000	
	〃	〃	青布棉衣褲	三十四年三月	套	一	1500	8000	
	〃	〃	穀	三十三年八月	石	九	7200	14400	
	〃	〃	鹽	三十四年五月	斤	五	1900	4500	
	〃		豬	三十三年五月	隻	一	1200	19000	
合計								209900	

受損失者湖南長沙地方法院執達員曹定球　　填報者

財產損失報告單 (表式2)

填送日期 34年11月16日

損失年月日	事件	地點	損失項目	購置年月	單位	數量	價值(國幣元) 購置時價值	損失時價值	證件
三十三年七月五日	日軍(進攻)擄搶 ~~房屋~~	湘潭縣易家灣街上	房屋	二十五年 月	間 ~~棟~~	6	600元	300,000元	~~證件另補~~
三十三年七月十二日	日軍擄搶	易家灣城口塘住舍	毛嗶嘰長夾衣	二十六年 月	件	2	24元	12,000元	
〃	〃	〃	〃	被窩	二十七年 月	床	3	36元	18,000元	
〃	〃	〃	夏布帳子	〃	〃	4	40元	20,000元	
〃	〃	〃	皮袍	二十五年 月	件	1	60元	30,000元	
〃	〃	〃	士林竹布單袍	三十年 月	〃	4	20元	10,000元	
〃	〃	〃	線春棉袍	〃	〃	2	40元	20,000元	
〃	〃	〃	青毛線呢女大衣	二十五年 月	〃	1	28元	14,000元	
〃	〃	〃	男女綢長衣	二十六年 月	〃	2	24元	12,000元	
〃	〃	〃	男女綢衣服	〃	套	2	26元	13,000元	
〃	〃	〃	元青大布	三十二年 月	丈	15	45,000元	45,000元	
〃	〃	〃	白大布	〃	〃	21	33,600元	33,600元	
三十三年八月二日	〃	〃	肥猪	〃	隻	1	40,000元	40,000元	
〃	〃	〃	食盐	〃	斤	30	6000元	6,000元	
合計								1473600元	

受損失者 鄧仲霖 湖南省長沙地方法院書記官

填報者 鄧仲霖

財產損失報告單 （表式2）

填送日期 34年11月16日

損失年月日	事件	地點	損失項目	購置年月	單位	數量	價值（國幣元）購置時價值	損失時價值	證件
三十三年六月	被日冦飛机炸毁	湖南平江北街	店舖屋全棟	二十四年十二月	棟間	26	$5000元	$500,000元	
三十三年六月	〃 〃	湖南平江東街	房屋全棟	三十[illegible]年十二月	間	13	$100,000元	$1,200,000元	
三十三年[illegible]月	日寇進駐平城搶掠	湖南平江北街[illegible]官巷	木床 鐵床	三十年六月 二十四年十月	張 張	4 1	$2000元 $20元	$30,000元 $15,000元	
〃 〃	〃 〃	〃 〃	盐 茶油	三十三年三月 三十三年一月	斤 斤	25 40	$2,000元 $2,400元	$12,000元 $132,000元	
〃 〃	〃 〃	〃 〃	粮谷 家具	三十二年十月 陸續添置	担 件	30 120	$24,000元 $50,300元	$90,000元 $300,000元	
〃 〃	〃 〃	〃〃	器皿	陸續添置	件	[illegible]00	$20,000元	$150,000元	
三十三年八月	日寇進駐城下鄉搶掠	平江西鄉[illegible]	衣服	陸續添置	〃	30	$50,000元	$500,000元	
〃 〃	〃 〃	〃	絮被	〃 〃	床	4	$100,000元	$50,000元	
〃 〃	〃 〃	〃	帳子	〃 〃	床	2	$3000元	$16,000元	
三十三年七月	〃 〃	湖南平江北街[illegible]官巷	書籍	陸續購置	冊	50	$20,000元	$200,000元	
合計								~~$8,206,200元~~ $3,576,200元	

受損失者 嚴源漢 　　　　填報者 嚴源漢

（長沙地方法院書記官）

財產損失報告單（表式2）

填送日期　三十四年十一月十九日

損失年月日	事件	地點	損失項目	購置年月	單位	數量	價值（國幣元）購置時價值	損失時價值	證件
卅三年九月六日	湘桂戰役	東安蘆洪市	鋪屋	民國十年	间	15间	三千元	三百萬	
卅三年九月六日	湘桂戰役	東安蘆洪市	衣服	民國二十年至三十三年	件	50餘	600元	一百二十萬	
卅三年九月六日	湘桂戰役	東安蘆洪市	家俱	民國二十年至三十三年	件	80件	400元	四十萬	
								4600000元	

受損失者　謝鴻
長沙地方法院學習推撿事務

填報者　謝鴻　（印：謝鴻之印）

財產損失報告單（表式2）

填送日期 34年10月20日

損失年月日	事件	地點	損失項目	購置年月	單位	數量	價值（國幣元）購置時價值	損失時價值	證件
27年6月	轟炸	廣州	衣服	25年10月 26年6月 27年4月	套	4	毛嗶嘰中山裝一套22元 毛呢西裝一套40元 毛嗶嘰西裝一套30元 布中山裝一套5元	(1)西裝600元 (2)毛呢西裝1000元 (3)毛嗶嘰中山裝500元 布中山裝10元	
31年	〃	桂林	衣服	29年9月 30年11月	套	2	毛中山裝180元 毛嗶嘰西裝250元	毛嗶嘰中山裝800元 毛嗶嘰西裝1000元	
31年	〃	〃	被包	27年1月	床	2	裏面直棉絮二床 共150元	共1000元	
〃	〃	〃	毛毯	27年4月	床	1	180元	6,800元	
〃	〃	〃	皮箱	〃	只	1	22元	1600元	
〃	〃	〃	男皮袍	25年9月	件	1	150元	4000元	
〃	〃	〃	女皮袍	〃	〃	1	120元	3400元	
33年	進攻廣西	宜山	夏布帳	25年4月	床	1	8元	3200元	
〃	〃	〃	男呢袍	26年1月	件	1	38元	4800元	
〃	〃	〃	女呢袍	27年4月	〃	1	65元	3600元	
〃	〃	〃	女棉袍	28年10月	〃	1	32元	2400元	
〃	〃	〃	單綢衣	〃	〃	2	18元	2400元	
〃	〃	〃	女綢夾衣	〃4月	〃	1	26元	3200元	
							合計	53620元	

受損失者 湖南長沙地方法院職員張廷芳　　填報者

財產損失報告單 （表式2）

填送日期三十四年十一月二十四日

損失年月日	事件	地點	損失項目	購置年月	單位	數量	價值（國幣元） 購置時價值	損失時價值	證件
三十年八月十二日	敵軍進犯長沙	平江西鄉下桑園	房屋	遺產	間	6	800元	400000元	
			被窩	二十年十月	床	5	30元	50000元	
			夏布帳子	十八年三月	床	4	20元	24000元	
			床舖	十二年九月	張	6	30元	30000元	
			桌子	十年五月	張	2	6元	12000元	
			[illegible]	二十二年九月	件	2	10元	18000元	
			大櫃	二十三年四月	張	2	20元	20000元	
三十三年六月[illegible]日	敵軍進犯長沙		谷	三十二年八月	碩	20	16000元	40000元	
合計								584000元 544000元	

受損失者湖南長沙地方法院法警陳柳閣　　填報者陳柳閣

財產損失報告單（表式[illegible]）

填送日期三十四年十一月二十四日

損失年月日	事件	地點	損失項目	購置年月	單位	數量	價值（國幣元）購置時價值	損失時價值	證件
三十三年農歷五月初三日	敵軍進攻擄奪	湘陰桑園村	皮箱	二十一年十一月	口	二	二十元	一萬八千元	
〃	〃	〃	羊毛皮袍	二十四年十月	件	一	四十六元	十二萬元	
〃	〃	〃	女短毛嗶嘰夾衣	二十五年八月	套	一	二十五元	四萬八千元	
〃	〃	〃	食谷	三十二年九月	石	七十二	三萬六千元	二十萬二千元	
〃	〃	〃	棉被	三十二年九月	套	三	一萬一千元	五萬四千元	
〃	〃	〃	肥豬	三十三年正月	隻	二	一萬二千元	十二萬元	
〃	〃	〃	紗綢長衣	二十七年八月	件	二	一百六十元	一萬八千元	
三十三年六月十五日	敵軍進攻擄奪	長沙五里堆陳祠	皮箱	二十四年四月	口	一	十二元	一萬二千元	
〃	〃	〃	棉被	三十年十月	套 床	二	五千元	三萬六千元	
〃	〃	〃	夏布帳子	二十八年三月	床	一	四百元	一萬二千元	
〃	〃	〃	男毛嗶嘰制服	二十九年二月	套	一	一百八十元	四萬八千元	
〃	〃	〃	男短綢衫	二十六年五月	套	二	一百二十元	二萬六千元	
〃	〃	〃	男毛嗶嘰夾袍	二十九年八月	件	一	二百四十元	五萬五千元	
〃	〃	〃	青呢子男外套	三十年十一月	件	一	八千元	四萬八千元	
合計								八十一萬七千元	

受損失者余潤蒲（印）
[illegible]

填報者余潤蒲（印）

財產損失報告單（表式2）

填送日期 卅四年十一月廿六日

損失年月日	事件	地點	損失項目	購置年月	單位	數量	價值（國幣元）購置時價值	損失時價值	證件
卅三年八月廿一日	日軍進犯湖南	湘潭石潭鄉溢泥灣	衣服	卅年冬	套	2	2200元	18,000元	
			被窩	卅年十月	床	1	25元	20,000元	
			衣服	卅三年四月	件	2	800元	3,000元	
合計								41,000元	

受損失者 湖南長沙地方法院法警王樹桂 [illegible]　　填報者 王樹桂

財產損失報告單 （表式2）

填送日期三十四年十一月二十六日

損失年月日	事件	地點	損失項目	購置年月	單位	數量	價值（國幣元）		證件
							購置時價值	損失時價值	
三十三年六月廿四	日軍侵犯長沙	湘潭縣南門灣家祝	被窩	二十五年十月	床	3	12元	30000元	
			帳子	二十六年四月	床	2	8元	18000元	
			床鋪	二十三年五月	張	1	6元	5000元	
			青布衣服	二十八年九月	套	4	16元	20000元	
			青布綿襖	二十六年十月	件	2	6元	10000元	
			桌子	二十三年六月	張	2	1元	8000元	
			女綿長衣	二十四年七月	件	2	9元	10000元	
			豬	三十三年七月	隻	2	4000元	12000元	
合計									113000元

受損失者 湖南長沙地方法院法警郭桂生　　填報者郭桂生

財產損失報告單 （表式2）

填送日期三十四年十一月二十六日

損失年月日	事件	地點	損失項目	購置年月	單位	數量	價值（國幣元）購置時價值	損失時價值	證件
二十七年十月十四	敵機轟炸	常德地方法院	洋絨子衣服	二十四年一月	件	1	9元	24000元	
〃	〃	〃	呢外套壹件	二十五年一月	件	1	16元	18000元	
〃	〃	〃	線布袂衣	二十五年十月	套	1	45元	11000元	
〃	〃	〃	白線布衣服	二十五年十一月	套	2	6元	15000元	
〃	〃	〃	皮鞋	二十五年六月	雙	1	27元	4000元	
〃	〃	〃	毛線呢鞋	二十六年五月	雙	2	3元	4000元	
〃	〃	〃	洋面盆	二十六年六月	個	1	1元	5000元	
〃	〃	〃	線毯	二十年十月	床	1	24元	6000元	
三十年八月十一日	日軍進犯長沙	長沙地方法院	被窩	二十年十月	床	1	7元	12000元	
			白米	三十年八月	斗	3	12元	18000元	
			布衣服	三十年四月	套	2	11元	4400元	
			白大布	三十年四月	尺	1	11元	4400元	
								127,800元 ~~115,600元~~	

受損失者湖南長沙地方法院法警洪紹駁　　填報者洪紹駁

财产损失报告单 （表式2）

填送日期三十四年十一月二十六日

损失年月日	事件	地点	损失项目	购置年月	单位	数量	价值（国币元）		证件
							购置时价值	损失时价值	
三十四年七月二十二日	日军进犯	河西卯田	被窝	二十八年九月	床	2	108元	20000元	
			夏布蚊帐	二十八年九月	床	1	12元	18000元	
			白线布棉被	二十九年十月	床	1	10元	10000元	
			青线布棉袍	二十九十月	件	1	109元	9000元	
			黑安安布罩袍	三十年正月	件	1	202元	11000元	
			青中山装衣服	三十年五月	套	2	180元	14000元	
			白兰壳绸衬衣	三十年五月	件	2	260元	15000元	
			约皮绒背外套	二十六年十一月	件	1	18.5角	22000元	
			皮鞋	三十年正月	双	1	502元	6000元	
			土纱	三十四年五月	石	6	84000元	90000元	
合计								215000元	

受损失者 湖南长沙地方法院法警曹伯奎　　　填报者曹伯奎

2

財產損失報告單（表式2）

填送日期三十四年十一月二十六日

損失年月日	事件	地點	損失項目	購置年月	單位	數量	價值（國幣元）購置時價值	價值（國幣元）損失時價值	證件
三十年八月十三日	敵人進攻長沙	湘陰風乡李家湾	被窩	廿六年九月	床	1	8元	8000元	
			帳子	二十八年二月	床	1	6元	5000元	
			線毯	二十九年四月	床	1	42元	4000元	
			線布被衣	三十年一月	套	1	12元	10000元	
			皮箱	二十七年四月	口	1	6元	4000元	
三十四年六月十六日			豬	三十三年五月	隻	1	18000元	90000元	
			大櫃	廿六年五月	張	1	6元	8000元	
			方桌	廿六年五月	張	3	12元	120000元	
			床	二十五年六月	張	1	6元	5000元	
			谷	三十三年八月	碩	12	42000元	3[illegible]000元	
			盐	三十四年四月	斤	8	48000元	3[illegible]000元	
			青布衣服四	三十二年十二月	套	4	4000元	8000元	
			洋磁面盆	二十九年十月	個	1	3元	4000元	
								301600元	
合計								~~226,000元~~	~~1993600000元~~

受損失者湖南長沙地方法院法警李念式 [印]　　填報者李念式

財產損失報告單（表式2）

填送日期三十四年十一月二十六日

損失年月日	事件	地點	損失項目	購置年月	單位	數量	價值（國幣元） 購置時價值	損失時價值	證件
三十三年七月十八日	日軍進犯長沙	湘潭易家灣城田壠	被窩	二十七年十月	床	5	75元	10,000元	
			美麗綢男女綿袍	二十七年十月	件	2	25元	35,000元	
			文華綢女褲	二十八年六月	件	7	32元	28,800元	
			士林布男女罩袍	二十七年十月	件	3	8元	17,600元	
			毛嗶嘰長衣	二十五年八月	件	1	10.4角	13,000元	
			毛嗶嘰女褲	二十九年七月	件	2	12.6角	4,000元	
			皮箱三口	二十四年三月	口	3	18元	15,000元	
			白竹布男女衣服	二十八年五月	套	5	15元	35,000元	
			穿衣鏡	二十六年六月	個	1	12元	14,000元	
			谷	三十二年八月	石	4	3200元	10,000元	
			夏布帳子	二十七年九月	床	1	16元	6,400元	
			青洋布女綿褲	二十七年九月	件	3	15元	4,000元	
			美麗綢綿襖	三十年九月	件	2	16元	15,000元	
			細瓷碗	三十一年五月	個	50	2500元	6,000元	
合計								313,800元	

受損失者湖南長沙地方法院法警鄒達武　　　　填報者鄒達武

財產損失報告單（表式2）

填送日期 三十四年十一月二十六日

損失年月日	事件	地點	損失項目	購置年月	單位	數量	價值（國幣元） 購置時價值	損失時價值	證件
民國三十三年十月五日	日軍犯境擄掠	寧鄉縣[illegible]鄉十五保[illegible]	棉被	三十二年十月	床	4	12,000元	46,000元	
〃	〃	〃	褥子	〃	床	2	4,000元	18,000元	
〃	〃	〃	白夏布帳子	三十年五月	鋪	3	2500元	40,000元	
〃	〃	〃	駝絨長袍	三十二年九月	件	1	5,000元	25,000元	
〃	〃	〃	[illegible]長單衣	〃	件	2	1,500元	20,000元	
〃	〃	〃	白線毯	〃	床	2	1,200元	20,000元	
〃	〃	〃	皮靴	三十三年元月	雙	2	3,000元	14,000元	
民國三十四年二月十六日	〃	〃	草黄制服	〃	套	2	4,000元	18,000元	
〃	〃	〃	青嗶嘰制服	三十一年八月	套	1	4,500元	20,000元	
〃	〃	〃	青便服	三十二年十月	套	3	1200元	15,000元	
〃	〃	〃	洋縐袍	三十年八月	件	1	2,000元	20,000元	
〃	〃	〃	穀子		石	15	18,000元	36,000元	
〃	〃	〃	籮筐		擔	5	2500元	5,000元	
合計								297,000元	

受損失者 湖南長沙地方法院執達員崔仲彝　　填報者 崔仲彝

财产损失报告单 (表式2)

填送日期三十四年十一月廿七日

損失年月日	事件	地點	損失項目	購置年月	單位	數量	價值(國幣元) 購置時價值	損失時價值	證件
三十年九月十日	敵人進攻	長沙	呢袍子衣服	廿八年又月十日	件	1	22元	2万元	
卅四年六月十二日	仝	長沙	棉袍子	三十二年十月	件	2	8百元	2万5千元	
卅三年六月十二日	仝	長沙	被窩	仝	鋪	1	1千元	1万2千元	
仝	仝	仝	帳子	仝	仝	1	7百元	8千元	
仝	敵人搶	[illegible]	呢子外套	卅年九月	件	1	5千元	2万8千元	
仝	仝	仝	棉花	卅[illegible]月	[illegible]	2	[illegible]百元	8万元	
仝	仝	仝	青製服	仝	套	2	1千元	1万2千元	
仝	仝	仝	皮箱	仝	口	2	6百元	6千元	
卅四年五月十二日	敵人打擄搶掠	長沙小河	棉衣服	卅二年十月	套	1	8百元	1万元	
合計數								20万元	

受損失者湖南長沙地方法院庭丁艾吟秋　填報者艾吟秋

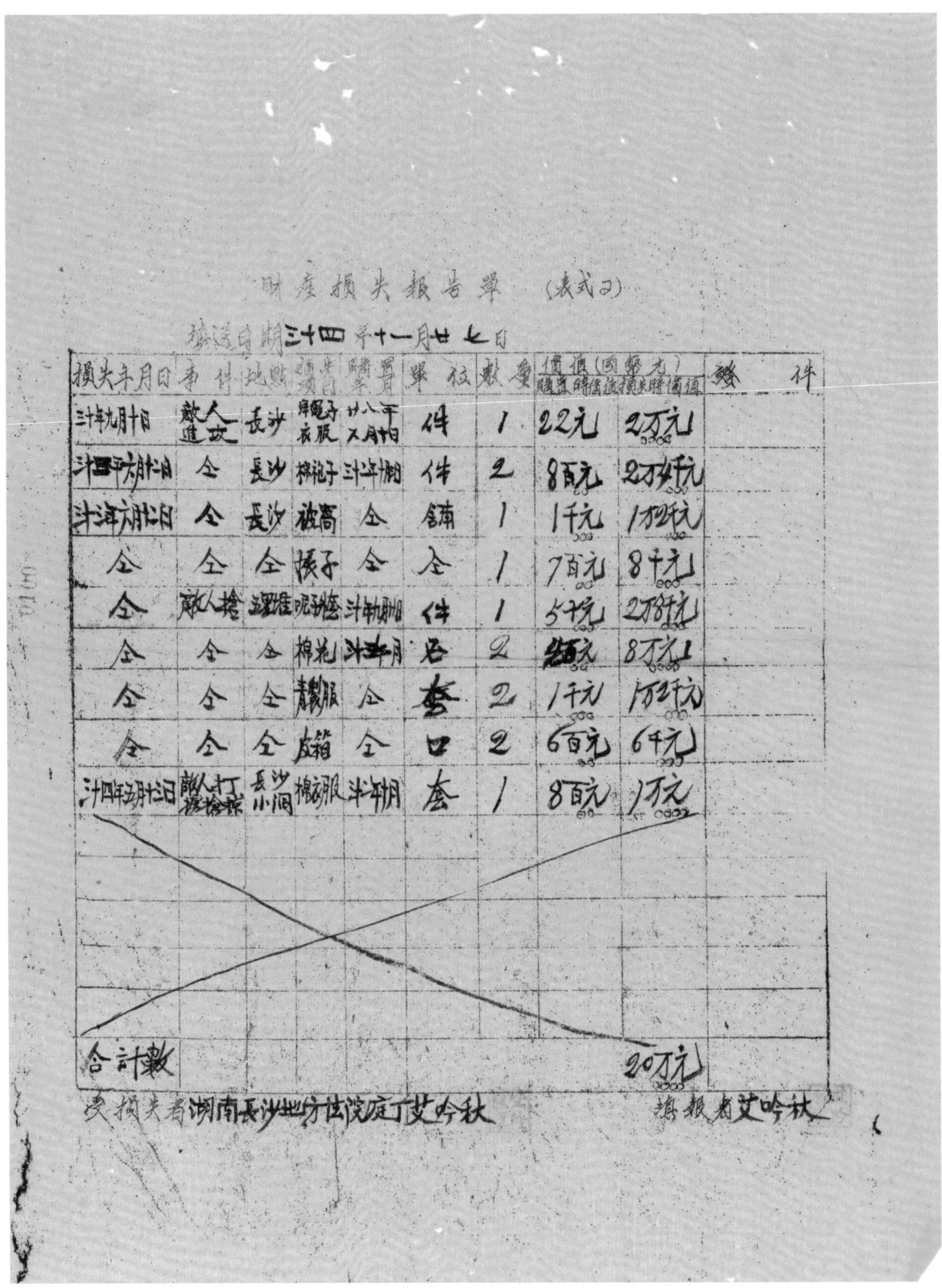

財產損失報告單 (表式2)

填送日期三十四年十一月二十七日

損失年月日	事件	地點	損失項目	購置年月	單位	數量	價值(國幣元) 購置時價值	損失時價值	證件
三十三年六月十五日	敵人犯長	長沙五里堆	被褥	二十五年十月	舖	2	260元	34000元	
			帳子	二十八年五月	〃	1	500元	2000元	
			皮箱	三十一年四月	口	1	260元	7000元	
			棉衣服	三十二年九月	套	1	380元	11000元	
			泥大衣	三十一年十月	件	1	3000元	25000元	
			白竹布襯衣	二十二年二月	〃	2	1600元	9000元	
			絲線布制服	二十九年十月	套	1	1200元	14000元	
			皮鞋子	三十一年十一月	双	1	600元	3500元	
			青布制服	三十二年十二月	套	1	200元	8500元	
			洋磁面盆	二十六年四月	個	1	6元	3200元	
合計							117200元	117200元	

受損失者湖南長沙地方法院法警歐陽俊　　填報者歐陽俊

财产损失报告单（表式2）

填送日期 34 年 11 月 27 日

损失年月日	事件	地点	损失项目	购置年月	单位	数量	价值（国币元）购置时价值	损失时价值	证件
民国三十三年六月十八日	敌人进攻长沙市	河西五里堆	被窝	三十年十月	床	1	2500元	12,000元	
〃	〃	〃	褥子	〃	床	1	1,500元	8,500元	
〃	〃	〃	帐子	三十一年四月	床	1	2,000元	10,000元	
〃	〃	〃	棉衣服	三十一年九月	套	1	1,500元	9,500元	
〃	〃	〃	夹衣	〃	件	1	800元	7,500元	
〃	〃	〃	棉大衣	〃	件	1	1,200元	10,000元	
〃	〃	〃	食米	三十三年六月	石	1	2,400元	7,000元	
〃	〃	〃	方桌	三十二年二月	张	1	1,000元	8,000元	
〃	〃	〃	西式床	〃	张	1	2,000元	12,000元	
〃	〃	〃	煤灶	三十二年六月	只	1	700元	1,400元	
〃	〃	〃	衡煤		石	廿	600元	8,000元	
〃	〃	〃	大擂	三十年四月	只	1	1,000元	7,000元	
			小锅子	三十二年六月	口	1	200元	1,200元	
			炉锅	三十二年六月	只	1	300元	1,500元	
合计								103,600元	

受损失者湖南长沙地方法院司法警察刘兆乔　　填报者刘兆乔

財產損失報告單（表式2）

填送日期 卅四年十一月廿七日

損失年月日	事件	地點	損失項目	購置年月	單位	數量	價值（國幣元）購置時價值	損失時價值	證件
三十三年六月廿九日	會戰（原作：~~潰軍搶劫~~）	東山第三仙鄉	被	26·4	套	3	180	16,000	
〃	〃	〃	帳	〃	床	1	30	5,000	
〃	〃	〃	毯	〃	〃	4	100	8000	
〃	〃	〃	衣服	27·8	套	8	240	24,000	
〃	〃	〃	食米	33·4	石	1·2	1080	10,802	
〃	〃	〃	油鹽	33·2	斤	4	220	400	
〃	〃	〃	器具	23·5	件	12	200	8,000	
三十四年二月十六日	敵人搶劫	〃	被	25·3	套	4	[illegible]20	24,000	
〃	〃	〃	帳	26·4	床	2	60	8,000	
〃	〃	〃	毯	27·8	〃	〃	[illegible]	6,000	
〃	〃	〃	衣服	28·8	套	3	180	9000	
〃	〃	〃	食米	33·9	石	3	4800	15,000	
〃	〃	〃	油鹽	33·1	斤	5	2600	2,600	
〃	〃	〃	器具	31·2	件	6	1800	5,000	
〃	〃	〃	食品	34·1	件	4	1600	1,600	

153,602元

受損失者 湖南長沙地方法院檢察處主任書記官成季亮　成季亮

財產損失報告單（表式2）

填送日期 三十四年十一月二七日

損失年月日	事件	地點	損失項目	購置年月	單位	數量	價值（國幣元）		證件
							購置時價值	損失時價值	
三十三年六月十八日	敵人進攻	長沙蒲後街	院屋		所	1	1100000元	45000000元	
〃	〃	〃	架床	19,9	張	20	10000	20000000	
〃	〃	〃	大卷柜	19,9	隻	29	58000	34800000	
〃	〃	〃	油印机	〃	架	1	2380	1200000	
〃	〃	〃	司法例規	19,11	册	10	6400	5000000	
〃	〃	〃	火盆	19,12	隻	16	800	2400000	
〃	〃	〃	條橙	20,1	條	10	600	800000	
〃	〃	〃	茶几	20,2	張	33	4290	3300000	
〃	〃	〃	時鐘	20,2	座	6	4800	12000000	
〃	〃	〃	衣架	20,5	隻	20	3000	6000000	
〃	〃	〃	靠椅圓椅	21,3	把	30	6000	6000000	
〃	〃	〃	洗面架	22,5	個	31	930	3100000	
〃	〃	〃	青洋布風扇	22,7	把	10	1600	3500000	
〃	〃	〃	綵花太平缸	23,2	口	5	1200	2000000	
〃	〃	〃	辦公書案	24,2	張	35	20300	35000000	

受損失者　　　　　　　　　　　　　　填報者

接下页

承上頁

財產損失報告單（表式2）

填送日期 卅四年十一月 日

損失年月日	事件	地點	損失項目	購置年月	單位	數量	價值（國幣元）購置時價值	損失時價值	證件
三十三年	敵人進攻	長沙藩後街	樓梯	24.11	張	5	1000元	10000.00	
"	"	"	窗簾	26.2	幅	20	5000	20000.00	
"	"	"	紅圓椅	26.6	張	55	18700	220000.00	
"	"	"	紅靠椅	"	張	50	12000	100000.00	
"	"	"	痰盂	26.7	隻	30	1200	9000.00	
"	"	"	電燈火表	27.10	個	1	3000	30000.00	
"	"	"	國黨旗	29.9	對	1	4400	24000.00	
"	"	"	廣大鍋	30.2	口	4	7200	24000.00	
"	"	"	脚盆	31.1	隻	6	7200	9000.00	
"	"	"	印刷品	32.1	百	330	19800.00	33000.00	
"	"	"	[illegible]	33.6	刀	300	16200.00	150000.00	
合計							4879900	4698000元	

受損失者 湖南長沙地方法院 本院○○

院長○○ 首席檢察官○○

承上頁

财产损失报告单（表式2）

填送日期 三十四年十一月二十七日

损失年月日	事件	地点	损失项目	购置年月	单位	数量	价值（国币元）购置时价值	损失时价值	证件
三十三年七月二日	抢劫	湘潭许家舖子	棉被	三十年	床	4	800元	12000元	
〃	〃	〃	绒毡	二十九	件	3	600元	20000元	
〃	〃	〃	绸单衣	二十七	件	2	200元	4000元	
〃	〃	〃	棉衣裤	三十年	件	12	1200元	80000元	
〃	〃	〃	白布衣	〃	件	8	400元	6000元	
〃	〃	〃	青布衣服	〃	件	12	1200元	80000元	
三十三年五月	炸坏	湘潭城内	房屋	二十八	间	4	20000	400000元	

受损失者 长沙地方法院检验员熊鼎勛

財產損失報告單（表式2）

填送日期 民國三十四年十一月二十八日

損失年月日	事件	地點	損失項目	購置年月	單位	數量	價值（國幣元）購置時價值	損失時價值	證件
三十三年六月	日軍進攻長沙	長沙五里排陳祠	被褥	二十六年十月	套	2	30元	20000元	
			棉衣褲	二十七年九月	套	1	16元	10000元	
			白夏布帳子	二十八年四月	床	1	12元	9000元	
			青呢子夾衣褲	二十七年九月	套	1	46元	18000元	
			白線布衣服	二十九年三月	套	2	30元	7800元	
			白虎綢襯衣	三十年四月	件	2	200元	9200元	
			青線布學裝	三十一年十一月	套	2	320元	12000元	
			灰色紡綢褲	二十八年八月	条	1	5元	4000元	
			青呢外套	二十九年十月	件	1	120元	18000元	
			白線毯	二十六年九月	床	1	8元	8600元	
			淺灰色禮帽	二十七年三月	頂	1	12元	8400元	
			紅皮箱	二十四年九月	口	1	6元	3600元	
			毛襪	三十二年九月	双	2	10元	1000元	
			皮鞋	三十二年三月	双	1	180元	7000元	
			青呢棉鞋	三十二年十一月	双	1	800元	3000元	

接下頁

受損失者 湖南長沙地方法院司法警長彭吉生　　填報者 彭吉生

財產損失報告單（表式2）

填送日期民國三十四年十一月二十八日

損失年月日	事件	地點	損失項目	購置年月	單位	數量	價值（國幣元）購置時價值	損失時價值	證件
三十三年六月	敵人進攻	長沙五里堆陳祠	白竹布衣服	三十二年六月	套	2	208角	15600元	
			洋縐衣	二十四年九月	件	1	12元	24000元	
			洋傘	三十二年五月	把	1	25元	3000元	
			白大布衣服	三十二年正月	套	2	11元	4600元	
			黃綠布短褲	三十三年三月	条	2	400元	4000元	
			白衛生褂子	三十三年三月	件	2	480元	2400元	
三十三年七月	日軍侵犯長沙	寧鄉縣冷水鋪	夏布帳子	二十三年二月	床	2	12元	18000元	
			被窩包被	二十三年八月	床	2	12元	24000元	
			女皮襖	二十四年九月	件	1	12元	12000元	
			女棉衣褲	三十年九月	套	1	32元	10000元	
			白大布	三十二年三月	疋	3	240元	12000元	
			青大布	三十三年正月	疋	3	4800元	21000元	
			女青布小衣	二十七年三月	条	3	90元	4500元	
			女青袂衣褲	三十年二月	套	1	1580元	5100元	
			女青單衣	二十九年三月	件	2	35元	4200元	

接下頁

受損失者 湖南長沙地方法院司法警長彭吉生　　　填報者 彭吉生

財產損失報告單（表式2）

填送日期民國三十四年十一月二十八日

損失年月日	事件	地點	損失項目	購置年月	單位	數量	價值（國幣元）購置時價值	損失時價值	備考
三十三年七月	敵人進攻	寧鄉縣冷水舖	女湖縐青衣服	二十四年三月	套	1	12元	12,000元	
			女士林竹布衣	二十四年八月	件	1	21元	6,300元	
			女白竹布衣	二十五年五月	件	2	28元	9,800元	
			女白大布衣	三十年三月	件	2	48元	2,240元	
			女呢灰色紡綢	二十五年六月	套	1	52角	13,000元	
			紅緞子繡花裙	二十六年八月	条	1	4元	8,600元	
			女青華絲葛單衣	二十八年十月	套	1	16元	16,000元	
			女青嗶嘰衣服	二十七年九月	套	1	22元	20,000元	
			女呢布小衣	三十年九月	件	4	6元	5,000元	
			男長棉袍	三十一年十月	件	1	20元	12,000元	
			男青羽綾單袍	三十一年十月	件	1	14元	12,000元	
			男呢士林竹布單袍	三十二年正月	件	1	16元	13,000元	
			男呢洋布單袍	三十二年九月	件	1	11元	10,000元	
合計								448,940元	

承上頁

受損失者湖南長沙地方法院司法警長彭吉生　　填報者彭吉生

財產損失報告單 （表式2）

填送日期三十四年十一月廿八日

損失年月日	事件	地點	損失項目	購置年月	單位	數量	價值（國幣元）購置時價值	損失時價值	證件
三十二年六月十二日	敵軍進攻	湘陰樟樹港	谷	三十二年八月廿日	石	28	2万元正	8万6千元正	
仝	仝	仝	米	仝	石	5	7千5百元	4万元正	
仝	仝	仝	猪	仝	隻	4	5千元正	20万元正	
仝	仝	仝	欵布	仝	個	2	2千元正	1万5千元	
三十三年六月廿九日	敵軍搶掠	長沙五里堆	帳子	三十年二月廿日	鋪	1	1千2百元	1万元正	
仝	仝	仝	被窩	三十年十月廿日	鋪	2	9千元正	2万4千元	
仝	仝	仝	紡綢衣	廿九年四月十日	套	1	2千元正	1万8千元	
仝	仝	仝	毛呢衣服	廿八年九月二日	套	1	4千元正	4万5千元	
仝	仝	仝	青呢子外套	仝	件	1	4千元正	3万8千元	
仝	仝	長沙	煤炭	三十三年二月九日	石	30	3千8百元	7万2千元	
三十四年一月廿二日	仝	仝	白布	仝	個	3	3千元正	2万元正	
仝	仝	仝	青呢子製服	三十年十月六日	套	1	2千4百元	3万2千元	
仝	仝	仝	白竹布衣服	廿九年三月四日	套	2	1千2百元	2万8千元	
仝	敵人搶奪	長沙五里堆	鹽	三十四年一月十八日	石	3	6万元正	13万元正	
合計數								75万8千元 758,000元	

受損失者湖南長沙地方法院法警蔣建藩（印）　　填報者蔣建藩（印）

財產損失報告單（表式2）

填送日期三十四年十一月廿八日

損失年月日	事件	地點	損失項目	購置年月	單位	數量	價值（國幣元）購置時價值	損失時價值	證件
三十三年七月十六日	敵人攻陷	湘潭石潭	白綿布製服	三十一年五月十二日	套	1	1千元正	1万2千元正	
仝	仝	仝	草綠線布製服	仝	套	1	1千4佰元	1万5千元	
仝	仝	仝	青呢子製服	廿九年三月八日	套	1	4百元正	1万6千元	
仝	仝	仝	皮箱	仝	口	1	20元	5千元正	
仝	仝	仝	絨衣	仝	套	1	2百元正	1万2千元	
仝	仝	仝	米	三十三年七月十五日	石	3	2千元正	2万1千元	
仝	仝	仝	絲呢鞋子	三十三年四月五日	双	2	8百20元	4千6百元	
仝	仝	仝	棉被	廿八年十月三日	鋪	1	5百元	8千6百元	
三十四年二月十二日	仝	寶慶新化	鹽	三十四年二月一日	斤	4斤	8千2百元	1万8千元	
仝	仝	仝	襯衣	三十三年九月十日	件	1	3千2百元	1万4千元	
‥								‥	
‥								‥	
‥								‥	
‥								‥	
合計數								126200元	

受損失者湖南長沙地方法院法警易漢昆　　填報者易漢昆

財產損失報告單（表式2）

填送日期三十四年十一月二十八日

損失年月日	事件	地點	損失項目	購置年月	單位	數量	價值（國幣元）購置時價值	價值（國幣元）損失時價值	證件
三十三年六月十五日	敵人進攻	長沙五里堆	被窩	二十八年七月二日	舖	2	170	32,000	
〃	〃	〃	帳子	二十九年三月四日	〃	1	90	9,800	
〃	〃	〃	白線毯	〃	〃	1	405	5,000	
〃	〃	〃	包被油布	〃	件	1	501	7,400	
〃	〃	〃	呢外套	二十九年九月十日	〃	1	120	28,000	
〃	〃	〃	礼帽	〃	顶	1	90	12,000	
〃	〃	〃	皮箱	三十一年七月十二日	口	2	600	6,000	
〃	〃	〃	單絨衣	〃	件	1	110	20,000	
〃	〃	〃	洋瓷面盆	〃	個	1	70	6,000	
〃	〃	〃	洋嗶嘰棉衣服	〃	套	2	80	20,000	
〃	〃	〃	青官布製服	三十年一月六日	〃	4	320	16,000	
〃	〃	〃	白大布衣服	〃	〃	4	402	6,000	
〃	〃	〃	鞋襪	〃	双	5	2000	5,000	
合計								173,200	

受損失者湖南長沙地方法院庭丁胡春堂（印）　　填報者胡春堂（印）

财产损失报告单（表式2）

填送日期 三十四年十一月廿八日

损失年月日	事件	地点	损失项目	购置年月	单位	数量	价值（国币元）购置时价值	价值（国币元）损失时价值	证件
三十三年九月初五日	敌军抢掠	湘潭石塘	米	三十三年七月二日	石	4	4仟8百元	3万元正	
仝	仝	湘潭石塘	襯服	三十二年八月九日	套	1	1仟2百元	6千元正	
仝	仝	仝	夾服	仝	套	1	9百元正	1万元	
仝	仝	仝	猪	三十三年三月十日	只	2	2万元正	9万元正	
仝	仝	仝	鞾子	仝	双	1	4百元正	1千元正	
合计数								137000元	

受损失者 湖南长沙地方法院 萧学忠

填报者 萧学忠

137,000元

财產損失報告單　（表式2）

填送日期三十四年十一月二十八日

損失年月日	事件	地點	損失項目	購置年月	單位	數量	價值（國幣元）		證件
							購置時價值	損失時價值	
三十三年四月	倭寇分股進攻	長沙第[illegible]鄉間隊部	棉絮	民國十年六月	床	壹1	2.8元	1400元	
	〃	〃	紅緞被面		舖	贰1	2.0元	3000元	
	〃	〃	被單		床	叁1	2.4元	5600元	
	〃	〃							
合計								10000元	

受損失者：長沙地方法院工丁黎坤華（印）　　填報者：黎坤華（印）

財產損失報告單（表式2）

填送日期 三十四年十一月二十八日

損失年月日	事件	地點	損失項目	購置年月	單位	數量	價值（國幣元）購置時價值	損失時價值	證件
民國二十七年十月	湘潭遷院	湘潭地方法院	棉被	二十六年十月	床	2	300●元	400●元	
〃	〃	〃	棉衣服	〃	套	1	150●	1800●元	
三十年九月	長沙二次會戰	長沙地方法院	單衣服	二十八年三月	套	2	51●	6500●元	
三十三年五月十二日	日軍侵犯	湘潭易俗河	房屋	二十一年十月	棟間	4	8500●元	94000●元	
〃	〃	〃	大櫃	二十九年九月	張	1	750●元	2300●元	
〃	〃	〃	小櫃	〃	張	2	450●元	2800●元	
〃	〃	〃	条椅	〃	張	1	250●元	1200●元	
〃	〃	〃	夏布帳	二十七年五月	床	2	460●元	3400●元	
〃	〃	〃	棉衣服	三十一年十月	套	2	60●元	7600●元	
〃	〃	〃	呢外套	三十年十一月	件	1	200●元	500●元	
〃	〃	〃	單衣服	三十一年四月	套	6	3500●元	8200●元	
〃	〃	〃	棉袍子	三十一年十月	件	2	1200●元	300●元	
								123,150元	
合計							1871元 [illegible]	1891[illegible]	

損失者 湖南長沙地方法院推事 謝鳳鳴　填報者 謝鳳鳴

財產損失報告單（表式2）

填送日期三十四年十一月三十日

損失年月日	事件	地點	損失項目	購置年月	單位	數量	價值（國幣元）購置時價值	損失時價值	證件
二十七年十月	敵人侵犯長沙大火	藩後街長沙地方法院	帳子	二十二年三月	床	1	12元	4200元	
			被窩	二十一年九月	床	2	24元	8400元	
			衣服	二十五年三月	件	10	24元	32000元	
			皮箱	十九年八月	口	2	8元	6000元	
二十八年九月二十日	〃	〃	被窩	二十八年正月	床	1	32元	4200元	
			衣服	二十八年一月	套	2	18元	9000元	
			餘米	二十八年九月	斗	5	6元	3250元	
			油鹽	二十八年九月	斤	2	1元	800元	
三十年八月初七日	〃	〃	被帳	二十九年二月	床	2	52元	12000元	
			青大布衣服	二十九年三月	套	2	58元	9000元	
			食米	三十年八月	升	25	30元	1630元	
			油鹽	三十年八月	斤	3	10元	1200元	
三十年十一月	〃	〃	米	三十年十一月	斗	25	50元	1630元	
			青布外套	二十九年十月	件	1	180元	8000元	
			油鹽	三十年十一月	斤	2	8元	800元	

接下页

受損失者 劉佳庭　　　　填報者

財產損失報告單　（表式2）

填送日期三十四年十一月三十日

損失年月日	事件	地點	損失項目	購置年月	單位	數量	價值（國幣元）		證件
							購置時價值	損失時價值	
			套鞋	三十年二月	双	1	160元	3800元	
三十三年又四月	敵人進攻	藩後街長沙地方法院留守處	西式木床	三十一年三月	床	1	64元	15000元	
			米	三十三年六月	斗	5	640元	3250元	
			雨傘	三十三年正月	把	1	30元	800元	
			油鹽	三十三年六月	斤	2	100元	800元	
		湘潭縣昭陽鄉五保朧山	谷	三十三年七月八日	石	125	14500元	27500元	
			豬	三十三年正月	只	2	1600元	32000元	
合計								185260元	

受損失者湖南長沙地方法院法警劉佐庭　　　　填報者劉佐庭

承上頁

財產損失報告單（表式2）

填送日期三十四年十一月　日

損失年月日	事件	地點	損失項目	購置年月	單位	數量	價值（國幣元）購置時價值	損失時價值	證件
二十七年七月七日	日機轟炸	廣州市賣富橫巷九號	房屋	二十年五月	間	1	5500元	7000元	
〃	〃	〃	衣服	二十七年七月以前	件	30	2000元	2000元	
〃	〃	〃	枱椅	〃	件	12	300元	300元	
〃	〃	〃	鐘	〃	個	1	30元	30元	
〃	〃	〃	書籍	〃	套	20	1000元	1000元	
〃	〃	〃	傢私什物	〃	件		1500元	1500元	
二十七年十月二十一日	日軍進攻	廣州市都土地巷六號	傢私什物	二十七年十月以前	件		2000元	2000元	
三十年一月	日機轟炸	昆明市金碧路八十號	衣服什物	三十年以前	件		1500元	2000元	
								15830元	

受損失者　湖南長沙地方法院推事沈格　　　　填報者　沈格

財產損失報告單（表式2）

填送日期 三十四年十一月 日

損失年月日	事件	地點	損失項目	購置年月	單位	數量	價值（國幣元）購置時價值	損失時價值	證件
二十七年十一月十二日	日軍攻湘長沙大火	長沙市伯陵路	鋪屋	十年七月	棟間	二棟	玖仟貳百元	拾萬伍仟元	
二十八年六月廿一日	日機轟炸	常德獨獅街	木器	二十七年十月	件	二七	叁百元	柒百元	
〃 〃	〃 〃	〃 〃	銅器	〃	件	八	壹百元	叁百元	
〃 〃	〃	〃	磁器	〃	隻	六〇	八十元	貳百元	
〃 〃	〃	〃	被	二十三年五月	套	弍	弍百叁拾元	捌百元	
〃 〃	〃	〃	帳	二十五年七月	鋪	弍	壹百元	捌百柒拾元	
三十三年六月十八日	日軍進犯	長沙河西五里堆	木器	二十八年十月	件	二	叁百元	叁千貳百元	
〃 〃	〃 〃	〃	衣服	二十五年	件	九	壹千伍百元	玖千玖百元	
〃 〃	〃 〃	〃	被帳	二十五年	套	二	肆百元	叁千陸百元	
三十三年十一月二日	日軍進犯	長沙小洞	衣服	二十六年	套	二	五十元	玖千伍百元	
〃	〃 〃	〃	鐘	二十六年	架	一	廿伍元	壹萬伍千元	
三十三年七月 日	日軍陷省拆屋	長沙一聲雷街地	住屋	八年七月	棟間	二棟四間	叁千伍百元	柒百萬元	
〃 〃	〃 〃	〃	木器	八至廿年	件	五一	壹仟元	叁拾萬元	
〃 〃	〃 〃	〃	書籍	祖遺	櫃	六櫃	伍千元	伍百萬元	
合計								12449070元	

受損失者 湖南長沙地方法院院長洪忠漢　　填報者

财产损失报告单（表式2）

填送日期卅四年十一月　日

损失年月日	事件	地点	损失项目	购置年月	单位	数量	价值（国币元）购置时价值	损失时价值	证件
〃	〃	〃	红缎毯	廿七年3月	床	1	1200.00	8000.00	
〃	〃	〃	[illegible]	廿三年九月	套	1	40.00	20000.00	
	〃	〃	[illegible]	廿七年3月	件	1	120.00	16000.00	
	〃	〃	[illegible]	廿八年五月	件	1	32.00	8000.00	
	〃	〃	[illegible]	廿八年3月	個	1	24.00	6000.00	
	〃	〃	金手镯	廿年3月	個	1	70.00	60000.00	
	〃	〃	金戒指	廿年3月	個	2	94.00	16000.00	
	〃	〃	玉酒杯	廿年3月	個	2	118.00	12000.00	
	〃	〃	玉手钏	廿年3月	個	1	30.00	9000.00	
	〃	〃	小孩衣服	廿九年十月	件	16	4800.00	30000.00	
			合计				2435[illegible]	392140.00	

受损失者 湖南长沙[illegible]　填报者

檢

財產損失報告單（表式2）

填送日期 卅四年十一月　日

損失年月日	事件	地點	損失項目	購置年月	單位	數量	價值（國幣元）購置時價值	損失時價值	證件
三十三年六月十日	敵機轟炸	衡陽北[illegible]	西式床鋪	二十五年三月	張	2	44.00元	6600.00元	
	敵人圍攻衡陽焚燬	〃	紅漆書桌	二十六年二月	張	1	25.00元	3950.00元	
	〃	〃	棉被	二十六年七月	床	4	32.00元	5220.00元	
	〃	〃	四方桌	二十七年四月	張	1	8.00元	1280.00元	
	〃	〃	白竹布[illegible]	二十年三月	床	2	40.00元	6400.00元	
	〃	〃	紅漆衣櫃	二十五年三月	個	2	32.00元	5020.00元	
	〃	〃	紅漆長凳	二十五年三月	條	4	8.00元	1280.00元	
	〃	〃	水缸	二十年五月	個	2	6.00元	960.00元	
	〃	〃	竹床	二十七年四月	張	2	6.00元	960.00元	
三十三年六月二十八日	敵人搶劫	衡陽東江	白竹布帳子	三十二年一月	床	2	2500.00元	9000.00元	
〃	〃	〃	白香芸竹長衫	二十九年四月	件	1	2100.00元	5700.00元	
〃	〃	〃	青綢女短[illegible]	三十年七月	件	1	3600.00元	5800.00元	
〃	〃	〃	青綢女褲	三十年七月	條	2	3200.00元	4000.00元	
〃	〃	〃	泊來[illegible]	三十八年[illegible]月	套	1	2100.00元	5000.00元	
〃	〃	〃	[illegible]	三十年五月	件	1	2000.00元	6000.00元	

受損[illegible]

财产损失报告单（表式2）

填送日期三十四年十一月　日

损失年月日	事件	地点	损失项目	购置年月	单位	数量	价值（国币元）购置时价值	损失时价值	证件
三十三年六月二十六日	日军进犯掳劫	[illegible]	稻谷		石	18		16,000元	[illegible]证明书一件
〃	〃	〃	猪	三十三年一月	只	1	1200	15,600元	
〃	〃	〃	棉衣十被帐	三十年十月	床	各4	55200	78,400元	
〃	〃	〃	盐	三十二年十月	斤	14	700	2,400元	
〃	〃	〃	鸡		只	7		700元	
〃	〃	〃	鸭		只	5		300元	
〃	〃	〃	衣服	三十二年五月	套	15	13500	56,800元	
三十三年[illegible]七月十三日	〃	〃	门页	三十年购	张	4	1600	7,820元	
〃	〃	〃	樯杭	三十一年一月	根	39	5700元	12,500元	
三十四年八月二十[illegible]	日军马队驻入宅内	〃	未熟稻		亩	3		23,400元	
〃	〃	〃	稻谷		石	4		11,200元	
〃	〃	〃	槽门屋	二十九年购	间	3	3450	46,500元	
〃	〃	〃	床桌椅	二十八年七月	张	共10	5200	19,460元	
〃	〃	〃	土砖墙	二十九年购	道	3	1500	14,300元	
〃	〃	〃	书籍	祖遗及陆续购入	册	64		94,500元	
合计								1252,780元	

受损失者　湖南长沙地方法院推事齐禹琛　　　填报者齐禹琛

財產損失報告單（表式2）

填送日期 三十四年十一月　日

損失年月日	事件	地點	損失項目	購置年月	單位	數量	價值（國幣元）購置時價值	損失時價值	證件
二十八年九月	敵人陷湘北	平江縣平安鄉	衣服	二十五年	件	12	120元	700元	
〃	〃	〃	夏布帳	二十年八月	床	2	20元	72元	
〃	〃	〃	棉被絮	二十年八月	床	2	20元	180元	
〃	〃	〃	肉豬	二十八年三月	隻	2	32元	120元	
〃	〃	〃	食穀	二十八年八月	担	8	20元	50元	
三十年九月	〃	〃	衣服	二十九年九月	件	20	200元	2000元	
〃	〃	〃	被絮	〃	床	2	30元	300元	
〃	〃	〃	大櫃	二十年	隻	2	20元	200元	
〃	〃	〃	小櫃	〃	隻	3	30元	300元	
三十年十一月	〃	〃	房屋	十五年九月	間	6	600元	16000元	
〃	〃	〃	桌椅	十八年三月	張	12	22元	220元	
三十四年五月二十五日	〃	〃	皮箱	二十四年	口	2	20元	400元	
〃	〃	〃	布疋	三十年	件	18	500元	5500元	
〃	〃	〃	食穀	三十二年六月	担	20	2000元	22000元	
合計								47462元 ~~[illegible]~~	

受損失者 湖南長沙地方法院書記官向戴廣　　填報者 向戴廣

财产损失报告单（表式4）

填送日期 三十四年十一月 日

损失年月日	事件	地点	损失项目	购置年月	单位	数量	价值（国币元） 购置时价值	损失时价值	证件
二十七年十一月十二日	日军进攻长沙纵火	长沙市西长街马路[illegible]	神龛	祖遗	个	一	六元	八十元	
〃	〃	〃	瓷器	十五年元月	件	三百三十	贰百元	六百元	
〃	〃	〃	锡器	十六年元月	件	五	六十元	壹百[illegible]元	
〃	〃	〃	铜器	十八年二月	件	四	二十元	四十元	
〃	〃	〃	磁器	〃	只	五十只	五十元	壹百元	
〃	〃	〃	被帐	廿八年元月	套	三	二百元	壹千六百元	
〃	〃	〃	衣服	廿八年元月	套	八	壹千元	四千元	
〃	〃	〃	书籍	祖遗	箱	一	八百元	八千元	
三十三年六月廿九	日军进攻乌山	河西仁德乡乌山下	瓷器	廿八年元月	件	十	三百元	三千元	
〃	〃	〃	衣服	廿年元月	件	十二	一千二百元	八千四百元	
〃	〃	〃	金饰	十六年元月	件	3.05	三百四十元	三十万四千元	
〃	〃	〃	银洋	廿五年元月	元	三十	三十元	三千元	
〃	〃	〃	被帐	廿二年元月	套	三	三百元	三千六百元	
三十四年七月廿	日军进攻长沙	宁乡[illegible]乡	法币	卅四年七月	元	二千元	二千元	二千元	
合计								~~[illegible]~~ 339546元	

受损失者 湖南长沙地方法院书记官戴祯彩 填报者

財產損失報告單（表式2）

填送日期 三十四年十一月 日

損失年月日	事件	地點	損失項目	購置年月	單位	數量	價值（國幣元） 購置時價值	損失時價值	證件
三十三年六月二十五日	敵寇進犯時掠奪	湘潭縣花石鄉[illegible]	草綠毛嗶嘰制服	卅一年四月	套	一	$5000	$[illegible]0000	
〃 〃 〃	〃 〃	〃 〃	草綠線布制服	卅一年五月	套	二	$2000	$[illegible]000	
〃 〃 〃	〃 〃	〃 〃	洋毛絨男衣	卅二年九月	件	一	$8000	$18000	
〃 〃 〃	〃 〃	〃 〃	被帳	卅一年四月	床	八	$3800	$[illegible]000	
〃 〃 〃		〃 〃	白線毯	卅二年九月	床	二	$[illegible]00	~~$114000~~ 10000	
〃 〃 〃		〃 〃	肥豬	卅三年三月	隻	六	$3000	~~$240000~~ 31000	
〃 〃 〃	日軍燒燬	〃 〃	大櫃	二十八年 月	〃	八	1080	64000	
〃 〃 〃	日軍損壞	〃 〃	瓷器	廿八年 月	件	七八	1000	65000	
〃 〃 〃	〃 〃	〃 〃	洋瓷面盆	二十九年 月	隻	二	1200	8500	
〃 〃 〃	〃 〃	〃 〃	鐘	二十九年一月	座	二	$7000	$30000	
合計							$6108	$372,500元	

受損失者 湖南長沙地方法院書記官[illegible]　　填報者

372,500元

(1)

財產損失報告單（表式2）

填送日期 三十四年十一月 日

損失年月日	事件	地點	損失項目	購置年月	單位	數量	價值（國幣元） 購置時價值	損失時價值	證件
三十三年六月二十四日	日軍進攻掠奪	湘潭縣曉霞鄉黃茅橋潭衡公路旁	花青毛嗶嘰女夾衣服	三十年二月	件	二	1,090	21,800	湘潭縣曉霞鄉公所證明書
〃	〃	〃	白竹布男女衣服	三十年四月	件	八	94	18,800	
〃	〃	〃	被帳	三十一年三月	床	八	3,750	66,400	
〃	〃	〃	藍白紡綢男女長短衣服	三十一年五月	件	五	1,950	35,100	
〃	〃	〃	白府綢條子女衣服	三十一年六月	件	四	520	10,400	
〃	〃	〃	青湖縐男女夾衣服	三十二年三月	件	三	2,340	36,400	
〃	〃	〃	漂白夏布	三十二年四月	尺	三六〇	7,200	108,000	
〃	〃	〃	青官布男女衣服	仝〃	件	七	1,200	18,000	
〃	〃	〃	羊毛繩男女衣	三十二年八月	件	二	16,400	32,000	
〃	〃	〃	白大布	仝〃	尺	二〇〇	3,200	8,000	
〃	〃	〃	羊毛繩男圍巾	三十二年九月	件	一	4,200	36,000	
〃	〃	〃	紅繡花帳簷	三十二年十月	床	一	2,200	44,000	
〃	〃	〃	白線毯	仝〃	床	二	1,600	11,000	
〃	〃	〃	紅藍花洋瓷面盆	仝〃	個	三	1,500	9,000	
〃	〃	〃	掛鐘	三十二年十二月	座	一	5,200	12,000	

接下页

~~受損失者~~ 黎楨偉　　　~~填報者~~

(1)

(2)

財產損失報告單（表式2）

填送日期　　年　　月　　日

損失年月日	事件	地點	損失項目	購置年月	單位	數量	價值（國幣元）購置時價值	損失時價值	證件
三十三年六月二十四日	日軍進攻掠奪	[illegible]	瓷器	三十二年十一月	件	四八	1800	36,000	
〃	〃	〃	大小照鏡	仝	塊	四	860	17,200	
〃	〃	〃	青洋布	三十三年二月	尺	一六〇	64,000	64,000	
〃	〃	〃	青大布	三十三年四月	尺	一二〇	36,000	48,000	
〃	日軍喂馬	〃	稻穀	〃	石	四二		42,000	
〃	日軍擄食	〃	肥豬	〃	隻	一		5600	
〃	日軍進攻焚毀燒燬	〃	大木櫃	二十八年十月	隻	四	41	32,000	
〃	〃	〃	抽提棹	仝〃	張	二	20	12,000	
〃	〃	〃	雕花床舖	仝〃	張	四	96	48,000	
〃	〃	〃	香几	仝〃	張	二	16	8,000	
〃	〃	〃	漆棹	二十九年九月	張	四	40	24,000	
〃	〃	〃	漆櫈	仝〃	條	一六	16	6400	
〃	〃	〃	大靠椅	仝〃	把	八	96	9,600	
三十四年二月二日	日軍拆去焚燬大烤	〃	房屋	十六年十月	間	八	800	400,000	
合計							156,252	1217,500	

承上页

受損失者湖南長沙地方法院書記官黎模偉　　填報者

1219.700元

(9)

（11）

財產損失報告單（表式2）

填送日期三十四年十一月　日

損失年月日	事件	地點	損失項目	購置年月	單位	數量	價值（國幣元）購置時價值	損失時價值	證件
三十一年六月八日	日軍進攻掠奪	江西臨川地方法院	斜青毛嗶吱長短單夾男衣服	二十九年二月	件	三	1,500	80,000	
〃	〃	〃	青毛嗶嘰單夾碼褂	二十九年八月	件	二	900	36,000	
〃	〃	〃	斜青洋嗶嘰長短男夾衣服	三十年三月	件	三	700	19,500	
〃	〃	〃	藍士林布長短男單衣服	三十年四月	件	四	416	36,000	
〃	〃	〃	條子布男短衣服	三十年二月	件	四	144	6,360	
〃	〃	〃	藍士林布長短男棉衣服	三十年九月	件	五	462	23,100	
〃	〃	〃	被帳	二十八年十月	床	三	82	49,800	
三十三年六月十六日	日軍進攻掠奪	長沙北鄉戴公橋上張公段	被帳	三十一年八月	床	五	3,510	166,000	
〃	〃	〃	灰色嗶嘰長短女衣服單夾	二十九年三月	件	六	2,700	108,000	
〃	〃	〃	藍士林布長短女單衣服	三十年二月	件	八	400	35,000	
〃	〃	〃	藍線布長短女棉衣服	三十二年二月	件	六	840	16,800	
〃	〃	〃	青線布男制服	三十二年九月	件	四	600	12,000	
〃	〃	〃	青士林布男制服	三十二年四月	件	四	1,800	21,000	
〃	〃	〃	白線毯	三十二年九月	件	三	2,400	18,000	
〃	〃	〃	白竹布	三十二年四月	件	四	510	25,100	

接下頁

接上頁

受損失者　徐[illegible]　　　　填報者

財產損失報告單（表式2）

填送日期　年　月　日

損失年月日	事件	地點	損失項目	購置年月	單位	數量	價值（國幣元）購置時價值	損失時價值	證件
三十三年十一月	日軍駐紮屋內兩月喫毀	長沙北鄉戴公橋上張公壩	稻穀	三十三年八月	石	二〇	10,000	60,000	
〃	日軍燒飯	〃	大木櫃	二十八年二月	張	三	166	24,000	
〃	〃	〃	大方桌	二十九年七月	張	二	28	1,600	
〃	〃	〃	長條凳	二十九年七月	條	八	32	2,460	
〃	〃	〃	架床鋪	二十七年九月	張	三	480	24,600	
〃	〃	〃	抽屜桌	二十八年九月	張	三	220	19,200	
〃	〃	〃	平頭椅	二十九年九月	把	八	800	3,200	
〃	日軍打毀	〃	磁器	三十一年八月	隻	六四	2,100	25,300	
合計								192,820元	

承上頁

承上頁

受損失者 湖南長沙地方法院書記官徐峴立　　填報者

財[illegible]損失報[illegible]

填送日期三十四年十一月　日

損失年月日	事件	地點	損失項目	購置年月	單位	數量	價值（國幣元）購置時價值	損失時價值	證件
三十四年六月二十四日	敵人進攻	湘潭	衣服	三十年二月	件	8	2,400元	24,000元	
〃	〃	〃	棉被	二十八年八月	床	2	120元	8,000元	
〃	〃	〃	蚊帳	二十七年五月	床	1	15元	3,000元	
〃	〃	〃	食鹽	三十三年五月	斤	15	1,500元	1,800元	
〃	〃	〃	稻穀	三十二年十月	碩	24	7,200元	24,000元	
合計								60,800元 ~~36,800元~~ ~~93,000元~~	

受損失者：湖南長沙地方法院統計員趙杰　　填報者：趙杰 [illegible]

財產損失報告單 （表式2）

填送日期 三十四年十一月 日

三十三年六月奉
院長令派留守長沙河西五里堆陳祠办公處保管院內所有公物以致眷屬行李什物書籍
等件均未搬迁不料敵軍由白沙洲渡河繞道奪取嶽麓山比即偕眷倉忙趋避敵軍[illegible]馬隊駐

損失年月日	事件	地點	損失項目	購置年月	單位	數量	價值（國幣元）購置時價值	損失時價值	證件
卅年十二月廿五日	敵軍進攻長沙劫掠	平江經安乡	稻谷	卅年八月	担	20	500元	1,000元	
〃	〃	〃	製服	廿五年九月	套	2	67角	1,200元	
			皮袍	廿五年十一月	件	1	160元	2,550元	
〃	〃	〃	帳	廿四年三月	床	2	320元	3,500元	
			被印心	廿五年十一月	個	1	4元	500元	
〃	〃	〃	被	廿七年十月	床	2	30元	500元	
			絮	廿四年九月	床	2	13元	1,400元	
卅三年四月十三日	敵機轟炸	長沙市余家塘	桌	廿三年五月	張	2	16元	800元	
			椅		把	4	16元	800元	
〃	〃	〃	床	廿三年五月	張	1	16元	800元	
卅三年六月十六日	敵人進攻長沙毀壞	平江經安乡	房屋	廿二年八月	间	1	1500元	64,000元	
			房门		片	10			
卅三年六月十八日	敵人進攻駐紮處劫掠	長沙河西五里堆陳祠側	食米	卅三年四月	石	1	400元	400元	
			油盐		斤	11	790元	790元	
〃	〃	〃	雞鴨	卅二年九月	隻	18	480元	1,600元	
			劈柴	卅二年十月	担	20	1,100元	3,600元	
〃	〃	〃	銀殼表	廿五年四月	個	1	14元	3,000元	
			銀練		根	1	7元	1,400元	
〃	〃	〃	書籍	陸續購入	箱	2	6,000元	356,000元	
			被、絮	卅年七月	床	4	490元	7,000元	
〃	〃	〃	棉袍	卅一年十月	件	1	550元	5,400元	
			棉褲	卅一年十一月	件	1	450元	2,400元	
〃	〃	〃	士林單袍	卅年九月	件	2	460元	5,400元	
			毛嗶嘰夾袍	卅年八月	件	1	400元	13,000元	
〃	〃	〃	衛生絨褂	廿九年十月	件	1	200元	2,000元	
			紡綢褲	廿九年五月	件	1	600元	2,400元	
〃	〃	〃	夾棉旗袍	卅年七月	件	2	1,200元	6,300元	
合计								[illegible]	

受損失者 湖南長沙地方法院人事管理員 張康民

填報者 張康民

488,540元

底稿

二五

財產損失報告單（表式3）

填送日期三十四年十一月　日

損失年月日	事件	地點	損失項目	購置年月	單位	數量	價值（國幣元）購置時價值	價值（國幣元）損失時價值	證件
三十三年六月十三日	日軍南竄由鄉白沙洲登陸進攻長沙	長沙望岳鄉第四保倉窩	棉被	三十一年九月	鋪	2	80元	2400元	
〃	〃	〃	米	三十二年九月	石	5	2,000元	13,000元	
〃	〃	〃	油	三十三年五月	斤	10	1,200元	1,200元	
〃	〃	〃	鹽	三十三年五月	斤	15	3900元	3900元	
三十四年六月二十七日	日寇紮民房屋拆	仝上	木板壁	民十五年六月	方	20	260元	1,600元	
〃	〃	〃	豬	三十三年六月	隻	2	2,680元	6,000元	
〃	〃	〃	書籍	前清咸豐年置	本	全部	1,000元	300,000元	
〃	〃	〃	古銅	仝上	件	2	1,000元	300,000元	
〃	〃	〃	木器	清季及民國初年	張	9	40元	10,000元	
〃	〃	〃	字畫	清咸豐年置	付	30	500元	150,000元	
〃	〃	〃	帳	三十一年四月	鋪	2	30元	18,000元	
合計								916100元	

受損失者湖南長沙地方法院書記官長陳正綱（印）　填報者陳正綱（印）

財產損失報告單（表式 3）

填送日期三十四年十一月　日

損失年月日	事件	地點	損失項目	購置年月	單位	數量	價值（國幣元）購置時價值	損失時價值	證件
三十四年七月二十八日	敵人進犯長沙西鄉卯田	長沙吳桐鄉卯田泉水	鹽	三十四年五月	斤	50	$19.000.00	$24.000	
〃	〃		穀	三十三年八月	石	20	$16.000	$240.000	
			米	三十四年七月	石	1	$4.000	$4.000	
			帳	三十三年六月	床	2	$4.000	$16.000	
			被	三十二年八月	鋪	2	$8.000	$14.000	
			豬	三十四年五月	隻	1	$50.000	$62.000	
			鐘	三十一年二月	架	1	$2.000	$10.000	
			木器	二十九年	件	24	$12.000	$98.000	
			棉布	三十四年四月	尺	5	$30.000	$40.000	
			夏布	〃 〃	尺	4	$24.000	$28.000	
			絨大衣	三十二年八月	件	1	$4.000	$26.000	
			紡綢男長衣	三十三年二月	件	1	$3.000	$12.000	
			毛葛絨女長衣	三十二年二月	件	1	$5.000	$20.000	
			書籍	祖遺	櫃	1	$800	$160.000	
合計							$184.000	$576.000.00	

受損失者　湖南長沙地方法院錄事周靖湘（印：周靖湘）　填報者（印：周靖湘）

財產損失報告單（表式2）

填送日期三十四年十一月　日

損失年月日	事件	地點	損失項目	購置年月	單位	數量	價值（國幣元）購置時價值	損失時價值	證件
三十三年六月二十日	敵機小洞堤襲長沙縣政府	長沙縣桐鄉小洞	棉被	民國十六年十二月	床	1	3元	21,000元	
〃	〃		被面	〃	床	1	1元	2,000元	
〃			雨傘	民國三十三年六月	把	1	35元	240元	
〃	〃	〃	被套	〃	床	1	2元	3,000元	
三十三年八月十日	日軍擄掠	寧鄉油草舖	穀	三十三年八月	石	6	280元	1,000元	
〃	〃	〃	木床	〃	舖	1	2,600元	9,600元	
〃	〃	〃	豬		隻	1	4,800元	5,900元	
合計								27,940元 ~~[illegible]~~ ~~[illegible]~~ ~~[illegible]~~	

受損失者　湖南長沙地方法院雇員洪耀球

填報者洪耀球

~~[illegible]~~

財產損失報告單（表式3）

填送日期三十四年十一月　日

損失年月日	事件	地點	損失項目	購置年月	單位	數量	價值（國幣元）購置時價值	損失時價值	證件
三十三年六月六日	[illegible]	[illegible]	白紡綢女長衫	三十三年[illegible]月	件	2	每件3650元	7300元	
〃	〃	〃	毛綫呢女鞋子	〃	双	1	360元	360元	
〃	〃	〃	女線綿葛袴	〃	条	2	2370元	4740元	
〃	〃	〃	細飯碗	〃	个	2	每个38元	共76元	
〃	〃	〃	玻璃杯	〃	元	6	每元110元	共660元	
〃	〃	〃	花直葛	〃	尺	9	每尺300元	共2700元	
〃	〃	〃	青嗶嘰毛衣袴	〃	套	1	3200元	3200元	
〃	〃	〃	爐鍋	〃	只	1	480元	480元	
〃	〃	〃	首飾箱子	[illegible]	個	1	3000元	5150元	
〃	〃	〃	地圖	〃	本	1	200元	200元	
〃	〃	〃	菜刀	三十二年五月	把	1	60元	480元	
〃	〃	〃	細瓷碗罐	〃	隻	1	250元	4790元	
同年六月初十日	[illegible]	[illegible]	帳	[illegible]	床	1	49元	4950元	
〃	〃	〃	被	〃	舖	1	80元	5800元	
								42770元	

受損失者湖南長沙地方法院錄事黄家賓　　　　填報者黄家賢

本表填報者請補署本人姓名

財產損失報告單（表式2）

填送日期 三十四年十一月　日

損失年月日	事件	地點	損失項目	購置年月	單位	數量	價值（國幣元）購置時價值	損失時價值	證件
三十三年六月　日	長沙淪陷	留守長沙甚院坡	蚊帳	廿七年十月	牀	1	165元	3260元	
			綿被		牀	1	284元	6400元	
			綿褥	〃	牀	1	120元	2850元	
			單被	〃	牀	1	150元	1900元	
			草蓆	〃	鋪	1	36元	800元	
			皮鞋	〃	雙	1	120元	3500元	
			衣箱	廿八年一月	口	1	280元	4400元	
			綿袍	〃	件	1	1546元	9,600元	
			綿衣褲	〃	套	1	1492元	5800元	
			夾袍	廿八年三月	件	1	2640元	4800元	
			夾衣褲	〃	套	1	1866元	3,400元	
			單長衫	廿八年五月	件	2	1750元	8,800元	
			竹布褲	〃	套	2	1865元	7,800元	
合計								63310元	

受損失者 湖南長沙地方法院錄事孫樹馨　　　填報者 孫樹馨

財產損失報告單（表式3）

填送日期 三十四年十一月 日

損失年月日	事件	地點	損失項目	購置年月	單位	數量	價值（國幣元）購置時價值	損失時價值	證件
三十三年十月卅日	敵寇進犯小河朝市晚時辦公處	長沙真鄉小洞朝內	被褥	三十二年二月	壹床	壹条 1	2,500	12,000	
〃	〃	〃	帳子	三十二年五月	壹床	壹条 1	1,500	8,000	
〃	〃	〃	毯子	三十二年一月	壹鋪	壹鋪 1	1,200	4,000	
〃	〃	〃	棉袍	三十一年十月	壹件	壹件 1	1,600	12,000	
〃	〃	〃	單袍	三十一年十月	壹件	壹件 1	1,200	8,000	
〃	〃	〃	白襯衣	三十二年八月	貳件	貳件 2	600	1,500	
〃	〃	〃	青制服	三十二年八月	貳套	貳套 2	1,200	6,000	
〃	〃	〃	嗶嘰袍	三十二年八月	件	1	2000	15,000	
〃	〃	〃	皮鞋	三十二年七月	双	1	180	8,000	
〃	〃	〃	棉褲	三十二十月	條	1	800	5,000	
〃	〃	〃	棉衣	三十二年十月	件	1	700	4,000	
〃	〃	〃	絨繩衣	三十二年十月	件	1	3,000	14,000	
合計								97,500元	

受損失者 湖南長沙地方法院錄事楊德芳　　報告者 楊德芳

财产损失报告单（表式2）　　底

填送日期　三十四年十一月　日

损失年月日	事件	地点	损失项目	购置年月	单位	数量	价值（国币元） 购置时价值	损失时价值	证件
三十三年六月	敌犯长沙	长沙河西五里牌陈祠本院	棉被	二十一年十月	床	1	4元	2,000元	
			被面	二十一年十月	〃	1	36角	1,500元	
			被壳	二十一年十月	〃	1	6元	3,500元	
			棉衣	二五年十月	件	1	5元	5,000元	
			棉裤	二五年十月	条	1	4元	4,000元	
			蜜蜂牌绒线绳衣	二六年十二月	件	1	10元	12,000元	
								28,000元	

受损失者　湖南长沙地方法院录事常恩　　填报者

（表式2）

三十四　十●　日

損失年月日	事件	地點	損失項目	購置年月	單位	數量	價值（國幣元）購置時價值	損失時價值	證件
民國三十三年六月十三日	敵人焚毀房屋	衡陽東鄉泉市	新式木器	24.9年	套	1	85元	97,000元	
〃	〃	〃	木器	12.5年	套	2	56.5元	75,000元	
〃	〃	〃	碗櫃	28.4年	隻	2	42元	14,000元	
〃	〃	〃	桌	20.8年	張	4	16元	18,400元	
〃	〃	〃	木靠椅	32.3年	把	6	4800元	6,000元	
〃	〃	〃	製木用具	25.7年	套	1	138元	7,500元	
〃	〃	〃	木櫈	20.8年	条	10	8元	3,000元	
〃	〃	〃	上等細磁中碗	32.3年	筒	8	12000元	16,800元	
〃	〃	〃	衣	30.4年	件	34	75000元	136,000元	
三十三年八月十七日	敵人打劫	衡陽東鄉上田杷村	鹽	33.8年	斤	12	6000元	6,600元	
〃	〃	〃	米	33.7年	斗	15	1900元	5,400元	
〃	〃	〃	油	〃	斤	5	1000元	1,250元	
〃	〃	〃	大菜碗	30.8年	席	4	8000元	10,000元	
三十三年11月8日	〃	〃	木箱	28.2年	口	3	168元	16,500元	
〃	〃	〃	套鞋	32.4年	双	1	3500元	8,000元	

接下頁

受損失者　湖南長沙地方法院[illegible]　　填報者

财产损失报告单（表式2）

填送日期　　年　　月　　日

损失年月日	事件	地点	损失项目	购置年月	单位	数量	价值（国币元）购置时价值	损失时价值	证件
卅四年古七月廿八日	敌人投降退走	衡阳东乡上范田	被	33.1年	床	5	97500元	125000元	
〃	〃	〃	帐	33.2年	床	2	7000元	12000元	
〃	〃	〃	米	34.7年	斗	2	1100元	1300元	
〃	〃	〃	棉袍	32.8年	件	1	15000元	24000元	
〃	〃	〃	棉布衣裤	34.5年	套	2	3200元	4000元	
〃	〃	〃	皮鞋	33.1年	双	1	5500元	12000元	
〃	〃	〃	布鞋	34.7年	双	2	1200元	1400元	
合计					陆拾万零壹千壹佰伍拾柒元正				

受损失者　湖南长沙地方法院　县　事曾刚中　填报者

承上页

財產損失報告單 （式2）

填送日期三十四年十一月　日

損失年月日	事件	地點	損失項目	購置年月	單位	數量	價值（國幣元）購置時價值	損失時價值	證件
三十三年六月十四日	敵人進攻	長沙馬鞍山半塘冲	谷	三十三年四月廿五	石	30	60000元	15000元	
			米	三十三六月六日	石	3	12000元	19500元	
			豬	三十三年六月十七日	只	2	8000元	60000元	
			大櫃	二十八年三月	張	2	1600元	18000元	
			床褥	二十七年八月	床	3	1800元	24000元	
			被窩	三十二年九月	床	3	21000元	32000元	
			帳子	二十七年四月	床	3	600元	24000元	
三十三年七月五日	敵人進攻	長沙小洞	皮箱	三十三年七月	口	1	1500元	4000元	
			棉衣服	三十三年十月	套	1	5100元	12000元	
			衣服	三十三年四月	套	3	9000元	20000元	
			[illegible]盒	二八年四月	個	1	18元	8000元	
			青布外套	三十二年十月	件	1	700元	9000元	
合計								305500元	

受損失者　湖南長沙地方法院凌耀庭　　填報者　凌耀庭

公丁

财产损失报告单　（表式2）

填送日期　三十四年十一月　日

损失年月日	事件	地点	损失项目	购置年月	单位	数量	价值（国币元）购置时价值	损失时价值	证件
三十四年三月	敌人抢劫	长沙青山铺	蓝白布衣服	卅年五月	套	~~七百八十元~~ 二	七百八十元 0	二千五百元 00	
〃	〃	〃	哔叽贡呢夹裤	卅一年八月	条	一	四百七十元 0	三千二百元 00	
〃	〃	〃	青大布夹袍	卅年九月	件	一	三百八十元 0	二千七百元 00	
〃	〃	〃	英丹士林军袍	廿九年十一月	件	一	二十九元	三千八百元 00	
合计								12,200元	
合计								~~2114000元~~	

受损失者　湖南长沙地方法院公丁　钱[illegible]卿　　填报者　钱少卿

財產損失報告單（表式2）

填送日期 三十四年十一月　日

損失年月日	事件	地點	損失項目	購置年月	單位	數量	價值（國幣元）購置時價值	損失時價值	證件
民國三十四年七月	敵人侵犯長沙吳利鄉第六保	宋水冲	大豬	三十四年二月	個	一	8—	4.000	
			被窩	二九年八月	床	二	16元	17.000	
			夏布帳子	〃	床	一	10元	15000	
			黑棉衣	三十二年八月	套	二	5元	10.000	
			青棉褲	〃	條	一	5元	7.000	
			呢外衣	二九年九月	件	一	12元	25.000	
			長棉袍	〃	件	一	25元	15000	
			絨毯	〃	床	一	20元	20.000	
			皮箱	〃	口	二	10元	12.00	
							156元	154,200元	

受報者 周慶安
湖南長沙地方法院庭丁
（印：周慶安章）

填報者 周慶安

財產損失報告單 （表式2）

填送日期三十四年十二月八日

損失年月日	事件	地點	損失項目	購置年月	單位	數量	價值（國幣元）購置時價值	損失時價值	證件
三十三年六月二十一日	敵寇進犯	湘鄉縣城	大学叢書	二十四年七月	册	12	60元	六萬元	
仝上	仝上	仝上	司法例規	三十年五月	册	8	60元	二萬元	
仝上	仝上	仝上	衣服	三十年三月	件	16	1600元	廿萬元	
合計							1720元	廿8萬元	

受損失者 謝仁堯（印）

填報者 謝仁堯

財產損失報告單（表式2）

填送日期 民国卅四年十二月十 日

損失年月日	事件	地點	損失項目	購置年月	單位	數量	價值（國幣元）購置時價值	損失時價值	證件
民国二十六年十二月	被敵刦掠	山東臨清	紋皮箱	民国二十五年五月	隻	1	12	14	
同上	同上	同上	大藤籃	同上	同上	1	4	4	
同上	同上	同上	台灣蓆	同上	床	1	12	13	
同上	同上	同上	單夹棉皮衣服	同上	件	36	1210	1500	
民国二十七年十月	寄存包裹被敵刦掠	漢口	呢大衣	民国二十六年十月	同上	1	150	180	
同上	同上	同上	呢西服	同[illegible]	同上	2	50	70	
同上	同上	同上	嗶嘰西服	同上	同上	2	40	50	
民国三十三年六月	被敵焚燬	湖南湘潭文華鎮泗洲塘宅	房屋	民国元年三月	间	36	64800	9800000	
同上	被敵刦掠	湖南湘潭石潭三塘一甲[illegible]	猪	民国卅弍年八月	隻	2	7780	34560	
同上	同上	同上	穀		碩	24		24000	
同上	同上	同上	被	民国卅二年十月	床	2	120	24000	
同上	同上	同上	帳	同上	同上	1	60	7000	
同上	同上	同上	衣服	民国卅年六月	件	6	120	120000	
同上	同上	同上	磁器	民国卅年五月	同上	85	1680	168000	
合計								合計 10179391元	

受損失者 湖南長沙地方法院檢察官朱先偉（印） 填報者

财产损失报告单（表式2）

填送日期 卅四年十二月十日

损失年月日	事件	地点	损失项目	购置年月	单位	数量	价值（国币元）购置时价值	损失时价值	证件
民国二十六年七月二十九日	被日寇炸毁	河北天津地方法院任内	纹皮箱	民十九年	口	3	108元	216元	在河北天津地院任内被敌人轰炸受损失情形有河北天津地方法院看守官出具证明书并由本人呈报司法行政部备案奉有批示
〃	〃	〃	皮袍	民二十年	件	3	600元	1000元	
〃	〃	〃	衣裤	民二十年	件	40	400元	600元	
〃	〃	〃	西装	民廿二年	件	12	480元	520元	
〃	〃	〃	大衣	〃	件	2	120元	160元	
〃	〃	〃	被	〃	床	4	200元	280元	
〃	〃	〃	皮鞋	民国[illegible]	双	3	30元	480元	
〃	〃	〃	床	民廿五年	铺	1	50元	80元	
〃	〃	〃	帽	〃	顶	3	30元	36元	
民三十三年六月	被日寇烧毁	长沙地方法院	皮箱	民廿十年	口	2	1600元	20000元	
〃	〃	〃	皮袍	民廿十年	件	2	10000元	100000元	
〃	〃	〃	衣裤	民廿十年	件	30	150000元	105000元	
〃	〃	〃	床	民廿九年	铺	2	4000元	80000元	
〃	〃	〃	被帐	民廿九年	床	6	1200元	240000元	
合计								[illegible]元	

受损失者 曾宪志　　　　填报者 曾宪志

5483720元

財產損失報告單（表式2）

填送日期三十四年十二月十一日

損失年月日	事件	地點	損失項目	購置年月	單位	數量	價值（國幣元） 購置時價值	損失時價值	證件
三十一年 月 日	長沙危急	搬遷蓮花橋	什器物具				00134	67.000	
三十三年六月 日	長沙淪陷	由北五里牌遷小陳家祠	夏布帳	三十三年三月	床	1	00028	14.000	
			棉大被	三十一年二月	床	1	00029	14.500	
			棉褥	仝	床	1	00022	11.000	
			單被	三十年五月	床	1	00015	07.500	
			白綫毯	三十一年一月	床	1	00020	10.000	
			萬蘇席	二十九年三月	鋪	2	00010	05.000	
			嗶嘰呢面絨裡外套	三十年八月	件	1	00036	18.000	
			呢面裡棉袍	三十一年十月	件	1	00028	14.000	
			棉衣褲	三十二年五月	套	1	00027	13.500	
			單袍	三十一年一月	件	2	00036	18.000	
			長夹袍	三十一年八月	件	1	00024	12.000	
			夹衣褲	三十一年九月	套	1	00025	12.500	
			大洋布衣褲	三十二年十月	套	3	00032	16.000	
合計									

接下頁

受損失者 湖南長沙地方法院檢察處錄事饒彝尊　　填報者 饒彝尊

填報及受損失者名均請移下頁填列

再本表尚有空格請將第二頁銜接填列

財產損失報告單（表式2）甲

填送日期三十四年十二月十一日

損失年月日	事件	地點	損失項目	購置年月	單位	數量	價值（國幣元）		證件
							購置時價值	損失時價值	
			綿呢長綢布衫	三十年五月	件	2	00032	16.000	
			衛生衣褲	三十一年二月	套	1	00024	12.000	
			毛圍巾	三十年十月	條	1	00012	06.000	
			大白皮箱	三十年十月	口	1	00030	15.000	
			芦花枕頭	三十二年三月	對	1	00012	06.000	
			綾帳花帘	三十二年五月	個	1	00010	05.000	
			毛絨帽紗胖子	三十一年八月	[illegible]	4	00015	07.500	
			熱水瓶	三十一年九月	個	1	00016	08.000	
			藤靠椅	三十年十一月	把	2	00020	10.000	
			洋瓷食盒	二十九年五月	套	1	00022	11.000	
			有蓋藤籃網籃	三十年四月	個	2	00018	09.000	
			洋瓷面盆	三十年三月	個	2	00020	10.000	
			墨盒印盒硯池	二十九年一月	個	4	00022	11.000	
			書箱字畫古硯	二十八年一月	箱	1	00300	150.000	
							0419	5023.00元	

承上頁

受損失者 錢華

填報者

0118

財產損失報告單（表式3）

填送日期三十四年十二月　日

損失年月日	事件	地點	損失項目	購置年月	單位	數量	價值（國幣元）購置時價值	損失時價值	證件
三十三年六月	日軍進攻長沙	長沙五里堆陳祠	被褥	二十五年十月	套	2	30元	20,000元	
			白夏布帳子	二十八年五月	床	1	12元	9,000元	
			棉衣褲	二十七年九月	套	1	16元	10,000元	
			青線布夾衣褲	二十七年八月	套	1	46元	18,000元	
			白線布衣服	二十八年三月	套	2	30元	1,800元	
			白府綢襯衣	三十年二月	件	2	200元	9,200元	
			青線布學裝	三十年十月	套	2	330元	13,000元	
			青呢外套	二十九年八月	件	1	120元	18,000元	
			白線毯	二十六年八月	床	1	9元	9,000元	
			皮箱	二十四年八月	口	2	12元	1,200元	
三十三年六月	日軍進攻長沙市	平地一聲雷	房屋	二十五年八月	間	4	400元	29[illegible]000元	
			床被	二十五年十月	床	1	12元	9,000元	
			大櫃	二十五年十月	張	1	18元	12,000元	
			書桌	二十五年十月	張	1	8元	6,000元	
合計								143,820元	

受損失者湖南長沙地方法院庭丁吳榮祥　　填報者吳榮祥

财產損失報告單（表式3）

填送日期三十四年十二月　日

損失年月日	事件	地點	損失項目	購置年月	單位	數量	價值（國幣元）購置時價值	損失時價值	證件
二十七年十一月	由湘南战役撤退回籍在途敵機轰炸	徐州下	布棉衣	二十六年七月	套	1	240元	240元	
〃	〃	〃	安安布蚊帳	二十六年[illegible]月	件	1	3元	3元	
〃	〃	〃	絨毯	二十五年[illegible]	床	1	10元	10元	
〃	〃	〃	洋磁面盆	〃	個	1	1元	1元	
〃	〃	〃	洋襪	二十六年八月	雙	1	40	40	
〃	〃	〃	[illegible]	二十五年十月	口	1	5元	5元	
〃	〃	〃	繡枕頭	二十六年一月	個	1	60	60	
〃	〃	〃	棉被	二十四年十月	床	1	6元	6元	
〃	〃	〃	棉褥	二十三年九月	〃	1	5元	5元	
〃	〃	〃	紋皮箱	二十三年四月	口	1	12元	12元	
三十四年六月	敵軍進攻劫掠	[illegible]	食米		斗	5	600元	600元	
〃	〃	〃	食盐	三十三年六月	斤	6	480元	480元	
〃	〃	〃	醃豬肉	三十三年一月	〃	3	300元	360元	
〃	〃	〃	茶油	三十三年六月	〃	5	500元	500元	
〃	〃	〃	菜刀	三十三年八月	把	1	1元	180元	

接下頁

受損失者　萬昊　　　填報者

財產損失報告單（表式2）

填送日期三十四年十二月　日

損失年月日	事件	地點	損失項目	購置年月	單位	數量	價值（國幣元）購置時價值	損失時價值	證件
〃	〃	〃	西服西裝	二十六年六月	套	1	9元	18000元 3300元	
三十三年八月十日	敵軍進攻擄掠	湖南長沙瀏陽	稻穀		石	26	26000元	26000元	
三十三年九月十三	敵軍進佔擄掠	湖南長沙[illegible]	白綢襯衣	三十一年五月	件	2	300元	7600元	
〃	〃	〃	白綢線毯	三十一年八月	床	1	240元	2400元	
〃	〃	[illegible]	黃卡嘰布制服	三十一年十月	套	1	1600元	16000元	
〃	〃	〃	黃綠布制服	二十八年八月	〃	1	240元	4000元	
〃	〃	〃	印度綢女短衣	三十二年六月	件	1	360元	1800元	
〃	〃	〃	黑牛皮皮靴	三十一年十月	雙	1	200元	3000元	
〃	〃	〃	毛線衣	二十五年十月	件	1	10元	8000元	
〃	〃	〃	毛圍巾	〃	條	1	4元	2400元	
〃	〃	〃	白綢布被單	三十一年九月	床	1	1280元	3200元	
〃	〃	〃	黑呢禮帽	三十二年五月	頂	1	1000元	12000元	
〃	〃	〃	麻紗襯衣	二十九年四月	件	1	80元	1000元	
〃	〃	〃	膠鞋	三十三年二月	雙	2	380元	600元	
三十三年十一月	〃	湖南[illegible]	民意保存	三十四年十月	人	10	10元	6000元	

小上面

受損失者　葛昊　　　　填報者

财产损失报告单（表式3）

填送日期三十四年十二月　日

损失年月日	事件	地点	损失项目	购置年月	单位	数量	价值（国币元）购置时价值	损失时价值	证件
〃	〃	〃	黑白纺绸	二十[illegible]年[illegible]月	〃	13	11元	6600元	
〃	〃	〃	[illegible]	〃	〃	10	20元	5600元	
〃	〃	〃	青湖绸	〃	〃	8	6元	360元	
〃	〃	〃	毛哔叽夹袍	二十六年八月	套	[illegible]	16元	16000元	
〃	〃	〃	青湖绸夹衣	二十四年十月	套	1	15元	6500元	
〃	〃	〃	[illegible]	二十四年八月	床	[illegible]	8元	4800元	
〃	〃	〃	[illegible]	二十四年十月	〃	1	11元	7000元	
〃	〃	〃	[illegible]	二十六年一月	丈	5	4元	3400元	
〃	〃	〃	[illegible]春	〃	〃	7	5元	3000元	
〃	〃	〃	红毯子	二十五年六月	床	1	4元	4000元	
〃	〃	〃	[illegible]	二十四年[illegible]	件	1	8元	3800元	
〃	〃	〃	青布夹袍	〃	〃	1	2元	1200元	
〃	〃	〃	[illegible]	二十五年[illegible]月	件	1	85元	36000元	
〃	〃	〃	[illegible]	二十六年四月	床	1	12元	6800元	
〃	〃	〃	[illegible]	〃	丈	30	12元	7200元	

承上页

受损失者　葛昊　　　　填报者

財產損失報告單 （表式2）

填送日期 三十八年十二月　　日

損失年月日	事件	地點	損失項目	購置年月	單位	數量	價值（國幣元） 購置時價值	損失時價值	證件
〃	〃	〃	羊毛毯子	二十六年十月	碼	3	9元	9000元	
三十四年六月四日	[illegible] 〃	[illegible]	駝絨袍料	二十四年九月	尺	10	7元	10000元	
〃	〃	〃	羊毛圍巾	二十四年十月	條	1	4元	2400元	
〃	〃	〃	〃	二十三年十一月	〃	1	3元	1800元	
〃	〃	〃	白布被單	二十三四年	床	3	4.50元	8400元	
〃	〃		被印心	二十三年	〃	3	4元	5000元	
〃	〃	〃	白線毯	二十三年八月	〃	1	4元	6000元	
〃	〃	〃	螞蟻布	三十三年十月	尺	8	4.80元	800元	
〃	〃	〃	白官布	〃	〃	5	3.50元	550元	
〃	〃	〃	毛嗶嘰單褲	二十六年九月	條	1	6元	6000元	
〃	〃	〃	白夏布短衫	三十三年五月	件	2	1.00元	4000元	
〃	〃	〃	白府綢衣襯衫	三十三年十月	隻	2	2元	1200元	
三十四年八月	[illegible]	[illegible]	稿裁		石	41	131200元	131200元	
合計					四		166568.90元	393654元	

此單係照損失時實價值物資記載若按填表時價值

此項真有應增加數百[illegible]至數千[illegible]倍故特此合併聲明

承上頁

受損失者 湖南長沙地方法院書記官 萬貝　　填報者 萬貝

财产损失报告单

填送日期 三十四年十二月 日

损失年月日	事件	地点	损失项目	购置年月	单位	数量	价值（国币元）购置时价值	损失时价值
三三年六月	被敌掠去	长沙	衣服	廿二年四月	件	16	320	320,000
〃	〃	〃	被	廿三年八月	床	5	22	22,000
〃	〃	〃	帐	廿四年七月	床	2	15	15,000
〃	〃	〃	皮箱	廿三年五月	口	2	24	26,000
〃	〃	新	衣服	[illegible]	件	[illegible]	375	375,000
〃	〃	〃	被	廿五年十一月	床	2	16	16,000
〃	〃	〃	帐	[illegible]三月	床	[illegible]	12	12,000
〃	〃	〃	皮鞋	廿三年二月	双	2	[illegible]	16,000
〃	〃	〃	[illegible]	廿二年二月	口	2	12	10,000
合计							814	814,000元

受损人 王君莲
住地南长沙地方法院检察处

报告者 王君莲

財產損失報告單 （表式2）

填送日期 三十四 年　月　日

損失年月日	事件	地點	損失項目	購置年月	單位	數量	價值(國幣元) 購置時價值	損失時價值	證件
二十六年十二月廿日	杭州撤退	杭州	傢具	民國廿三年					
〃	〃	〃	器皿	廿六年陸續購置			約200元	80,000元	
〃	〃	〃	什物						
〃	〃	〃	皮箱	〃 〃	口	三	約1000元	240,000元	
〃	〃	〃	鐘	民廿八年	口	一	300元	80,000元	
〃	〃	〃	留聲機	民廿二年	架	一	150元	60,000元	
〃	〃	〃	鐵床	〃 廿 〃	〃	一	50元	40,000元	
二十七年十一月十三日	長沙文夕大火	長沙	傢具	民廿六年底					
〃	〃	〃	什物	至廿七年夏季			約300元	100,000元	
〃	〃	〃	器皿						
〃	〃	〃	皮箱	[illegible]	口	二	1200元	100,000元	
三十年九月廿八日	長沙二次會戰	〃	傢具						
〃	〃	〃	什物				約[illegible]元	[illegible]元	
〃	〃	〃	器皿						
三十年十二月廿七日	長沙三次會戰	〃	〃						
三十三年六月十日	長沙淪陷	〃	傢具				800元	15,0000元	
			器皿						
			什物						
〃	〃	〃	棉被	三十三年一月	床	二	1000元	20,000元	
〃	〃	〃	皮袍	廿二年/廿八年	件	三	1500元	160,000元	
〃	〃	〃	鐵床	三十年一月	床	一	400元	55,000元	
〃	〃	〃	大櫃	三十一年[illegible]月	对	一	1500元	50,000元	
〃	〃	〃	[illegible]帳	三十三年一月	床	一	1400元	20,000元	
〃	〃	〃	毛毯	三十年八月	床	一	800元	30,000元	
〃	〃	〃	呢外套	廿九年十月	件	一	400元	65,000元	
〃	〃	〃	[illegible]	三十一年二月	套	一	500元	50,000元	
〃	〃	〃	白細布	三十三年四月	疋	一	3500元	48,000元	
〃	〃	〃	皮鞋	〃 〃	双	二	1700元	12,000元	
〃	〃	〃	米	〃 五月	石	二	360元	17,000元	
〃	〃	〃	皮袍	[illegible]十月	件	一	800元	65,000元	
共計								$1,565,000.00 [illegible]	

受損失者 袁俊卿　　填報者 袁俊卿

接下頁

财產損失報告單 （表式2）

填送日期 34年 月 日

損失年月日	事件	地點	損失項目	購置年月	單位	數量	價值（國幣元）		證件
							購置時價值	損失時價值	
卅四年四月十七日	敵人至西冲山打擄	寧鄉芳儲鄉	被褥	二十九年七月	套	二套	720元	38,000	
			蚊帳	二十四年九月	鋪	一鋪	7元	12,000	
			白綫毯	二十五年四月	鋪	一鋪	15元	6,000	
			縐布青裏服	三十年八月	套	一套	600元	10,000	
			綿綢襯衣	三十二年八月	件	二件	800元	9,000	
			紡綢衫	三十年八月	件	一件	600元	10,000	
			縐布藍裏衣	三十二年二月	件	一件	450元	5,000	
			青色緞外套	二十五年三月	件	一件	12元	38,000	
			青大布	三十三年九月	疋	一疋	6,500元	6,500	
			稻谷	三十三年九月	石	八石	8,600元	10,000	
			書籍	歷年	櫃	一櫃	20,000元	20,000	
合計							20,290.50	~~134,500~~ 164,500元	

受損失者伍光宗（印） 填報者伍光宗（印）

財產損失報告單（表式2）

填送日期 民國三十四年 月 日

損失年月日	事件	地點	損失項目	購置年月	單位	數量	價值（國幣元）購置時價值	損失時價值
三十三年六月	敵人攻陷長沙	河西五里堆陳祠	棉被	三十年前	牀	1（計重六斤）	7.2	3,000
〃	〃	〃	棉褥	〃	牀	1（計重四斤）	4.8	2,000
〃	〃	〃	洋綢被面	〃	牀	1	7.2	2,880
〃	〃	〃	白布被裡	〃	牀	1	7.0	2,800
〃	〃	〃	白線毯	〃	鋪	1	14.0	5,600
合計							40.2	16,280元

受損失者 湖南長沙地方法院錄事蕭鴻鈞　　填報者 蕭鴻鈞

财产损失报告单 （表式2）

填送日期　年　月　日

損失年月日	事件	地點	損失項目	購置年月	單位	數量	價值（國幣元）購置時價值	損失時價值	證件
三十年六月十一日	敵機轟炸	長沙上營盤街	床鋪	二十年十一月	張	1	12元	15000元	
〃	〃	〃	方桌	〃	〃	1	6元	2800元	
〃	〃	〃	圓凳	〃	條	4	3元	2000元	
〃	〃	〃	大櫃	二十一年八月	張	1	12元	5000元	
〃	〃	〃	書桌	〃	〃	1	8元	3000元	
三十三年七月十六日	日軍擄搶	長沙元果鄉黃家屋	皮箱	二十八年十月	口	3	15元	4000元	
			呢男大衣	二十四年十二月	件	1	24元	28000元	
			被窩	二十七年十月	床	3	30元	30000元	
			夏布帳子	二十六年三月	〃	2	24元	12000元	
			綠春絲棉短襖	三十年二月	件	1	10元	8000元	
			毛嗶嘰男女夾褲	二十五年八月	〃	2	20元	12000元	
			條子綫布	二十九年七月	丈	3	15元	9000元	
			青布女棉袍	二十八年十一月	件	2	12元	16000元	
			座鐘	二十三年四月	座	1	8元	6000元	
合計								152800元	

受損失者　湖南長沙地方法院主任執達員賀容溪　　填報者　賀容溪

財產損失報告單（表式2）

填送日期　　年　　月　　日

損失年月日	事件	地點	損失項目	購置年月	單位	數量	價值（國幣元）購置時價值	損失時價值	證件
三十三年六月十八日	敵人進攻	長沙河西望城坡	棉衣褲	32.11	套	1	1500元	32000元	
〃	〃	〃	單衣服	32.4	套	3	2100	30000	
〃	〃	〃	橡皮鞋	28.1	双	1	10	3000	
〃	〃	〃	皮箱	30.12	口	1	12	5000	
合計								70000元	

受損失者　劉桂[illegible]

湖南長沙地方法院書記官

填報者　劉桂[illegible]

财产损失报告单（表式2）

填送日期　　年　　月　　日

损失年月日	事件	地点	损失项目	购置年月	单位	数量	价值（国币元）购置时价值	损失时价值	证件
三十三年六月十八日	敌人进攻	湘潭易家湾城田塘	安安布男棉袍	二十四年九月	件	1	6元	8,000元	
			士林竹布罩袍	二十四年九月	件	1	4元	10,000元	
			兰大布单被	二十二年八月	床	1	38角	8,000元	
			青线布男夹衣服	二十三年二月	套	1	6元	9,000元	
			白条子虎绸衣服	二十三年五月	套	1	26角	7,000元	
三十四年七月二十九日		仝	白大布单被	二十七年十月	床	2	8元	7,600元	
			绵缎面被	十年十一月	床	1	2元	8,000元	
			白夏布男长褂	二十五年六月	件	1	36角	6,000元	
			纺绸男长褂	二十六年八月	件	1	12元	12,000元	
			白竹布男衣服	二十四年五月	套	2	48元	14,400元	
			兰大布	三十四年四月	尺	15	1500元	4,000元	
			谷	三十四年七月	石	5	9000元	13,000元	
合计								107,000元	

受损失者　湖南长沙地方法院法警邹咏和　　　　填报者　邹咏和

財產損失報告單（表式2）

填送日期　　年　　月　　日

損失年月日	事件	地點	損失項目	購置年月	單位	數量	價值（國幣元）購置時價值	損失時價值	證件
三十四年四月廿九	敵犯西冲山楊林橋之役	[illegible]鄉芳儲鄉安自冲	被	二十五年十月	床	三	30元	24,000元	
			帳	二十八年一月	鋪	二	240元	13,000元	
			棉袍	二十七年七月	套	一	180元	21,000元	
			皮鞋	二十九年一月	双	二	160元	12,000元	
			制服	三十年十一月	套	二	1680元	36,000元	
			面盆	二十六年一月	隻	二	12元	8000元	
			皮箱	二十四年三月	口	一	5元	8,000元	
			毛巾	三十三年九月	条	二	500元	1,600元	
			呢大衣	二十七年十月	件	一	80元	22,000元	
			綢子衣	二十四年八月	件	一	15元	16,000元	
			禮帽	二十四年八月	頂	一	20元	12,000元	
			女旗袍	二十二年四月	件	四	8,000元	40,000元	
			綢質便服	二十五年三月	件	六	50元	48,000元	
			稻穀		石	八		24,000	
合計			子盐		斤		$10972元	$285,600元	

受損失者湖南長沙地方法院錄事蔣碧崑　　填報者

9)

財產損失報告單（表式2）

填送日期　　年　　月　　日

損失年月日	事件	地點	損失項目	購置年月	單位	數量	價值（國幣元） 購置時價值	損失時價值	證件
民國三十四年六月	敵人侵犯家鄉擄掠	牌樓灣	食谷	三十三年八月	碩	五十石	2000	15[illegible]	
〃	〃	〃	耕牛	三十一年二月	頭	一	10000	40000	
〃	〃	〃	被窩	〃	床	二	2500	8000	
〃	〃	〃	帳子	〃	床	二	2000	7000	
〃	〃	〃	棉衣	〃	套	二	2500	5000	
〃	〃	〃	棉褲	〃	条	二	1500	4500	
〃	〃	〃	呢外衣	〃	件	一	5000	50000	
〃	〃	〃	呢毯	〃	床	二	5000	50000	
〃	〃	〃	皮箱	〃	口	四	1800	4000	
〃	〃	〃	綫毯	〃	床	一	[illegible]000	4000	
〃	〃	〃	棉袍	〃	件	二	2500	4000	
								326500元	
							35400	1676500	

受損失者洪毓珊

湖南長沙地方法院[illegible]

填報者洪毓珊

財產損失報告單（表式2）

填送日期　　年　　月　　日

損失年月日	事件	地點	損失項目	購置年月	單位	數量	價值（國幣元）購置時價值	損失時價值	證件
二十七年十月	敵機轟炸	長沙劉正街	木器	二十年八月	件	二一	一百五十元	四百五十元	
〃		〃	藤具用	二十五年八月	件	四	八元	二十四元	
〃	〃	〃	磁器	二十五年八月	件	四四	二十元	六十元	
〃	〃	〃	鉄器	二十五年八月	件	四	二元	六元	
〃	〃	〃	電燈裝置	二十五年八月	件	四	四十元	一百二十元	
三十三年七月	敵軍進攻	茶陵皂衡	房屋	十六年	間	三六	二千四百元	一百四十萬元	
〃	〃	〃	衣服	二十五年以前	件	七五	四百元	二十四萬元	
〃	〃	〃	棉被	二十五年以前	件	九	一百零八元	六萬四千八百元	
〃	〃	〃	磁器	二十七年以前	件	一〇	四十元	二萬元	
〃	〃	〃	食米	三十三年　月	斗	三	二千八百八十元	二千八百八十元	
〃	〃	〃	食盐	三十三年	斤	六〇	四千二百元	五千元	
〃	〃	〃	茶油	三十三年	斤	四〇	二千四百元	二千八百元	
〃	〃	〃	豬油	三十三年	斤	三〇	三千六百元	四千二百元	
〃	〃	〃	雞鴨	三十三年	隻	七四	三千七百元	四千三百元	
〃	〃	〃	乾菜	三十三年	斤	三〇	一千五百元	一千八百元	
合計							2万1,448元	174万6,440元	

此單係照損失時價值切實計称填載若照填報時或日後賠償時計称價值計称尤不止此合併声明

湖南長沙地方法院首席檢察官羅芳棣

长沙市政府关于报送长沙市合作社寇灾损失调查表致湖南省建设厅的代电（一九四六年一月四日）

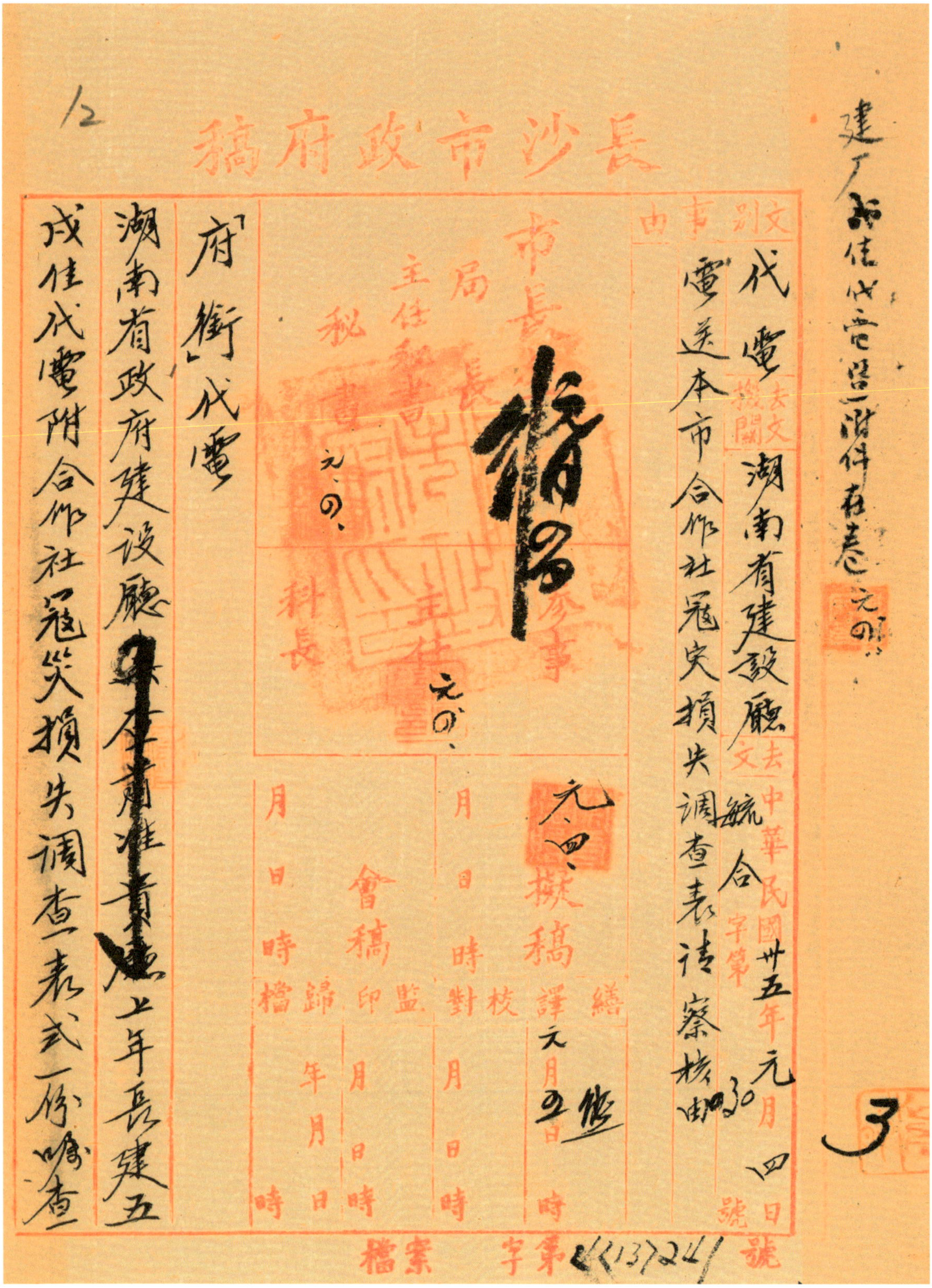
12

長沙市政府稿

建厂 四佳代電暨附件存卷 元.四

文別：代電

事由：電送本市合作社寇災損失調查表請察核由

去文機關：湖南省建設廳

去文：中華民國卅五年元月四日 統合字第 號

擬稿 元.四

繕譯 元月五日

府銜代電

湖南省政府建設廳：本府前准貴廳上年長建五戌佳代電附合作社寇災損失調查表式一份，囑查

檔案 字第 (1)13724

13

填報等由，案經派員調查，各在案，

茲據……分別調查完竣，並將案造調查表一份送請

核辦前來。……長沙市市長李○ 以北……合子(支)印附本市

合作社遭受損失調查表一份

附：长沙市合作社寇灾损失调查表（一九四五年十二月三十一日）

14

長沙市合作社寇災損失調查表

填表人 三十四年十二月三十一日

社名	遭受損失項目	概况	估價	備攷
長沙市城中鎮合作社	房屋	三十一棟於卅三年五月寇毁	81000000.00	死亡社員二十八名
〃	貨物	卅三年五月損失	95000000.00	
〃	器什	〃	8904000.00	
長沙市第二摩業生産合作社	貨物	卅三年五月存社被毁	18878840.00	
長沙市第一製傘生産合作社	〃	〃	34475900.00	
長沙市玫瑰糖生産合作社	〃	一千七百斤 卅三年五月損失	224000.00	理事廖桂全炸斃 監事粟德高被殺
〃	器什	全套 卅三年五月損失	10000.00	
長沙市第二製傘生産合作社	貨物	六千餘把 卅三年五月損失	3267.00	

15

長沙市第二製革生產合作社	貨物	卅三年八月罹毀	2000000.00	
長沙市第一皮箱生產合作社	〃 〃	卅三年存置本社敵放火燒毀	3211100.00	社員胡愛云周子樵敵殺
長沙市第一紡織生產合作社	器什	卅三年無法疏散存社被損	3175500.00	
〃	〃原料	四百餘斤	2450000.00	
〃	〃貨物	二十三尺	2300000.00	
長沙市喻家坤信用合作社	器什	卅三年六月被損	4000000.00	社員蔡品山鄭樹林廖漢文張子貴閔羅生均被殺
長沙市上九龍廟信用合作社	〃	〃 〃 〃	87850.00	
長沙市新碼頭信用合作社	〃	〃 〃 〃	1214450.00	
長沙市五里牌信用合作社	〃	〃 〃 〃	15260.00	社員侯鳳其等六名被殺
長沙市下九龍廟信用合作社	〃	〃 〃 〃	22500.00	

16

長沙市徐家灣信用合作社	器什	卅三年五月日軍開部七九八六隊損失	22250.00	王東海周義和曹樹林等社員被刺
長沙市斗嶺上信用合作社	〃 〃	卅三年六月寇毀	330000.00	史煥庭周菊欽何壽廷被刺
長沙市陳家隴信用合作社	〃 〃	〃	180000.00	
長沙市楊家山信用合作社	房屋	卅三年十月被寇開部隊七九八六隊折毀焚燒	25050.00	
〃 〃	農產品油菜籽	五十石	20000.00	
合計			36,02[illegible],867.00	社員死亡共四十九名

023

73

存件

湖南長沙市抗戰損失彙報册

〈計27頁〉

報告者：長沙市市長汪 浩

彙報日期：中華民國三十五年七月十五日

74

說明

〈1〉本册所列僅包括本市人民及民营事業機構暨本府及所屬機關遭受直接間接損失實數其不屬本府相隸屬之各單位損失業經先後按准各單位函復自行逕報到府在案故本册未予彙編

〈2〉本册計列直接損失九三〇、三五三、二二〇、〇〇〇元間接損失九五、四六三、九八八、四〇〇元共計損失國幣一〇二五、八一七、二〇八、四〇〇元

〈3〉前奉 鈞府長統府字第二八四號代電指定本市遭受直接損失為一、〇五四、九六〇、〇七八、〇〇〇元除册列九三〇、三五三、二二〇、〇〇〇元外其餘一二九、八四六、八六九、六〇〇元即係與本府不相隸屬各單位損失

~~925~~

76

長沙市政府及所屬各機關財產直接損失彙報表　　（表式3）

事件：敵機轟炸暨會戰及市區淪陷

日期：自二十六年十月至三十四年八月

地點：長沙市區

填送日期：35年7月15日

分類	價值
共計	7,097,560,000元
建築物	4,62[illegible]元
器具	2[illegible]
現款	
圖書	607,760,000元
儀器	264,800,000元
文卷	約36750宗
醫藥用品	192,000,000元
其他	576,000,000元

附財產損失報告單　　張

報告者：長沙市長汪　　皓

第2頁

长沙市政府及所属各机关财产直接损失汇报表（一九四六年七月十五日）

长沙市立中学校财产直接损失汇报表（一九四六年七月十五日）

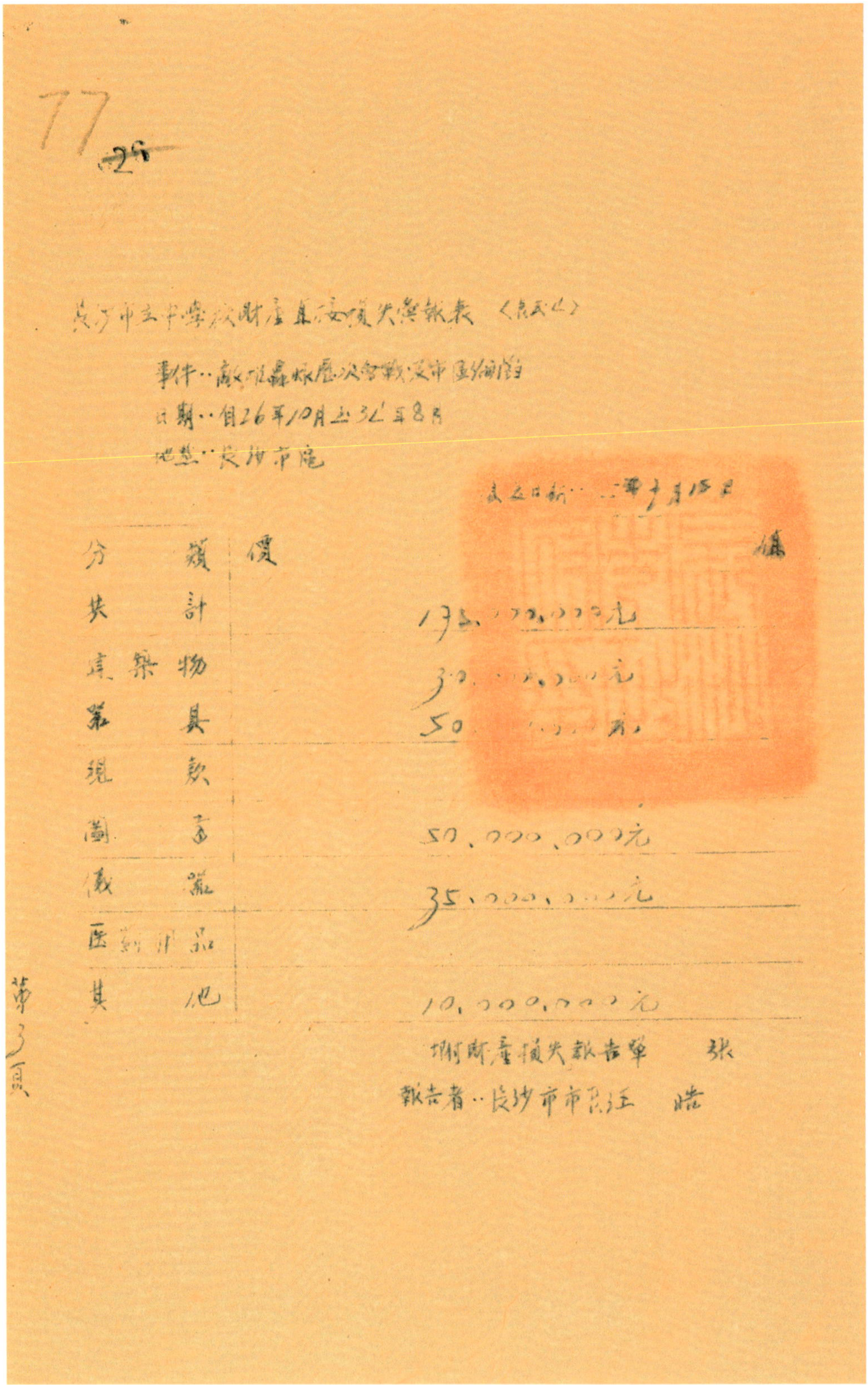

77

25

長沙市立中學校財產直接損失彙報表 〈表式二〉

事件：敵機轟炸歷次會戰及市區淪陷

日期：自26年10月至34年8月

地點：長沙市區

填送日期：三五年七月15日

分類	價值
共計	175,000,000元
建築物	30,000,000元
器具	50,000,000元
現款	
圖書	50,000,000元
儀器	35,000,000元
醫藥用品	
其他	10,000,000元

附財產損失報告單　張

報告者：長沙市市立中學 [illegible]

第3頁

78

027

長沙市各區鎮中心國民學校財產直接損失彙報表（表式4）

事件：敵機轟炸歷次會戰及市區淪陷
日期：自26年10月至34年8月
地點：長沙市區

分類	價值
共計	1,350,[illegible]元
建築物	50[illegible]元
器具	4[illegible]元
現款	
圖書	102,000,000元
儀器	160,000,000元
醫藥用品	
其他	95,000,000元

附財產損失報告單　張

報告者：長沙市市長汪　皓

第4頁

长沙市各保国民学校财产直接损失汇报表（一九四六年七月十五日）

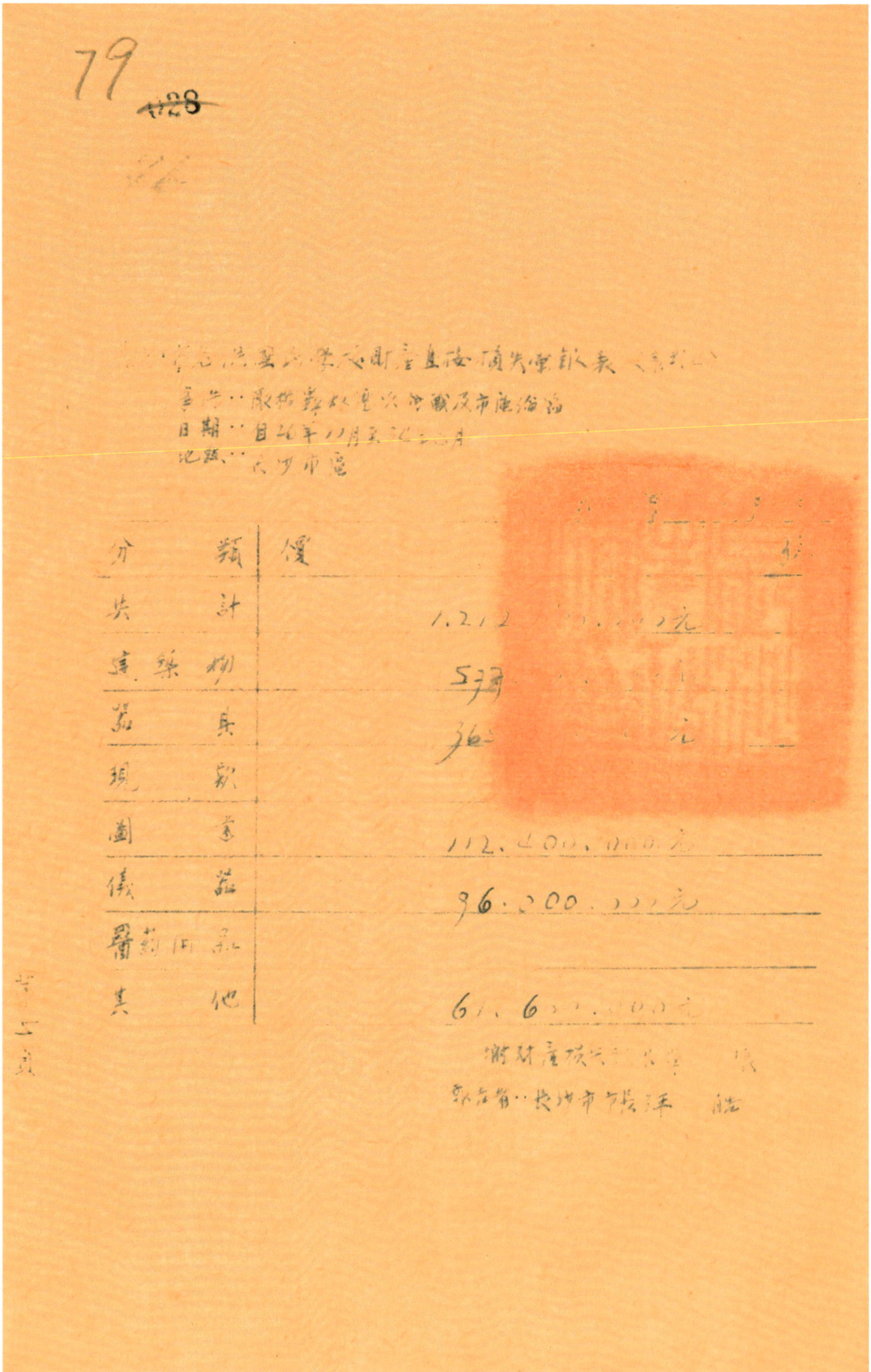
79

[illegible]學校財產直接損失彙報表

事件：[illegible]

日期：[illegible]

地點：長沙市區

分類	價值
共計	1,212,[illegible]元
建築物	537[illegible]
器具	36[illegible]元
現款	
圖書	112,400,000元
儀器	96,200,000元
醫藥用品	
其他	61,6[illegible],000元

報告者：長沙市市長[illegible]

80

~~029~~

長沙市各私立小學校財產直接損失彙報表 〈表式4〉

事件：敵機轟炸歷次會戰及市區淪陷

日期：自26年10月至34年8月

地點：長沙市區

分類	價值
共計	1,360,060,000元
建築物	63[illegible]740,000元
器具	46[illegible]000元
現款	
圖書	96,020,000元
儀器	35,300,000元
醫藥用品	
其他	33,900,000元

第6頁

附財產損失報告單 張

報告者：長沙市市長王 晗

长沙市政府及所属各机关员工私有财产直接损失报告表（一九四六年七月十五日）

81 ~~030~~

長沙市政府及所屬各機關員工私有財產直接損失報告表 〈表式4〉

事件：敵機轟炸歷次會戰及市區淪陷

日期：自26年10月至34年8月

地點：長沙市區

分類	價值
共計	19,385,000,000元
建築物	11,280,000,000元
器具	4,62[illegible]元
現款	31[illegible]元
圖書	453,000,000元
儀器	212,000,000元
醫藥用品	108,000,000元
其他	2,400,000,000元

附財產損失報告單　張

報告者：長沙市市長王　　臨

第7頁

~~131~~
82

长沙市人民财产（私有）直接损失汇报表　〈表式乙〉

事件：敌机轰炸屡次会战及市区沦陷
日期：自26年10月至34年8月
地点：长沙市区

[illegible]年[illegible]月[illegible]日

分类	价值
共计	362,83[illegible],848,000元
建筑物	12[illegible],00[illegible],8[illegible],000元
器具	25,47[illegible]元
现款	512[illegible]元
图书	351,128,000元
仪器	22,520,000元
医药用品	276,000,000元
其他	207,531,000,000元

附财产损失报告单　张

报告者：长沙市市长王　[illegible]

第8页

长沙市民营事业财产直接损失汇报表（农业部分）（一九四六年七月十五日）

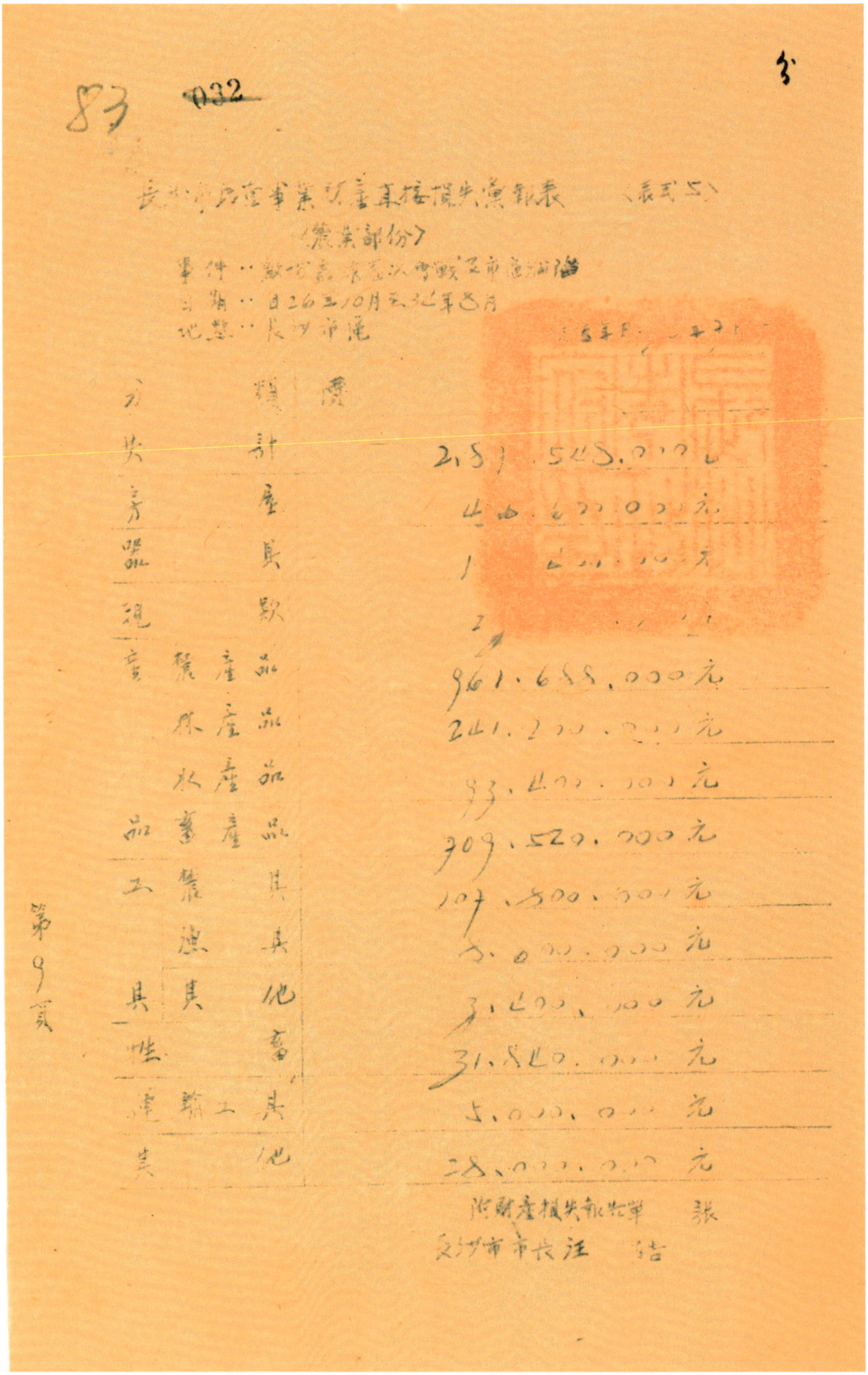

83　032

长沙市民营事业财产直接损失汇报表　　（表式5）

（农业部分）

事件：敌机轰炸长沙会战及市区沦陷

日期：自26年10月至34年8月

地点：长沙市区

分类		价值
共计		2,5[illegible],548,000元
房屋		4[illegible],6[illegible],000元
器具		1[illegible]元
现款		[illegible]元
产品	农产品	961,655,000元
	林产品	241,200,000元
	水产品	53,400,000元
	畜产品	309,520,000元
工具	农具	107,800,000元
	渔具	3,000,000元
	其他	31,400,000元
牲畜		31,840,000元
运输工具		5,000,000元
其他		28,000,000元

附财产损失报告单　张

长沙市市长汪　结

第9页

84

长沙市民营事业财产直接损失汇报表　　（表式3）

（工業部）

事件：敵機轟炸歷次會戰及市區淪陷

日期：自26年10月至34年8月

地点：長沙市區

填送日期：35年7月15日

分類	價值
共計	77,282,600,000元
房屋	12,600,000,000元
現款	12,700,000,000元
製成品	6,614,800,000元
原料	5,477,600,000元
機械及工具	26,477,600,000元
運輸工具	267,600,000元
其他	1,571,600,000元

附財產損失報告單　　張

報告者：長沙市市長汪　浩

第10頁

长沙市民营事业财产直接损失汇报表（商业部分）（一九四六年七月十五日）

85

長沙市民營事業財產直接損失彙報表 （表式9）

（商業部份）

事件：敵機轟炸暨八次會戰及市區淪陷

日期：自26年10月至34年8月

地點：長沙市區

收文日期 35.7.15

分類	價值
共計	[illegible].419.330.000元
房屋	92.305.325.[illegible]元
器具	[illegible]0.990.000元
現款	[illegible]332.000元
存貨	247.941.120.000元
運輸工具	338.000.000元
其他	90.882.320.000元

附財產損失報告單 張

報告者：長沙市市長王 浩

第11頁

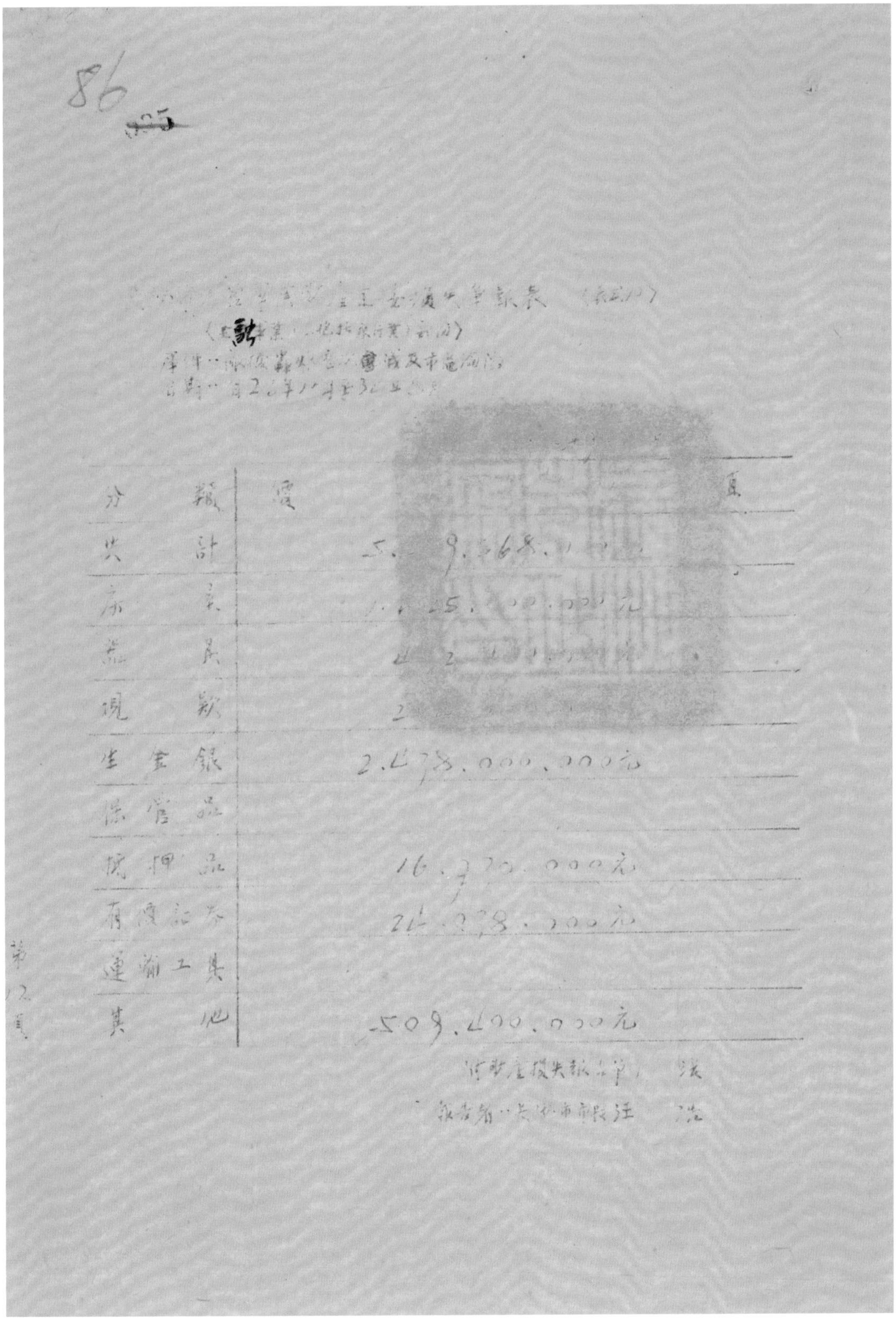

[illegible]損失彙報表（表式[illegible]）

（金融事業（不包括銀行業）部分）

[illegible]

分類	價值
共計	5,[illegible]9,568,[illegible]
房屋	1,[illegible]25,[illegible]元
器具	[illegible]
現款	[illegible]
生金銀	2,478,000,000元
保管品	
抵押品	16,770,000元
有價證券	24,[illegible]8,000元
運輸工具	
其他	509,400,000元

財產損失報告單 [illegible] 張

報告者 長沙市市長 [illegible]

长沙市民营事业财产直接损失汇报表（金融事业〈不包括银行业〉部分）（一九四六年七月十五日）

长沙市民营事业财产直接损失汇报表（航业部分）（一九四六年七月十五日）

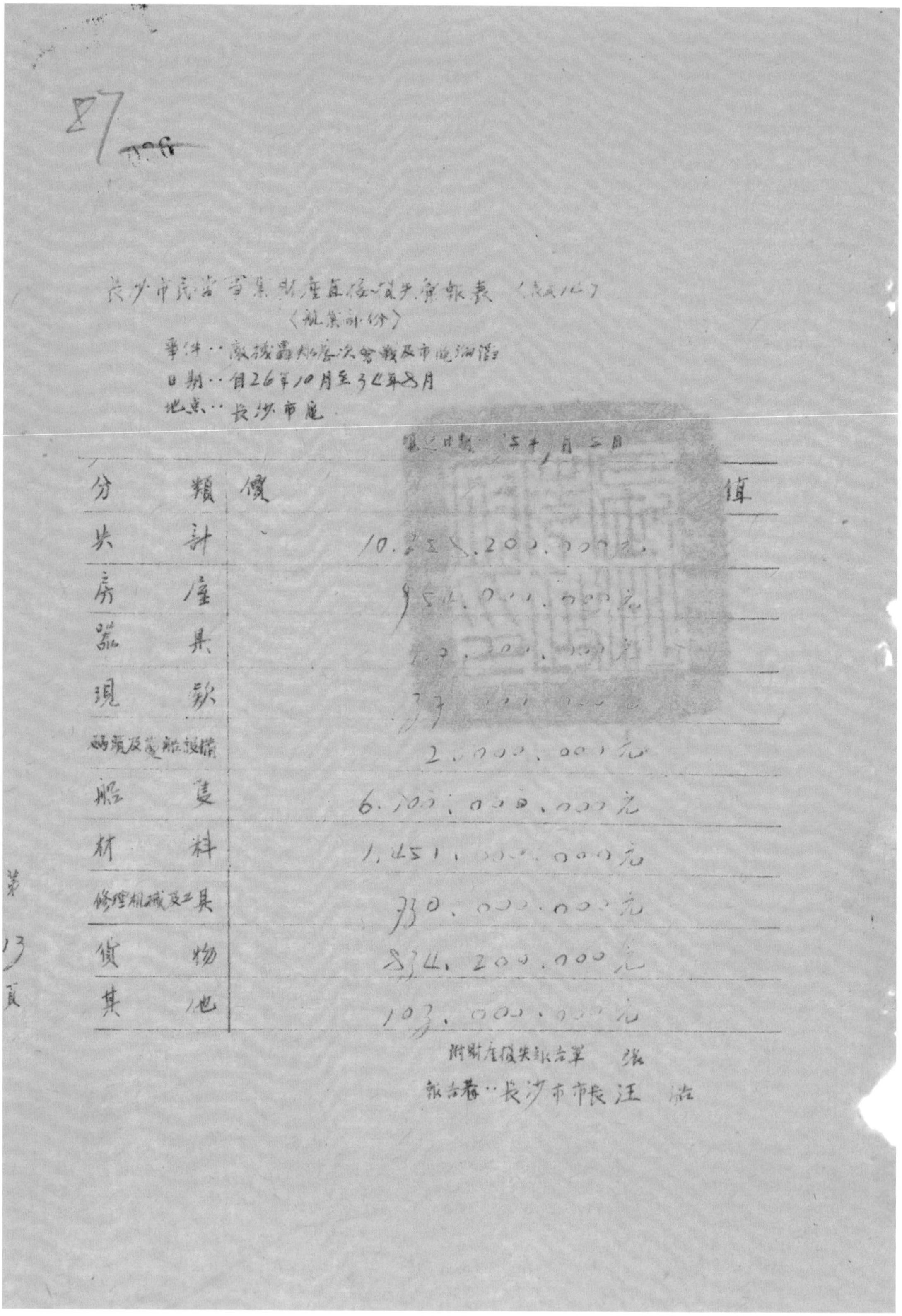

87

长沙市民营事业财产直接损失汇报表（表式14）

（航业部分）

事件：敌机轰炸及三次会战及市区沦陷

日期：自26年10月至34年8月

地点：长沙市区

填送日期：35年 月 日

分类	价值
共计	10,258,200,000元
房屋	854,000,000元
器具	[illegible]
现款	[illegible]
码头及趸船设备	2,000,000元
船只	6,100,000,000元
材料	1,451,000,000元
修理机械及工具	330,000,000元
货物	834,200,000元
其他	103,000,000元

附财产损失报告单 张

报告者：长沙市市长 王 治

第13页

长沙市民营事业财产直接损失汇报表（公用事业部分）（一九四六年七月十五日）

長沙市民營事業財產直接損失彙報表（表式8）

（公用事業部份）

事件：敵機轟炸歷次會戰及市區淪陷

日期：自26年10月至34年8月

地點：長沙市區

	填送日期：35年7月15日
分類	價值
共計	$219,000,000
房屋	40,000,000
器具	10,000,000
現款	0
機械及工具	130,000,000
運輸工具	10,000,000
其他	29,000,000

填財產損失報告單　張

報告者：長沙市市長 [illegible]

长沙市各人民团体及合作社财产直接损失汇报表（一九四六年七月十五日）

长沙市各人民团体及合作社财产直接损失汇报表

事件：敌机轰炸及敌人会战及市区沦陷
日期：自26年10月至34年8月
地点：长沙市区

填送日期：35年7月15日

分类	损失
共计	$224,606,858,000
建筑物	152,737,412,000
器具	50,863,000,000
现款	0
图书	100,000,000
仪器	0
文卷	0
医药用品	50,000,000
其他	20,856,446,000

附财产损失报告单　　张

报告者：长沙市市长 [illegible]

88

重-027

長沙市政府及所屬各機關財產間接損失彙報表 （表式18）

填送日期：三十五年七月十五日

分類	數額
共計	20,201,400元
遷移費	[illegible]5,000元
防空設備費	1,2[illegible]6,400元
疏散費	5[illegible]
救濟費	2,470,000元
撫卹費	1,575,000元

附表　　張

報告者：長沙市市長汪　浩

第14頁

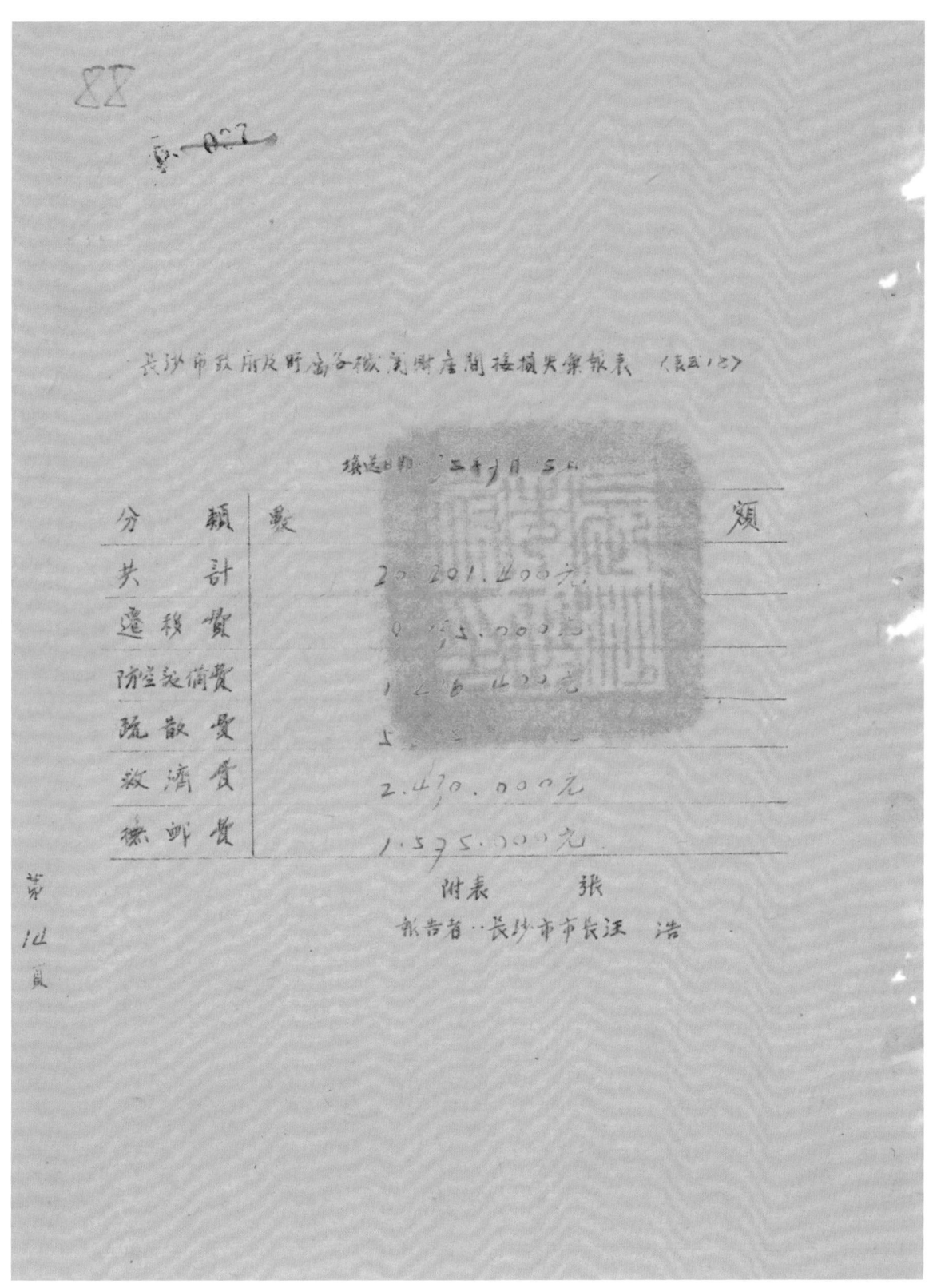

长沙市立中学校财产间接损失汇报表（一九四六年七月十五日）

89

長沙市立中學校財產間接損失彙報表

（表式8）

分類	數額
共計	$450000
遷移費	
防空設備費	300000元
疏散費	150,000
救濟費	0
撫卹費	0

附表　張

報告者長沙市[illegible]

15

90

~~029~~

長沙市各區鎮中心國民學校財產間接損失彙報表（表式18）

填送日期35年7月15日

分類	數額
共計	9,670,000元
遷移費	0
防空設備費	6,582,000元
疏散費	3,088,000元
救濟費	0
撫卹費	0

財表 張

報告者長沙市市長汪 浩

16

长沙市各区镇中心国民学校财产间接损失汇报表（一九四六年七月十五日）

长沙市各保国民学校财产间接损失汇报表（一九四六年七月十五日）

96
長沙市各保國民學校財產間接損失報告表（表式20）
填送日期
分類	數額
共計	
遷移費	
防空設備費	5,567,000元
疏散費	2,778,000元
救濟費	0
撫卹費	0

附表　張
報告者長沙市市長汪
17

长沙市私立小学财产间接损失汇报表（一九四六年七月十五日）

長沙市私立小學財產損失間接報告表（表式18）

填送日期 三五年七月十五日

分類	數額
共計	23,611,200元
遷移費	1,879,200
防空設備費	13,935,000元
疏散費	7,496,000元
救濟費	300,000元
撫卹費	0

填表 張

報告者長沙市市長江

长沙市政府所属各机关员工私有财产间接损失汇报表（一九四六年七月十五日）

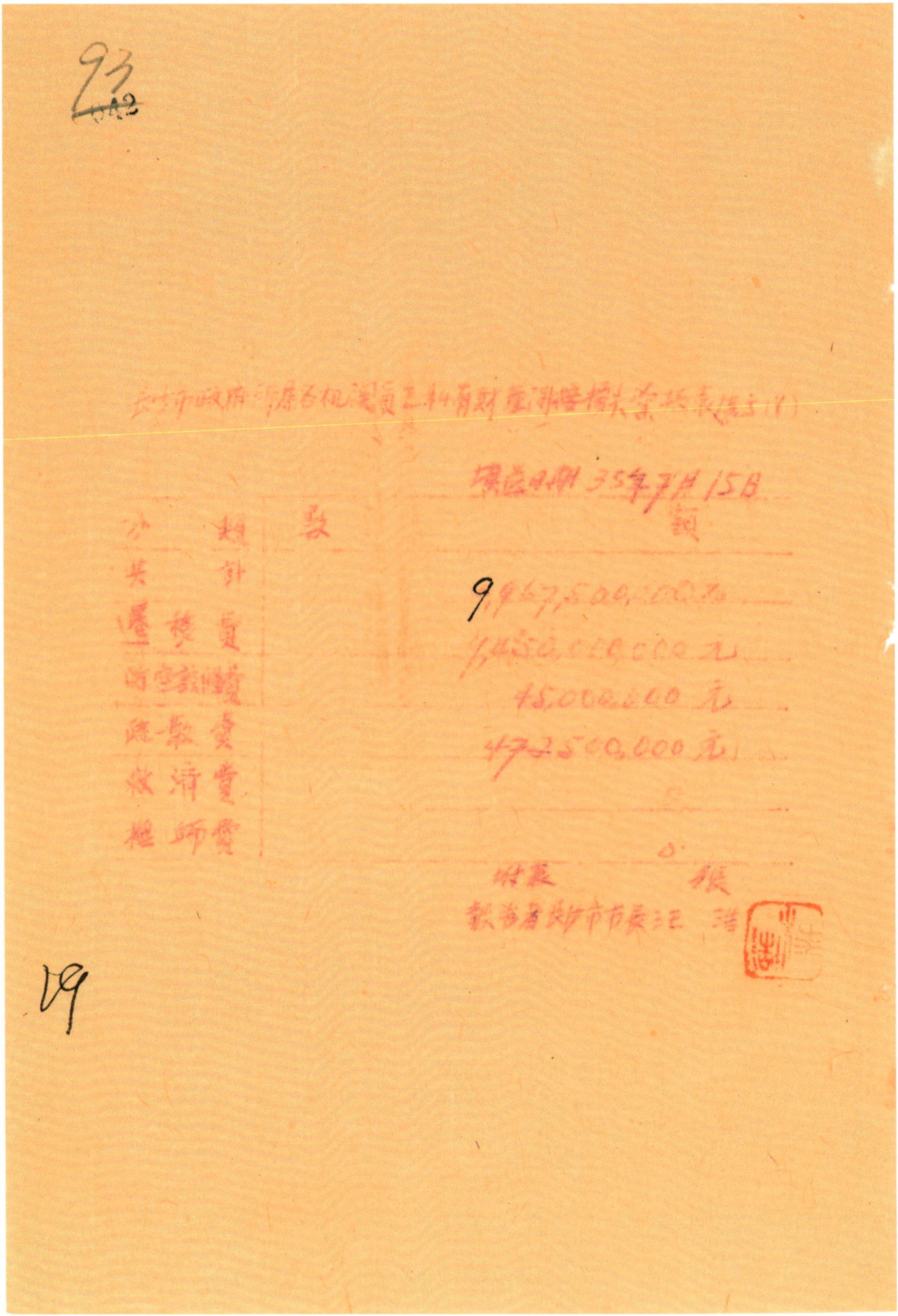

长沙市政府所属各机关员工私有财产间接损失汇报表（表式1？）

报送日期 35年7月15日

分类	数额
共计	9,967,500,000元
迁移费	9,450,000,000元
防空设备费	45,000,000元
疏散费	472,500,000元
救济费	0
抚恤费	0

填表　　　根

报告者长沙市市长汪浩

94

作八区公所

长沙市人民私有财产间接损失报告表（表式18）

民国三十五年七月15日

分类	数额
共计	[illegible]500,000,000元
迁移费	[illegible]100,000,000元
防空设备费	[illegible]00,000,000元
疏散费	4,500,000,000元
救济费	0
抚恤费	0

附表 张

报告者长沙市市长汪

20

长沙市人民私有财产间接损失汇报表（一九四六年七月十五日）

长沙市民营事业财产间接损失汇报表（农业部分）（一九四六年七月十五日）

長沙市民營事業財產間接損失報告表
農業部份

分類	數額
可能生產額減少	
可能獲利額減少	
費用之增加 拆遷費	462,840,000元
費用之增加 防空費	0
費用之增加 救濟費	38,000,000元
費用之增加 撫卹費	0

填表 張
報告者 長沙市市長 王 浩

长沙市民营事业财产间接损失汇报表（工业部分）（一九四六年七月十五日）

长沙市民营事业财产间接损失汇报表（商业部分）（一九四六年七月十五日）

長沙市民營事業財產間接損失報告表（表式17）

分類		數額
可能生產額減少		[illegible]元
可獲純利額減少		41,459578
費用之增加	拆遷費	612,744000元
	防空費	220,217,000元
	救濟費	314,479,000元
	撫卹費	157,140,000元

報告者 長沙市商會

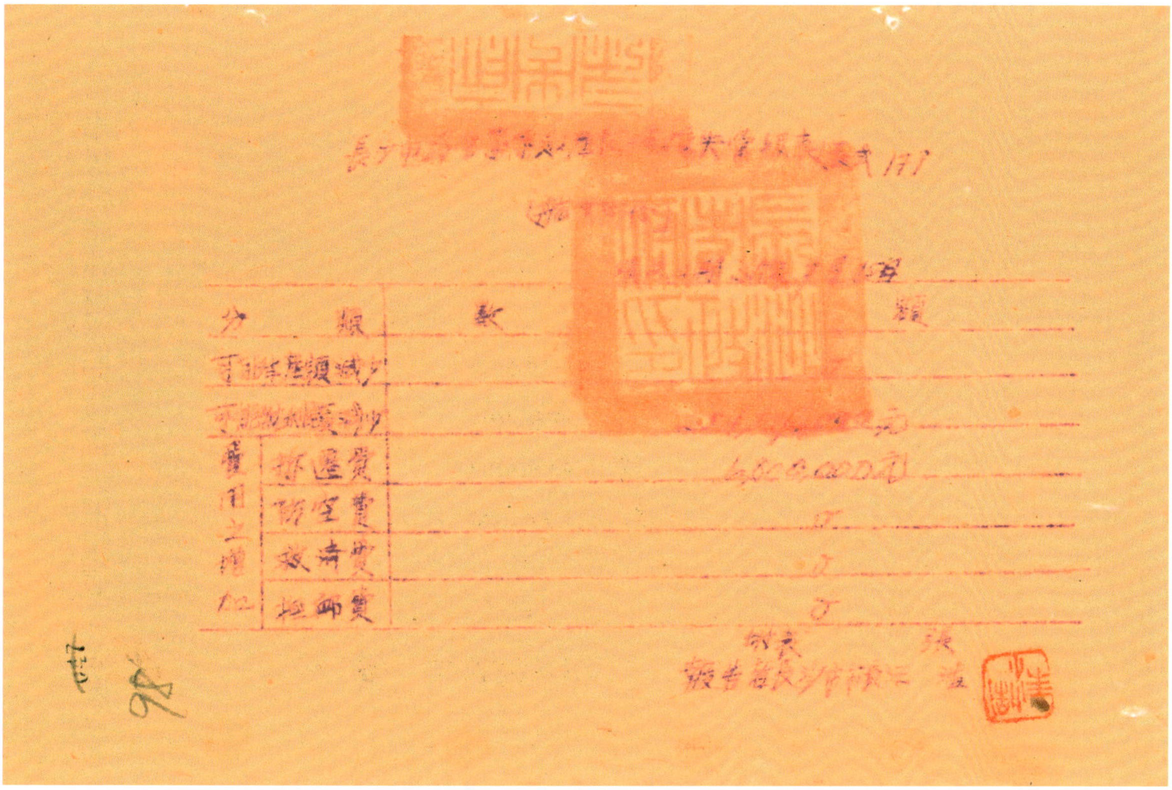

長沙市[illegible]損失報告表 表式17

分類		數額
可能生產額減少		
可獲純利額減少		[illegible]元
費用之增加	拆遷費	6,000,000元
	防空費	〃
	救濟費	〃
	撫卹費	〃

報告者 [illegible] 張澍

長沙市民营事业财产间接损失汇报表（航业部分）（一九四六年七月十五日）

长沙市民营事业财产间接损失汇报表（金融事业〈不包括银行业〉部分）（一九四六年七月十五日）

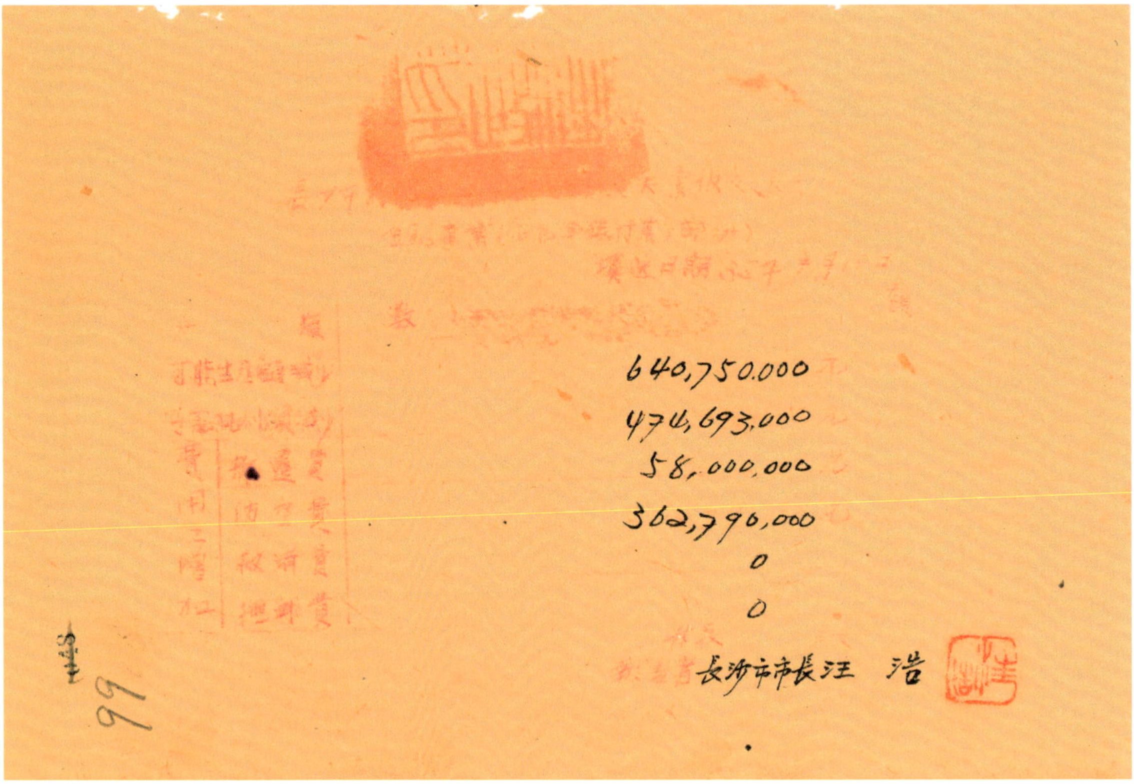

640,750,000
474,693,000
58,000,000
362,790,000
0
0

长沙市市長汪 浩

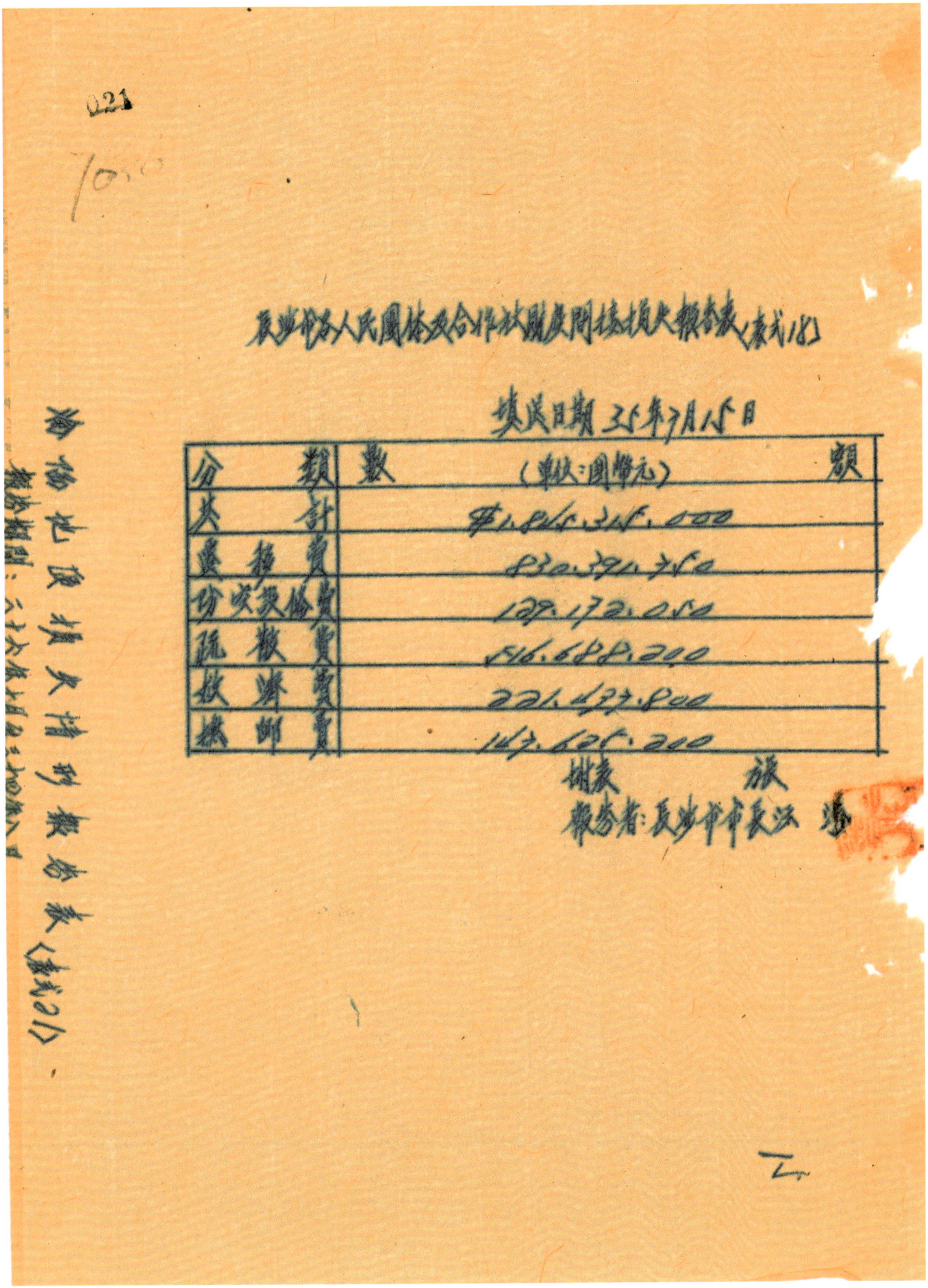

長沙市各人民團体及合作社財產間接損失報告表（表式18）

填送日期 35年7月15日

分類	數額（單位：國幣元）
共計	1,846,345,000
遷移費	830,391,350
防空設備費	109,172,050
疏散費	546,688,200
救濟費	221,427,800
撫卹費	147,605,200

填表 旅

報告者：長沙市市長 王

淪陷地區損失情形報告表（表式21）

长沙市各人民团体及合作社财产间接损失报告表（一九四六年七月十五日）

交通部长沙电信局员工抗战财产损失报告表（一九四七年七月至十一月）

財產損失報告表

填送日期三十六年七月十五日

損失年月	事件	地点	損失項目	購置年月	單位	數量	價值（元）	
							購置時價值	損失時價值
三十三年六月	衡陽大會戰淪陷	衡陽高嶺	三開間住宅	二十八年一月	一座	八間	二千八百元	二十五萬元
仝上	仝上	仝上	箱籠磁器	仝上	六份	三十件	二千三百元	二十萬元
仝上	仝上	仝上	各室內傢俱	仝上	四套	二十五件	一千四百元	一十五萬元
仝上	仝上	仝上	電燈電扇	二十八年六月	電扇二部	燈十五盞	四百元	四萬元
仝上	仝上	仝上	RCA七燈無线電收音机	仝上	連变壓器	一部	一千三百元	八萬元
仝上	仝上	仝上	包車	三十一年三月		一部	五千元	五萬元
仝上	仝上	大西门外半邊街	新渝纱廠股款	二十九年二月	該廠全燬	主持人四散	五萬元	八百萬元
仝上	仝上	火藥街	現代電氣公司股款	二十九年六月	生死人亡	不得而知	二千元	五十萬元
仝上	仝上	大西门内正街	中華行股款	二十九年八月	本人損失	確实	二千元	六十萬元

直轄机關学校團体或事業　受損失者填報者

名稱　印信　姓名　王大濟　[印]　服務處所與所任職務　與受損失者之關係　通信地点　蓋章

財產損失報告表

填表日期卅六年八月一日

損失年月	事件	地点	損失項目	購置年月	單位	數量	價值（元）購置時價值	價值（元）損失時價值
民卅四年五月	撤毁	長沙南門外老龍潭石子冲	住宅	民十九年十月	房屋	一棟	40000元	400000000元
	搗毁	同上	傢具	民十九年十二月	牀	十個	300元	3000000元
					櫃	六張	240元	2400000元
					方桌	三張	60元	600000元
					書桌	四張	80元	800000元
					椅	十二張	48元	480000元
					板凳	八張	24元	240000元
					厨房用具	百件	200元	2000000元

直轄机関学校團体或事業 受損失者 填報者 李士毅（印）

名稱　印信　姓名

服務處所與所任職務

與受損失者之關係

通信地点 長沙電信局蓋章（印）

財產損失報告表

填送日期36年8月4日

損失年月	事件	地点	損失項目	購置年月	單位	數量	價值(元) 購置時價值	價值(元) 損失時價值
卅三年六月	日軍進逼衡陽	衡陽炸燬	房屋及什物	廿九年三月	五间	全棟	$1500.00	$200,000.00
卅三年九月	日軍進逼桂林	桂林北車站	舖捲什物	廿八、廿九年	六床	三捲	$2000.00	$20,000.00
卅三年十月	日軍進逼柳州	柳州城站	衣服等件	廿八、廿九年	不計件	五大箱	$6000.00	$800,000.00
卅三年十月	日軍進逼金城江	金城江車站	衣服等件	卅年	不計件	三大箱	$20,000.00	$800,000.00
卅三年十一月	日軍進逼獨山	獨山汽車站	衣服衣料	卅二年二月	不計件	三大箱	$600,000.00	$1200,000.00
							$629,500.00	$3020,000.00

受損失者 湖南.廣西.貴州電信管理局　長沙電信局業務員舒鉄武（印）

直轄機關學校團体或事業 填報者

名稱　印信　姓名　服務處所與所任職務　與受損失者之關係　通信地点　蓋章

財產損失報告表

填送日期36年8月29日

損失年月	事件	地点	損失項目	購置年月	單位	數量	價值（元）購置時價值	價值（元）損失時價值
27年11月	長沙退却	長沙	呢西装	26年—27年	套	3	#80元	#6,000,000元
"	"	"	"大衣	26年冬	件	1	#75元	#2,000,000元
"	"	"	黑紫羊皮袍	25年秋	"	1	#85元	#2,500,000元
"	"	"	羊皮袍	24"冬	"	1	#50元	#1,500,000元
"	"	"	華生電風扇	26"夏	把	1	#40元	#1,200,000元
"	"	"	皮箱	25-26年	只	2	#16元	" 500,000元
"	"	"	襯衣	26-27年	件	3	#9.60元	" 240,000元
合計								#13,940,000元

直轄机関学校團体或事業 受損失者 前湖南交通部電政管理局王鈞
填報者 （仝上）

名稱 交通部長沙電信局印信　　姓名 局長王鈞 [印]

服務處所與所任職務 交通部長沙電信局局長　與受損失者之關係 本人　通信地点 長沙本局　蓋章

財產損失報告表

填送日期 36年1月 日

損失年月	事件	地点	損失項目	購置年月	單位	數量	價值（元） 購置時價值	價值（元） 損失時價值
26年12月	南京最後留守	南京	全部傢具	民19年至26年	[illegible]	約什30餘件	現時法洋3000万元	現時法洋[illegible]万元
〃	〃	〃	〃什物	〃	〃〃個	〃40〃〃	〃1250〃	〃1,000〃
〃	〃	〃	〃衣服行李	〃	件	不下200餘件	〃1500〃	〃1200〃
27年11月12日夜	長沙市大火	長沙	傢具衣物	旧有及新置	[illegible]	〃数批	〃750〃	〃600〃
28年[illegible]月	湘北一次會戰	〃	〃	〃	〃	〃数十件	〃500万元	〃400〃
30年〃	〃二〃	〃	〃	〃	〃	〃〃	〃500〃	〃400〃
〃12月	〃三〃	〃	〃	〃	〃	〃〃	〃250〃	〃200〃
33年4〃	〃四〃	〃	〃	〃	〃	〃〃	〃250〃	〃200〃
合計							〃8000万元	〃〈6,100〉万元

直轄机關學校團体或事業 受損失者 交通部有線電務員劉燾
填報者 〃

名稱 電務員 印信 姓名 劉燾

服務處所與所任職務 交通部長沙電信局收發工作

與受損失者之關係 本人

通信地点 長沙電信局總務課

蓋章

財產損[illegible]報告表

填送日期 3[illegible] 8月 日

損失年月	事件	地点	損失項目	購置年月	單位	數量	價值（元） 購置時價值	價值（元） 損失時價值
27年11月[illegible]	長沙大火	長沙	全部傢具衣物	旧有	[illegible]張具傢具	約70件	〈700〉万元	〈650〉万元
33年6月	衡陽撤退	衡陽	〃 〃	〃	〃	〃80〃	〈2000〉万元	〈1600〉万元
合计							〈2700〉萬元	〈2250〉萬元

直轄機關學校團体或事業：受損失者充通部有線報務員陳[illegible]良

填報者：〃

名稱 報務員　印信　姓名 陳哲良

服務處所與所任職務：長沙電信局分局會乃料棧管理員　受損失者之關係：本人及眷屬　通信地点：长沙電信局材料股轉

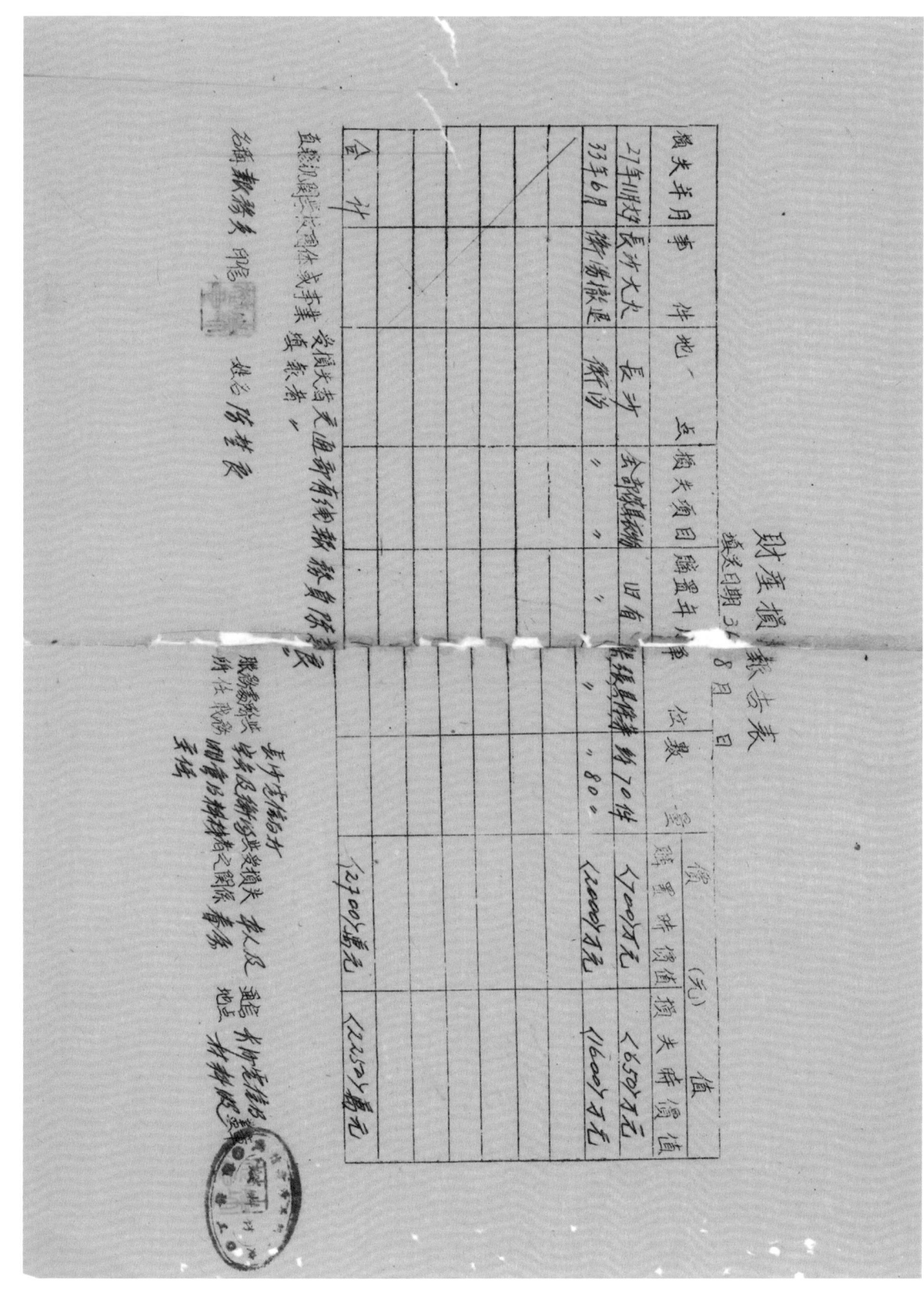

財產損失報告表

填送日期36年9月1日

損失年月	事件	地點	損失項目	購置年月	單位	數量	價值（元）購置時價值	價值（元）損失時價值
33年9月	長沙四次會戰由長沙疏散至汝華	汝華縣城	棉被	28年8月	張	2		560,000元
			卡機中山服	〃 〃	套	3		1,200,000元
			華大呢夏服	〃 〃	〃	1		800,000元
			藍嗶嘰西服	26〃	〃	4		3,200,000元
			毛細呢夾大衣	〃	件	1		1,400,000元
			羊毛蓋毯	〃	條	1		700,000元
			雨衣皮鞋等					400,000元
合計								8,260,000元

直轄機關學校團体或事業 受損失者 填報者 交通部長沙電信局鍾振之

名稱　印信　姓名

服務處所與所任職務 長沙電信局　與受損失者之關係 係局　通信地點 本局　蓋章

財產損失報告表

填送日期　年　月　日

損失年月	事件	地点	損失項目	購置年月	单位	數量	價值（元）	
							購置時價值	損失時價值
								400元

直辖机関学校團体或事業　受損失者　填報者

名稱　　印信　　姓名　　服務處所與所任職務　　與受損失者之関係　　通信地点　　蓋章

財產損失報告表

填送日期36年11月10日

損失年月	事件	地点	損失項目	購置年月	單位	數量	價（元）值 購置時價值	損失時價值
廿七年十一月十二	長沙大火	長沙	全部傢具衣物	舊有	架張具條件	八十餘件	伍佰餘萬元	肆佰餘萬元
卅三年九月六日	因敵陷零陵	[illegible]區江華行至[illegible][illegible][illegible]被劫	衣被什物等件	舊有及陸續購置	箱件條張具	六十餘件	貳千餘萬元	貳千餘萬元
							貳千伍佰餘萬元	貳千肆佰餘萬元

直轄机關學校團体或事業　受損失者　交通部長沙電信局業務員李鎧
填報者

名稱　業務員印信　　姓名　李鎧（印）　　服務處所與所任職務　　與受損失者之關係　本人及眷屬子女　　通信地点　長沙電信局業務課　　蓋章

財產損失報告表

填送日期36年11月12日

損失年月	事件	地点	損失項目	購置年月	單位	數量	價(元)值	
							購置時價值	損失時價值
37,11,12	長沙大火	長沙市湘江街	房屋一棟	十六年五月	一棟	十二間	4,000元	2,0000,0000元
33,5,	長沙淪陷	東鄉烏南山	傢具	十二年至廿年	全屋家具	不計件	1,600元	80000000元
33,6,	邵陽淪陷	邵市二府街	衣服行李	廿七年至卅年	六箱	不計件	800元	40000000元

直轄機關學校團体或事業 受損失者 填報者

名稱 長沙電信局 印信　姓名 徐 琿 [印]

服務處所與 長沙電信局 與受損失 者之關係　所任職務 業務員

通信地点 長沙電信局　蓋章

財產損失報告表

填送日期 36年11月12日

損失年月	事件	地点	損失項目	購置年月	單位	數量	價值（元）	
							購置時價值	損失時價值
32年11月间	常德淪陷	常德河洑鎮	服裝傢具	20年—31年	五箱	不計件	1700元	8500萬元

直轄机關學校團体或事業　受損失者　填報者

名稱 交通部長沙電信局　印信　　姓名 熊輝

服務處所與所任職務 常德電信局報務員　與受損失者之關係　通信地点 長沙電信局　蓋章

交通部长沙电信局一九四四年五月长沙会战疏散机料损失清单（时间不详）

存底

當文206號附件

交通部長沙電信局卅三年五月長沙會戰疏散機料損失清單

87

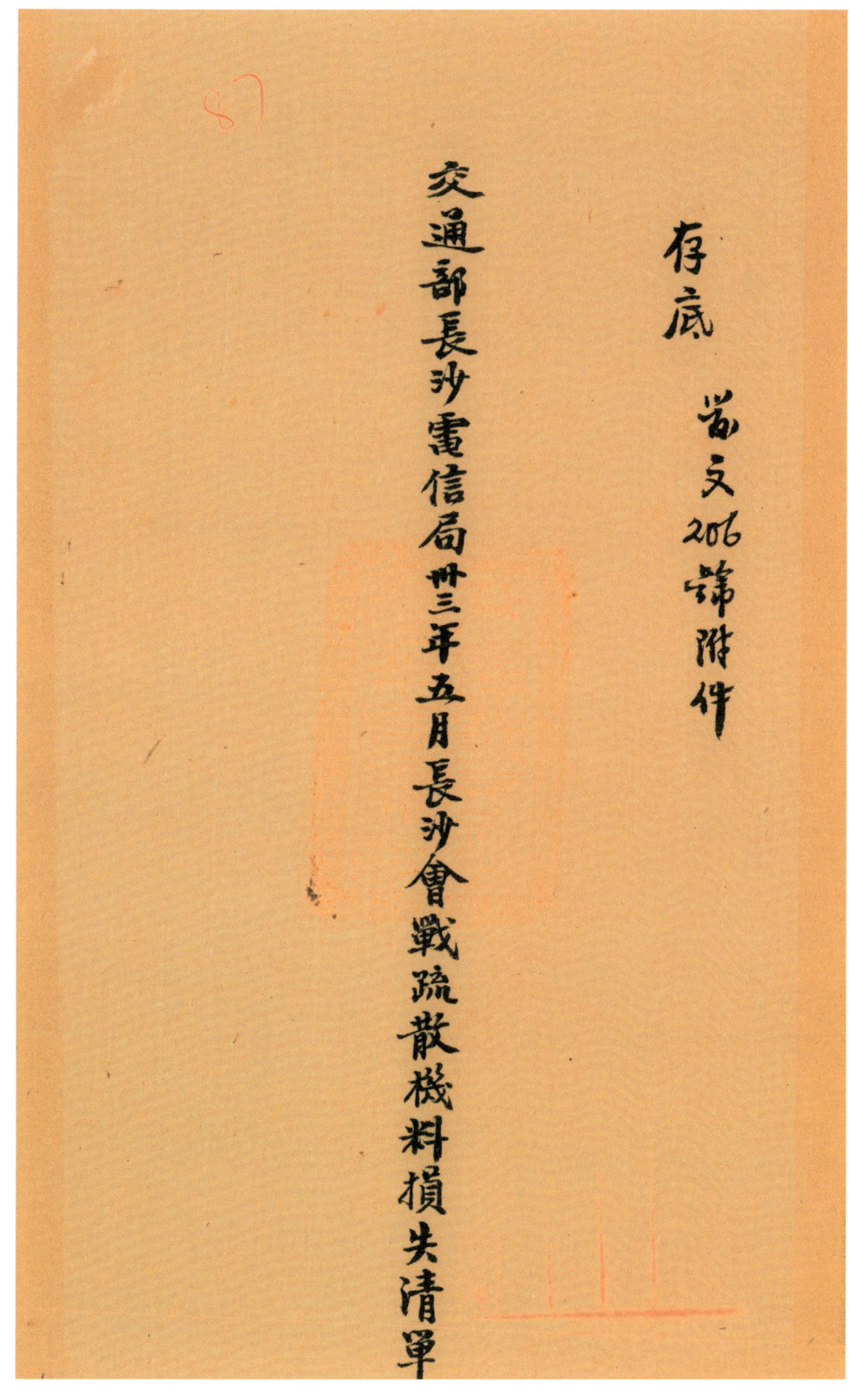

48

長沙電信局卅三年五月長沙會戰疏散搶救損失清單

名稱	單位	原有數量	疏散數量：湘潭	疏散數量：衡陽	疏散數量：邵陽	疏散數量：湘鄉	疏散數量：寶慶	到達地點及數量：湘潭	到達地點及數量：衡陽	到達地點及數量：零陵	到達地點及數量：邵陽	到達地點及數量：湘鄉	到達地點及數量：新化	到達地點及數量：溆浦	損失數量	附註
消磁機件																
裝天線機械	部	4	1	1		2		1	1				1		1	[illegible]未曾損失
濾波收報機	〃	3	1	1		1		1	1							〃（另有[illegible]部[illegible]）
波長試驗器	〃	3	1	1		1		1	1						1	〃
〃試驗器	〃	4	1	2		1		1	2						1	〃
雙流電鍵	具	3	1	1		1		1	1						1	〃
試路驗電表	〃	3	1			2		1					2			〃
管鉗	〃	4	1	1		2		1	1				1		1	〃

名稱	單位	原有數量	疏散地點數量 湘潭	衡陽	邵陽	湘鄉	留守	到達地點及數量 湘潭	衡陽	零陵	邵陽	湘鄉	新化	漵浦	損失數量	附註
警鈴繼電器	具	2	1			1		1					1			疏散湘潭係張友誠押。
膠木機	〃	3	1	1		1		1	1						1	疏散湘潭係張友誠押，衡陽係黃常照押，湘潭損失
圓形抵抗器	〃	3		1		2			1				2			〃
水銀整流器	〃	1		1					1							〃
凝電器	〃	1		1					1							〃
電池抵抗器	〃	1		1					1							〃
單頭式轉換器	〃	1		1					1							〃
緩流線圈	〃	1		1					1							〃
鑽孔機	部	9	2	4		3		2	4				3			〃

名称	单位															备注
打字機	部	3		2		1				1	1				1	[illegible]
算字機	〃	3		1		1	1			1			1	1		湘水淹失
有線電話機	具	1		1						1						〃
米厘安培表	〃	1		1						1						〃
標準繼電器	〃	1		1						1						〃
鑽孔機銅鏈	副	1	1	1		2			1	2				2		〃 湘潭[illegible]
100伏打電表	只	1		1						1						〃
六號交換器	〃	1				1								1		
橋式測量器	〃	1		1							1					
電鑽	〃	1													1	湘水淹失

名稱	單位	原有數量	流散地點數量：湘潭	衡陽	邵陽	湘鄉	甯鄉	到達地點及數量：湘潭	衡陽	零陵	邵陽	湘鄉	新化	[illegible]	遺失數量	附註
圖式步門保安器	具	1				1							1			
轉送機關	〃	1				1							1			
電[illegible]鈴	只	[illegible]												[illegible]	1	[illegible]
[illegible]交換器	〃	1					[illegible]								[illegible]	
蜂鳴器	〃	1					[illegible]								1	
[illegible]換接開關	〃	[illegible]					[illegible]								[illegible]	一
[illegible]																
[illegible]電話機	架	2		1	1	1				1	1	1				[illegible]
[illegible]電話機	架	3		1	1	1				1	1	1				〃

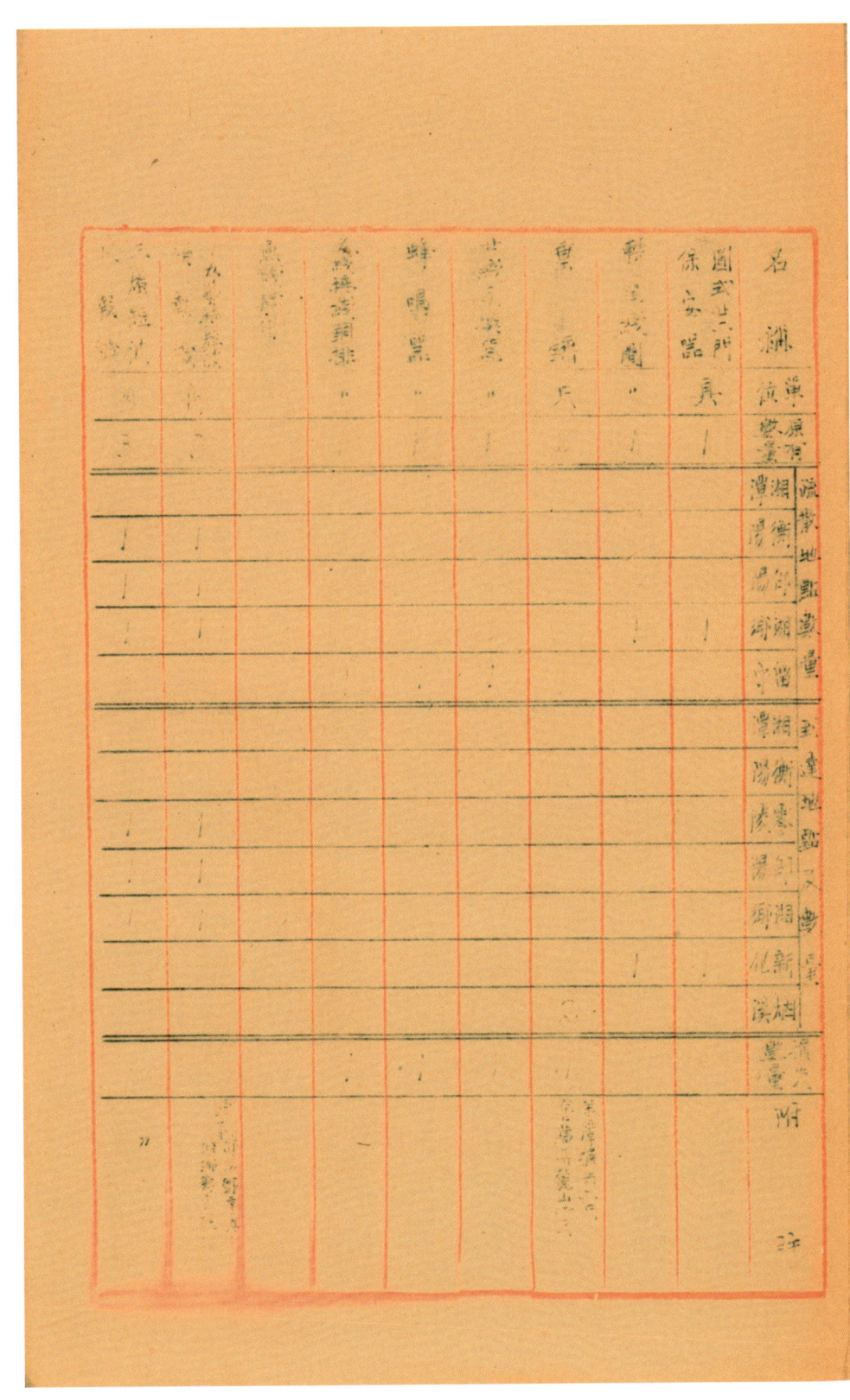

手搖發電機連鐵架	部	3		1	1	1				1	1	1				流散衡陽易家灣地 湘潭蕭家凱地
波長表	〃	2		1	1	1				1	1	1				〃
電鍵	只	4		1	2	1				1	2	1				〃
聽筒	副	6			4	2					4	2				〃
聽筒插子	只	3			1	1	1				1	1			1	〃
燈線	〃	3		1	1	1				1	1	1				〃
電瓷夾連架	〃	4			2	2					2	2				〃
發報天線	嗒	3		1	1	1				1	1	1				〃
收〃	〃	3		1	1	1				1	1	1				〃
香蕉插頭	只	2				2						2				〃

名稱	單位	原有數量	疏散地點數量 湘潭	疏散地點數量 衡陽	疏散地點數量 邵陽	疏散地點數量 湘鄉	疏散地點數量 留守	到達地點及數量 湘潭	到達地點及數量 衡陽	到達地點及數量 零陵	到達地點及數量 邵陽	到達地點及數量 湘鄉	到達地點及數量 新化	到達地點及數量 姑溪	損失數量	附註
花線	碼	6				6						6				存東湘分館[illegible]
銅鈴	只	1				1						1				〃
組電器	〃	3		3						3						
擴音器	〃	10		10						7					3	
小膠皮線	尺	110		110						110						
舊軟膠皮線	段	1		1						1						
磁頭電子	只	2		2						2						
鉄[illegible]	〃	1		1						1						
電鈴	〃	5		5						5						

71

	双響鬧鐘	膠木卜落	[illegible]絲	[illegible]盤	電話機件	墻話機	〃〃〃	〃〃〃	四門磁石交換機	50〃〃〃〃〃
	只	〃	〃	〃		部	〃	〃	〃	〃
	1	3	4	1		17	11	2	1	1
						8	4			1
							1			
						9	3	1	1	
	1	3	4	1			3	1		
							1			
						1	4			
						7		1		1
							1			
						1				
						5	1	1	1	
	~~1~~	~~3~~	~~4~~	~~1~~						
	1	3	4	1		3	4			
備考						抗戰衡陽內營舖撤出六部淪陷，內鄭宗勳一部，四通港失去一部，外中央社湘鐘長沙縣政府各一部未收回	抗戰衡陽出部黃鎮撤退時淪陷六部，鄭序興押，外四通港顧去一部，中央銀行一部未收回	送交委員會		

名稱	單位	原有數量	疏散地點數量 湘潭	疏散地點數量 衡陽	疏散地點數量 邵陽	疏散地點數量 湘鄉	疏散地點數量 留守	到達地點及數量 湘潭	到達地點及數量 衡陽	到達地點及數量 零陵	到達地點及數量 邵陽	到達地點及數量 湘鄉	到達地點及數量 新化	到達地點及數量 烟溪	損失數量	附註
100門交換機	部	1		1						1						
120門配線架 運轉電機	〃	1		1						1						
話務頭戴 傳受話器	具	1		1						1						
交直流電表	只	1		1						1						
[illegible]鈴 直流電鈴	〃	1		1											1	
十門双鈴 避雷器	〃	1					1								1	
20對保安器	〃	3					3								3	
保安器	〃	4					4								4	
擴音機	部	1		1											1	

82

有線電具						
活動扳頭	把	1	1		1	〃
起子器	〃	1			1	已壞
6"三角銼	〃	1	1		1	〃
8"細平銼	〃	2	1	1	2	留守一把已壞
6"〃〃	〃	1	1		1	
6"旋螺鑽	〃	1		1	1	已壞
5"剪紋刀	〃	4		4	4	〃
中號鉗子	〃	2	2		2	
竹葉銼	〃	1	1		1	

名稱	單位	原有數量	現存地點數量 湘潭	現存地點數量 衡陽	現存地點數量 邵陽	現存地點數量 湘鄉	現存地點數量 留守	到達地點及數量 湘潭	到達地點及數量 衡陽	到達地點及數量 零陵	到達地點及數量 邵陽	到達地點及數量 湘鄉	到達地點及數量 新化	到達地點及數量 [illegible]溪	損失數量	附註
小鋼榔頭	只	1				1									1	
5"細平銼	把	1				1									1	
5"細平頭木銼	"	1				1									1	
6" " " "	"	1				1									1	
大號起子	"	1		1					1							遺留原處
6"剪鉗	"	1		1					1							"
鐵錘	只	1		1					1							"
烙鐵	"	1		1					1							"
長毛刷	把	2		2					2							"

六角細白油石	條	1		1					1						黃瑞熙帶
火油燈	只	1		1					1						"
8"扁平錐	把	2		2					2						"
6"尖頭粗錐	"	2		2					2						"
4"三角錐	"	1		1					1						"
手搖鑽	"	1		1					1						"
尖嘴鉗	"	2		2					2						"
6"新錐	"	2				2								2	
4" "	"	2				2								2	
小鑽頭	只	2				2								2	

名稱	單位	原有數量	疏散地點數量：湘潭	疏散地點數量：衡陽	疏散地點數量：邵陽	疏散地點數量：湘鄉	疏散地點數量：留守	到達地點數量：湘潭	到達地點數量：衡陽	到達地點數量：零陵	到達地點數量：邵陽	到達地點數量：湘鄉	到達地點數量：新化	到達地點數量：烟溪	損失數量	附註
無線電工具																
噴燈	只	1					1								1	
15"手搖鑽	把	1					1								1	
鉧鐵	〃	3		1	1	1					1	1			1	邵陽鄉彥興帶 湘鄉鄭家龍帶
中號鉗子	〃	2			1	1					1	1				〃
小〃〃〃	〃	2			1		1				1				1	〃
12"平圓銼	〃	1			1						1					〃
10"起子	〃	1			1						1					〃
尖頭鉗	〃	2			1	1					1	1				〃

三磅榔頭	只	1				1						1				鄭宗凱帶
銲錫糊	盒	1				1						1				"
6"剝殼鉗	把	1			1						1					鄭序興帶
小竹刀	"	1			1						1					"
銅錐	只	2			1	1					1	1				鄭序興帶 鄭宗凱帶
市話工具																
手提汽油噴燈	只	1		1						1						
6"木銼	把	1		1											1	
6"起子	"	3		3											3	
特殊用剪鉗	"	2		2											2	

名稱	單位	原有數量	疏散地點數量：湘潭	衡陽	祁陽	湘鄉	留守	到達地點及數量：湘潭	衡陽	零陵	祁陽	湘鄉	新化	溆浦	損失數量	附註
8" 粗平銼	把	1		1											1	
4" 起子	〃	3		3											3	
50呎皮帶尺	盤	1		1						1						
12" 鋼剪鉗	把	1		1						1						
手錘	〃	2		2						2						
10" 起子	〃	1		1						1						
12" 〃 〃	〃	1		1						1						
平頭鉗	〃	.		1						1						
鏇工刀	〃	1		1						1						

95

洋鉄槽	只	1	1	1
洋鉄桶	只	2	2	2
洋鉄盘	只	3	3	3
小鉄罐	个	1	1	1
扁灿灯	根	2	2	2
鉄锅	只	1	1	1
白蜡	块	1	1	1

名稱	單位	原有數量	疏散地點數量：湘潭	疏散地點數量：衡陽	疏散地點數量：邵陽	疏散地點數量：湘鄉	疏散地點數量：留守	到達地點及數量：湘潭	到達地點及數量：衡陽	到達地點及數量：零陵	到達地點及數量：邵陽	到達地點及數量：湘鄉	到達地點及數量：新化	到達地點及數量：[illegible]	損失數量	附註
報房材料																
羊皮紙條	盤	1295	100	400		700	95	100		300				700	195	
波紋〃〃	〃	622	50	100		400	72	50						100	472	
簾白〃〃	〃	80		17			63								80	
油印〃〃	〃	174				174								174		
真機〃〃	〃	155		100			55			90					65	
貼報紙	本	290	20			200	70	20							270	
來〃〃	張	13300		8000			5300			8000					5300	
去〃〃	〃	1700					1700								1700	

86

洋式報紙	普通信封	郵轉" "	專送" "	郵轉報送電簿	甲乙種流水單	小號寫紙	兩双" "	吸墨紙	兩双複紙寫
張	只	"	"	本	張	"	"	"	"
1400	34200	400	800	3	4071	255	5500	39¾	477
					20				
	320	400	800	3	3700			39	
1400	30000					255	5500		
	6000				351			¾	477
					20				
	3200								
							3000		
1400	36000	400	800	3	4051	255	2500	39¾	477

名稱	單位	原有數量	疏散地點數量：湘潭	衡陽	邵陽	湘鄉	留守	到達地點及數量：湘潭	衡陽	零陵	邵陽	湘鄉	新化	[illegible]	損失數量	附註
鋼筆桿	支	6					6							6		
〃〃尖	個	2					2								2	
藍墨水	小瓶	19				17	2								19	
紅藍鉛筆	支	3					3							1	2	
鉛筆	〃	163					163							60	103	
打字機帶	根	7				7									7	
電碼新編	本	7				7									7	
公電密語	〃	3				3									3	
標簽紙	張	17					17								17	

87

特快去報處理手續標簽紙	〃來〃〃〃	流水號簿	報差共數稽查表	派送單	報差成績表	退回時刻表	報條保證書	業務通告	去報號數單
張	〃	〃	〃	〃	〃	〃	〃	〃	〃
4700	1200	179	99	1770	120	150	100	700	400
					120	150	100		400
				70000					
4700	1200	179	99	1770				700	
4700	1200	179	99	1770	120	150	100	700	400

名稱	單位	原有數量	疏散地點數量：湘潭	疏散地點數量：衡陽	疏散地點數量：邵陽	疏散地點數量：湘鄉	疏散地點數量：留守	到達地點及數量：湘潭	到達地點及數量：衡陽	到達地點及數量：零陵	到達地點及數量：邵陽	到達地點及數量：湘鄉	到達地點及數量：新化	到達地點及數量：烟溪	損失數量	附註
快燃墨水	磅	7				7								3½	3½	
真燃墨油	瓶	49				49								21	28	
焊糊	公斤	6/100					6/100								6/100	
焊錫	〃	4½		4½						4½						
鐘機油	瓶	2				2									2	
膠粉	公斤	20½	3			5	12½	3							17½	
錊條	支	322		300			22			300					22	
樟腦	公斤	62¼		36			26¼			36					26¼	
玻璃瓶	只	367		264		78	[illegible]			264					78	

48

黄砂罐	只	104		83			26		109
1.5寸圆乾電	〃	125					125		125
[illegible]分〃〃	〃	6				1	5		6
粗細砂布	張	9				9			9
傢具表	〃	86		86					86
職工動態集報表	〃	628		628					628
員工請假登記表	〃	80		80					80
職工獎懲登記表	〃	80		80					80
員工家屬人數住址調查表	〃	180		180					180
員工登記表	〃	200		200					200

名稱	單位	原有數量	疏散地點數量：湘潭	疏散地點數量：衡陽	疏散地點數量：邵陽	疏散地點數量：湘鄉	疏散地點數量：留守	到達地點及數量：湘潭	到達地點及數量：衡陽	到達地點及數量：零陵	到達地點及數量：邵陽	到達地點及數量：湘鄉	到達地點及數量：新化	到達地點及數量：溆浦	損失數量	附註
工人登記表	張	250		250											250	
差役調查表	〃	120		120											120	
職工名冊	〃	50		50											50	
甲職工服務成績表（首）	〃	101		101											101	
〃〃〃（次）	〃	227		227											227	
乙〃〃	〃	50		50											50	
非常時期〃〃	〃	132		132											132	
分路業務日結表	〃	400		400											400	
〃〃〃月〃〃	〃	380		380											380	

88

分綫報務月結表	測量日記表	信機〃〃	中繼測表	業務電話工作情形調查表	業務速率表	回線機件調查表	話線情形日報表	來去轉軍政要電稽延調查表	來去轉軍政要電登記表
張	〃	〃	〃	〃	〃	〃	〃	〃	〃
18	2300	732	231	200	205	23	300	543	420
18	2300	732	231	200	205	23	300	543	420
18	2300	732	231	200	205	23	300	543	420

名稱	更正單	接局查詢電報單	收發公文登記單	電報錯誤稽查登記單	職津報告表	營業職務勤查報告表	員工請假報告表	員工值班報告表	員工加班報告表
單位	張	〃	〃	〃	〃	〃	〃	〃	〃
原有數量	400	486	422	342	3	250	500	46	79
疏散地點數量 湘潭									
疏散地點數量 衡陽	400	486	422	342	3	250	500	46	79
疏散地點數量 邵陽									
疏散地點數量 湘鄉									
疏散地點數量 留守									
到達地點及數量 湘潭									
到達地點及數量 衡陽									
到達地點及數量 零陵									
到達地點及數量 邵陽									
到達地點及數量 湘鄉									
到達地點及數量 新化									
到達地點及數量 溆浦									
損失數量	400	486	422	342	3	250	500	46	79
附註									

100

集力出具收據	〃〃月報表	划力條	調派路程單	眷屬〃〃	員佐調派通知單	〃〃路程單	川旅費報告單	領付回報費憑單	軍用五碼電報掛號表
本	張	〃	〃	〃	〃	〃	〃	本	張
104	524	300	726	28	476	46	1509	8	448
104	524	300	726	28	476	46		8	448
							1509		
104	524	300	726	28	476	46	1509	8	448

名稱	單位	原有數量	疏散地點數量：湘潭	疏散地點數量：衡陽	疏散地點數量：祁陽	疏散地點數量：湘鄉	疏散地點數量：留守	到達地點及數量：湘潭	到達地點及數量：衡陽	到達地點及數量：零陵	到達地點及數量：祁陽	到達地點及數量：湘鄉	到達地點及數量：新化	到達地點及數量：烟溪	損失數量	附註
電綫被竊登記表	張	50		50											50	
電報掛號期滿通知箋	〃	142		142											142	
特快去報需時統計表	〃	300		300											300	
〃來〃	〃	300		300											300	
無綫電台每日工作情形報告表	〃	324		320			4								324	
無綫電通報狀況表	〃	659		659											659	
〃時間表	〃	1145		1145											1145	
保管及備用電子管收支情形表	〃	90		90											90	
發訊電子管實用壽命紀錄表	〃	90		90											90	

〃綫費用細數表	用料報告表	〃修〃〃	綫路障碍表	〃〃月報表	〃護報告表	派工單	機件領料單	印刷品領料單(一)	〃〃(二)
張	〃	〃	〃	〃	〃	〃	〃	〃	〃
126	209	478	396	108	410	490	22	57	28
126	209	478	396	108	410	490	22	57	28
126	209	478	396	108	410	440	22	57	28

名稱	領料單	收〃	發〃	繳〃	移轉單	材料報告表	保管材料數量清單	材料分類賬	機件調查表
單位	本	〃	〃	〃	〃	張	〃	〃	〃
原有數量	4	14	1	2	4	300	293	850	16
現存地點數量 湘潭									
衡陽	4	14	1	2	4	300	293	850	16
郃陽									
湘鄉									
留守									
至運地點及數量 湘潭									
衡陽									
零陵									
郃陽									
湘鄉									
新化									
煙溪									
損失數量	4	14	1	2	4	300	293	650	18
附註									

102

工具調查表	材料運費月報表	運費詳表	印刷費〃〃	護照統計表	填發國內轉口免稅證照月報表	材料結存報告表	領款收據	話貨日記簿	劃撥單
張	〃	〃	〃	〃	〃	〃	本	張	本
50	63	116	125	80	57	1185	13	298	16
50	65	110	125	80	57	1185	13	298	16
		6							
50	63	116	125	80	57	1185	13	298	16

名稱	單位	原有數量	疏散地點數量：湘潭	衡陽	邵陽	湘鄉	常寧	到達地點及數量：湘潭	衡陽	零陵	邵陽	湘鄉	新化	烟溪	損失數量	附註
劃撥款項明細表	張	20		20											20	
新工表	〃	70		70											70	
工餉表	〃	177		177											177	
逐日營業報告表	〃	100		100											100	
撥款請示表	〃	384		384											384	
存款四聯單	〃	12		12											12	
新式〃〃〃	〃	7		7											7	
本類分戶詳表	〃	538		538											538	
雜項現金收送存隨局分類詳表	〃	70		70											70	

103

逐日現金收支儲匯局報請清單	儲存儲匯局各項收支月報表	資產負債分户詳表	四柱分户詳表	員工薪水分目詳表	實支數分目詳表	雜項分目詳表	收支盈虧月報表	庫存表	實支表
張	〃	〃	〃	〃	〃	〃	〃	〃	〃
50	80	375	443	243	30	200	514	160	100
50	80	375	440	243	30	200	514	160	100
			3						
50	80	375	443	243	30	200	514	160	100

名稱	單位	原有數量	疏散地點數量 湘潭	疏散地點數量 衡陽	疏散地點數量 邵陽	疏散地點數量 湘鄉	疏散地點數量 留守	到達地點及數量 湘潭	到達地點及數量 衡陽	到達地點及數量 零陵	到達地點及數量 邵陽	到達地點及數量 湘鄉	到達地點及數量 新化	到達地點及數量 辰溪	現存數量	附註
郵票支用清單	張	30		30											30	
發票	"	180		180											180	
出勤人員車費支用清單	"	131		128			3								131	
收支月結表	"	80		80											80	
職員生活補助費清冊	"	420					420								420	
報費收據	本	1557		1500		37	20			750					807	
電報回執	"	900				800	100								900	
退補費收據	"	82		82											82	
報費稽核單	"	13		12			1								13	

104

國内去報冊 面 頁	國内去報次字數統計表	〃去〃	國内來報冊	〃〃清單	電報掛號憑照	通知單	無法投遞電報招領通知箋	查電不合規定通知箋	發收簿
〃	〃	〃	〃	張	本	〃	張	〃	本
243	340	7000	6500	200	1	480	160	13	62
243	340	7000	6500	200	1	480	160	13	
									62
243	340	7000	6500	200	1	480	160	13	62

名稱	單位	原有數量	疏散地點數量					到達地點及數量							損失數量	附註
			湘潭	衡陽	邵陽	湘鄉	留守	湘潭	衡陽	零陵	邵陽	湘鄉	新化	烟溪		
國際去報冊面頁	張	44		44											44	
國際去報冊	〃	470		470											470	
官軍電報費月報表	〃	260		260											260	
軍電料費餘欠清單	〃	3380		3380											3380	
軍電字數甲乙種詳表	〃	100		100											100	
記賬報費清單	〃	985		985											985	
收報人付費電報清單	〃	150		150											150	
須付報費欵電聲請書	〃	200		200											200	
須付報費收據連存根	本	2		2											2	

報費清單連收據	公對電報機關徵付預存報費報告表	虎鉗	黏紙輪	齒輪封口器	電瓶抵抗線	鑷子鉗	竹葉銼	1/8鑽頭	3/16〃〃
本	張	把	具	〃	根	把	〃	支	〃
30	90	1	2	2	6	1	1	1	1
30	90	1							
			1	2	6	1	1	1	1
			1						
		1							
1			1	2	1			1	1
30	90		1		6	1	1		

名稱	單位	原有數量	疏散地點數量：湘潭	衡陽	祁陽	湘鄉	留守	到達地點及數量：湘潭	衡陽	零陵	祁陽	湘鄉	新化	烟溪	損失數量	附註
6" 鋼剪鉗	把	1				1									1	
8" 粗平銼	〃	1				1							1			
6" 〃 〃	〃	2				2							2			
4" 中 〃	〃	1				1							1			
4" 細 〃	〃	1				1							1			
8" 真扳手	〃	1				1							1			
1/2磅紫銅烙鐵	〃	1				1									1	
尖頭鉗	〃	1				1									1	
8" 起子	〃	1				1							1			

106

F46	小鋼齒輪	只	1	1	1
MC51	螺旋簧	〃	3	3	3
MC45	撞鍵簧	〃	2	2	2
MC46	擠緊螺〃〃	〃	2	2	2
MC74	梅花輪約束螺	〃	1	1	1
MC77	斜齒輪	〃	3	3	3
MC101 109	風輪	〃	1	1	1
MR9	撞鍵螺	〃	2	2	2
P5	前鋼板	片	4	4	4
P7	擠緊螺〃〃	只	3	3	3

名稱	單位	原有數量	疏散地點數量 湘潭	衡陽	祁陽	衡山	留守	到達地點及數量 湘潭	衡陽	零陵	祁陽	湘鄉	新化	辰溪	損失數量	附註
P8 單鋼針	片	27				27									27	
P9 双〃〃	〃	8				8									8	
P10 〃〃〃脚	〃	32				32									33	
P11 鋼針銅架	〃	7				7									7	
P12 退針螺旋簧	根	46				40									40	
P13 導〃〃〃梗	〃	10				10									10	
P14 後鋼板	片	10				10									10	
P16 鋼〃〃架	只	1				1									1	
P20 導紙梗前鐵簧	根	4				4									4	

P22 星輪	只	8	8	8
P23 銅叉	〃	1	1	1
P24 〃〃〃 扁鋼簧	〃	2	2	2
P28 推動星輪 跳禦	〃	5	5	5
P29 螺旋簧 〃〃〃	〃	5	5	5
P33 丁字形槓杆 螺旋簧	〃	6	6	6
P34 縱槓杆	〃	5	5	5
P35 連接螺 〃〃〃	〃	5	5	5
P36 銅架 〃〃〃	〃	2	2	2
P38 螺旋簧 〃〃〃	根	4	4	4

名稱	單位	原有數量	疏散地點數量 湘潭	疏散地點數量 衡陽	疏散地點數量 郃陽	疏散地點數量 湘鄉	疏散地點數量 留守	到達地點及數量 湘潭	到達地點及數量 衡陽	到達地點及數量 零陵	到達地點及數量 郃陽	到達地點及數量 湘鄉	到達地點及數量 新化	到達地點及數量 烟溪	損失數量
P39 綫槓杆調整螺	只	1				1									1
P44 〃〃〃〃杆銅擋螺	〃	2				2									2
P47 調整槓杆二層肩螺	〃	1				1									1
P57 阻止槓杆連杆扁鋼簧	〃	1				1									1
P61 紙末罩	〃	5				5									5
P49 作孔襯羊皮墊	〃	15				15									15
P80 作孔錐	〃	6				6									6
P81 〃〃〃橡皮頭	〃	30				30									30
T4 壓紙輪	〃	1				1									1

T10 電鈴銅排	T11 〃扁銅簧	T12 〃〃擰緊螺	T33 點劃銅針	T41 鋼針槓杆銅架	T42 〃〃擰緊螺	T54 電池開關扁銅簧	T56 〃〃〃〃銅架	T64 電池槓杆螺旋簧	T61 接線銅排墻線螺
只	根	只	〃	〃	〃	〃	〃	根	只
1	4	2	13	2	2	3	1	4	2
1	4	2	13	2	2	3	1	4	2
1	4	2	13	2	2	3	1	4	2

名稱	單位	原有數量	疏散地點數量：湘潭	衡陽	邵陽	湘鄉	常寧	運達地點及數量：湘潭	衡陽	零陵	邵陽	湘鄉	新化	辰溪	損失數量	附註
T71 小鋼齒輪	只	2				2									2	
T94 大 〃 〃	〃	2				2									2	
T105 星輪	〃	1				1									1	
T117 偏心輪	〃	1				1									1	
T124 燐銅輪	〃	1				1									1	
T137 鋼罩搽緊螺	〃	4				4									4	
T149 鳳輪軸端扁鋼簧	根	1				1									1	
T150 擰緊螺 〃 〃	只	3				3									3	
T163 底坐扁鏈條	根	3				3									3	

108

UB46	小銅齒輪	只	2			2		2
LF76	大〃〃〃	〃	1			1		1
LC16	壓紙輪	〃	1			1		1
LC43-45	孔輪	〃	1			1		1
LC46-47	燐銅輪	〃	3			3		3
LC56	銅罩揿緊螺	〃	2			2		2
LC51-54	風輪	〃	1			1		1
UC71	軸端偏銅蓋揿緊螺	〃	2			2		2
LR20	虹吸管	根	2			2		2
UB21	〃〃〃架	只	1			1		1

名稱	單位	原有數量	疏散地點數量：湘潭	衡陽	邵陽	湘鄉	留守	到達地點及數量：湘潭	衡陽	零陵	邵陽	湘鄉	新化	煙溪	損失數量	附註
UR32 虹吸管架撑架螺	只	1				1									1	
UR27 電極膏石軸承盤片	〃	2				2									2	
UR45 螺旋彈簧	根	1				1									1	
防毒面具	只	36				36								33	3	
長話材料																
大型瑞典式木壳墻機	部	1				1							1			
零售收據	本	216		31		175	2								216	
長途話費	〃	×													×	
專線月費	〃	486		361		125									486	

110

零售掛號單	來話通知單	"" 記錄單	去話 ""	轉 ""	長話欠費詳表	"" 分戶詳賬	轉話接綫次數月結表	來去話分地登記表	來去話月結表
本	"	"	"	"	張	"	"	"	"
104	237	1001	821	113	250	1600	46	700	11
	232	284	288	39	250	1600	46	700	11
95		600	500	64					
9	5	117	33	10					
	201								
104	37	1001	821	113	250	1600	46	700	11

名稱	單位	原存數量	流散地點數量：湘潭	衡陽	邵陽	湘鄉	留守	到達地點及數量：湘潭	衡陽	零陵	邵陽	湘鄉	新化	烟溪	須共數量	附註
長話計核結總單	張	1300		1300											1300	
長話調查表	〃	400		400											400	
長話營業狀況調查表	〃	89		89											8.9	
裝設專綫用戶公費計表	〃	50		50											50	
長途話綫障碍報告表	〃	599		599											599	
因公使用長話事由單	〃	50		50											50	
來去話日結單	〃	200		200											200	
通話證	本	60		60											60	
銷號証	〃	38				38									38	

(11)

2MFD凝電器	只	1	1	.	1
四心聽筒線	公尺	5	5	5	
二心塞繩	〃	5	5	5	
聽筒木蓋	只	1	1		1
煤屑	公斤	24	29		29
炭精片	塊	5	5		5
保安器	只	1	1	1	
送話器	〃	2	2	1	1
受〃〃	〃	2	2	1	1
市話材料					

名稱	單位	原有數量	疏散地點數量：湘潭	衡陽	邵陽	湘鄉	留守	到達地點及數量：湘潭	衡陽	零陵	邵陽	湘鄉	新化	湘潭	損失數量	附註
磁石表	部	1				1							1			
16對分綫箱	個	1		1						1						
25 〃 〃 〃	〃	1		1						1						
25對地電纜	公尺	42		42						42						
100 〃 〃 〃 〃	〃	10.5		10.5						10.5						
300 〃 〃 〃 〃	〃	11		11						11						
16對紗包電纜	〃	9.9		9.9						9.9						
25 〃 〃 〃 〃	〃	15.7		15.7						15.7						
1.6公厘鐵綫	公斤	53½		53½						53½						

112

品名规格	单位									
2公厘铁线	公斤	1091	1091				1054			37
2.6 〃 〃 〃	〃	156½	156½				58			98½
3 〃 〃 〃	〃	590½	590½				568½			22
薄磨3.2 〃 〃 〃	〃	31	31							31
4 〃 〃 〃 〃	〃	4357	4357				2544½			2037½
薄4 〃 〃 〃 〃	〃	2	2							2
1.6公厘铜线	〃	113	113				111½			1½
2 〃 〃 〃 〃	〃	624	56	566			[illegible]			566
3 〃 〃 〃 〃	〃	1115	53	1062			53			1062
3.2 〃 〃 〃 〃	〃	1226		1226					294½	426½

名稱	單位	原有數量	疏散地點數量：湘潭	衡陽	邵陽	湘鄉	留守	到達地點及數量：湘潭	衡陽	零陵	邵陽	湘鄉	新化	溆浦	損失數量	附記
4公厘銅線	公斤	821½				821½								167	654½	
1.4硬銅線	〃	181½				181½									181½	
2.6銅線	〃	850				850								264	586	
被複線	公尺	1117					1117							1117		
8.3心紗包線	〃	3.6		3.6											3.6	
1.6單膠皮線	公斤	7½				7½								7½		
1.8舊〃〃〃	〃	9		9						9						
大號隔電〃	只	17					17								17	
〃〃直螺脚	〃	2					2								2	

2" 卡釘 公斤	紙套管 〃	300 對〃〃 〃	15mm 鉛套管 〃	三號直螺脚 只	〃〃連直脚 付	〃〃磁碗 只	三〃〃 〃	二號〃〃 〃	大號釘碗 付
8½	4025	5	8	1	1038	27	3021	17	3000
8½	2700	5	8		1038		3021		銅483 碗67
	1300								
	—			6		27		17	銅2117 碗2933
8½	2000	1	8		93		87		銅483 碗67
	2025	11		6	945	27	2934	17	銅2117 碗2933

名稱	單位	原有數量	疏散地點數量 湘潭	衡陽	邵陽	湘鄉	留守	到達地點及數量 湘潭	衡陽	零陵	邵陽	湘鄉	新化	溆浦	損失數量	附註
廢圓乾電	只	7					7								7	
聽筒繩	根	1	1												1	
7" 穿釘連帽片	付	290	290							290						
8" 〃 〃 〃	〃	49	49							49						
1½" 穿釘	只	28	28							28						
3½" 〃 〃	〃	38	38							38						
6" 〃 〃	〃	7	7							7						
9" 〃 〃	〃	33	33							33						
10" 〃 〃	〃	39	39							39						

11″穿釘 一只	二眼木担用鐵條 條	〃五十公分 〃	〃53公分 〃	三眼攀條140公分 〃	二眼撐條63公分 〃	〃92公分 〃	〃100公分 〃	〃110公分 〃	壞四線木担 〃
48	264	6	34	190	91	6	6	110	1
48	264	6	34	190	91	6	6	110	
									1
48	256			140	90	6	6	110	
	8	6	34		1				1

名稱	單位	原有數量	疏散地點數量：湘潭	衡陽	邵陽	湘鄉	留守	到達地點及數量：湘潭	衡陽	零陵	邵陽	湘鄉	新化	恒溪	損失數量	附註
六綫杉木担	條	6					6								6	
雙簧六綫担	〃	19					19								19	
八綫木担	〃	11					11								11	
六綫鉄担	〃	34		34						16					18	
八〃〃〃	〃	2					2								2	
乜形鋼脚	套	3		3						3						
石棉綫	磅	1		1											1	
鉛粉	公斤	4		4											4	
銻錫膏	筒	0.8		0.8						0.8						

115

膠布	餅	½	½		½
大鑷鑷	付	4	4	3	1
小〃〃	〃	11	11	10	1
½"呂宋繩	呎	50	50	50	
1"〃〃	〃	25	25	25	
粗〃〃	〃	87	87	87	
細〃〃	〃	51½	51½	51½	
保安皮帶	根	5	5	5	
工具皮袋	只	12	12	10	2
焊鉄	把	6	6	3	3

名稱	單位	原數量	疏散地點數量 湘潭	疏散地點數量 衡陽	疏散地點數量 邵陽	疏散地點數量 湘鄉	疏散地點數量 留守	現存地點及數量 湘潭	現存地點及數量 衡陽	現存地點及數量 零陵	現存地點及數量 邵陽	現存地點及數量 湘鄉	現存地點及數量 新化	現存地點及數量 桂陽	填表時數量	備註
噴燈	只	1				1							1			
焊錫	磅	6½				6½							17條			
鉄方手錘	只	1				1							1			
泥面子	〃	1		1											1	
緊線鉗	把	2		2						2						
長木鑽	〃	1		1						1						
¾〃〃	〃	5		5											5	
砌刀	把	1		1											1	
踏脚釘	只	21		21											21	

鋤頭	踏脚板鈎	鬼爪	鬼爪連後部	6"手鉗	7"膠木鉗	鉄叉	丁字斧	鉄錘	1/2鑽頭
把	付	個	部	把	"	"	"	"	支
2	5	15	2	2	3	2	5	8	18
2	5	10	2	2	3	2	5	8	18
2	5			1	1	2	5	8	6
		10	2	1	2				12

名稱	單位	原有數量	疏散地點數量：湘潭	疏散地點數量：衡陽	疏散地點數量：邵陽	疏散地點數量：湘鄉	疏散地點數量：留守	到達地點及數量：湘潭	到達地點及數量：衡陽	到達地點及數量：零陵	到達地點及數量：邵陽	到達地點及數量：湘鄉	到達地點及數量：新化	損失數量	附註
1/4鑽頭	支	6		6										6	
5/8 〃 〃	〃	6		6										6	
弓式搖鑽	把	11		10		1				1			1	9	
三分手鑽	支	3				3							1	2	
3/8分 〃 〃	〃	11		11										11	
5/16 〃 〃	〃	6		6										6	
1/2 〃 〃	〃	8		8										8	
鋼鋸條	條	2				2							2		
8"起子	把	4		4										4	

117

品名	单位					
8"鋼三角銼	把	2	2			2
8"活絡扳手	"	1	1		1	
10" " " "	"	5	5		2	3
12"活絡扳螺鑰	"	4	4		4	
隔雷子匙	個	9	9			9
鉄風爐	"	10	10		1	9
短鉄釺	根	1	2		2	
10公尺長12公分徑木桿	根	4		4		4
11公尺長12公分徑木桿	"	66		66		66
公尺長舊桿	"	2		2		2

名稱	單位	原有數量	疏散地點數量 湘潭	疏散地點數量 衡陽	疏散地點數量 邵陽	疏散地點數量 湘鄉	疏散地點數量 留守	到達地點及數量 湘潭	到達地點及數量 衡陽	到達地點及數量 零陵	到達地點及數量 邵陽	到達地點及數量 湘鄉	到達地點及數量 新化	到達地點及數量 烟溪	損失數量	附註
廢木桿	根	1					1								1	
工程日報表	張	100		100											100	
工程費月報表	〃	40		40											40	
裝移機工作月報表	〃	50		50											50	
工務報告表	〃	480		480											480	
用戶配綫對照表	〃	180		160			20								180	
用戶登記片	〃	300		300											300	
用戶障碍記錄片	〃	350		350											350	
營業狀況調查表	〃	111		111											111	

月捐欠費表	雇工工資明細表	話費統計表	機械收費表	裝〃〃〃	機械損費表	簡明話費統計表	雜項收入表	附帶各費欠費詳表	月預收據
表	〃	〃	〃	〃	〃	〃	〃	〃	十二
50	168	40	60	25	65	50	60	64	6
50	15[illegible]	40	60	25	63	50	60	64	6
	10				30				
50	168	40	60	25	65	50	60	64	6

名稱	業務工單紙	公用電話營業狀況調查表	職工伙食飯費清單	汽油	小洋鐵箱	廢膠皮銅綫綫頭	地雷鑽孔鐵器	無線電料	RCA式真空電管
單位	張	〃	〃	加侖	只	斤	只		只
原有數量	100	30	70	175	1	2½	3	[illegible]	1
疏散地點數量 湘潭									
衡陽	100	30	70						1
邵陽									
湘鄉									
寧鄉				175	1	2½	3		
到達地點及數量 湘潭									
衡陽									
零陵									1
邵陽									
湘鄉									
新化									
辰溪									
損失數量	100	30	70	175	1	2½	3		
附註									

KCA[illegible] 說電子管	KCHLFK 〃〃〃	KCA1C8G 收〃〃〃	電子牌 INFGT 〃〃〃	〃 #34 〃〃〃〃	〃 #30 〃〃〃	〃 2NFD 國產電容器	〃CCk 〃〃〃	收報機遙	發〃〃〃
只	〃	〃	〃	〃	〃	〃	〃	〃	〃
3	3	2	4	1	3	1	2	4	3
				1	3				
1	1	1	2						
[illegible]	[illegible]	1	2			1	2	4	3
				1	3				
[illegible]	[illegible]	1	[illegible]			1	2	4	3
1	1	1	2						

名稱	單位	原有數量	疏散地點數量：湘潭	衡陽	祁陽	湘鄉	留守	到達地點及數量：湘潭	衡陽	零陵	祁陽	湘鄉	新化	煙溪	損失數量	附註
600cchms 周宗電容器	只	2					2				2					
聽筒	付	1		1						[illegible]					1	
手搖機高壓炭精刷	塊	12				2	10				10	2				
〃〃〃低〃	〃	11				2	9				9	2				
5K/2W 可調電阻	只	1				1						1				
手搖機大小壞齒輪	〃	2		2											2	
焊錫條	條	1				½	½				½	½				
牛油	磅	½					½				½					
8" 活動扳手	把	1					1				1					

120

亚美牌灯罩 只	代管料	第四煤柱	废圜乾电 只	莫氏机件 部	莫纸保险 盒	旧〃〃〃	铁壳墙机 部	墨油 瓶	B电 只
1			66	1	20	1	1	2	1
1				1	20	1	1	2	1
26									
			66						
1				1			1		
[illegible]			66		20	1		2	1

名稱	單位	原有數量	疏散地點數量 湘潭	疏散地點數量 衡陽	疏散地點數量 邵陽	疏散地點數量 湘鄉	疏散地點數量 留守	到達地點及數量 湘潭	到達地點及數量 衡陽	到達地點及數量 零陵	到達地點及數量 邵陽	到達地點及數量 湘鄉	到達地點及數量 新化	到達地點及數量 溆浦	損失數量	附註
保安器	只	2		2											2	
通信指揮部料																
三公厘鐵綫	公斤	41½		41½											41½	
湘贛局料																
保安器	只	2		2						2						
報費收據	本	748					748								748	
電封	只	1000		1000						1000						
第六區料																
貼報紙	本	200				200									200	

121

作孔機	部	2	2	2	
膠水機	具	1	1	1	
繼電器	"	1	1		1
作孔鎚	付	2	2	2	
韋氏發報機	部	1	1	1	
波紋收報機	"	1	1	1	
紀錄器	具	1	1	1	
波紋機座	部	1	1	1	
線路顯電表	只	1	1	1	
双流電鍵	"	1	1	1	

名稱	單位	原有數量	疏散地點數量：湘潭	疏散地點數量：衡陽	疏散地點數量：邵陽	疏散地點數量：湘鄉	疏散地點數量：留守	到達地點及數量：湘潭	到達地點及數量：衡陽	到達地點及數量：零陵	到達地點及數量：邵陽	到達地點及數量：湘鄉	到達地點及數量：新化	到達地點及數量：煙溪	損失數量	附註
重錘	只	2		2						2						
電燈座	〃	1				1							1			
〃〃池	〃	2				2							2			
五器料																
牆話機	部	1		1						1						
空氣電池	只	1		1						1						
寧衛局料																
十門總機	部	1				1									1	
劉陽局像省料																

122

防毒面具
只
10
10
10

說明

（1）劉達零陵各料，係奉鈞局八月佳工材零7161號代電飭知

（2）運湘潭各料，係在測水街及羊潭兩地被敌損失

（3）有線電報房料內機器零件在測水街被劫後曾救出一批，但均凌亂無法分別，已作一總包送新化倉仍作損失列報

（4）運湘鄉紙料現有一批寄存矮子測自有料船附近，無法取運，暫作損失列報

（5）市話料內銅線曾於潭市交卡線路段〈53〉捆，測水街窖藏〈12〉捆，均未及搶運，暫作損失列報

（6）市話料〈16〉公尺及〈11〉公尺長木桿〈76〉根，原均存長沙舍浦鄉十二保

三、文物损失

湖南省会警察局关于将管区内古迹名胜调查填表具报致第三分局的训令（一九四六年九月二十一日）

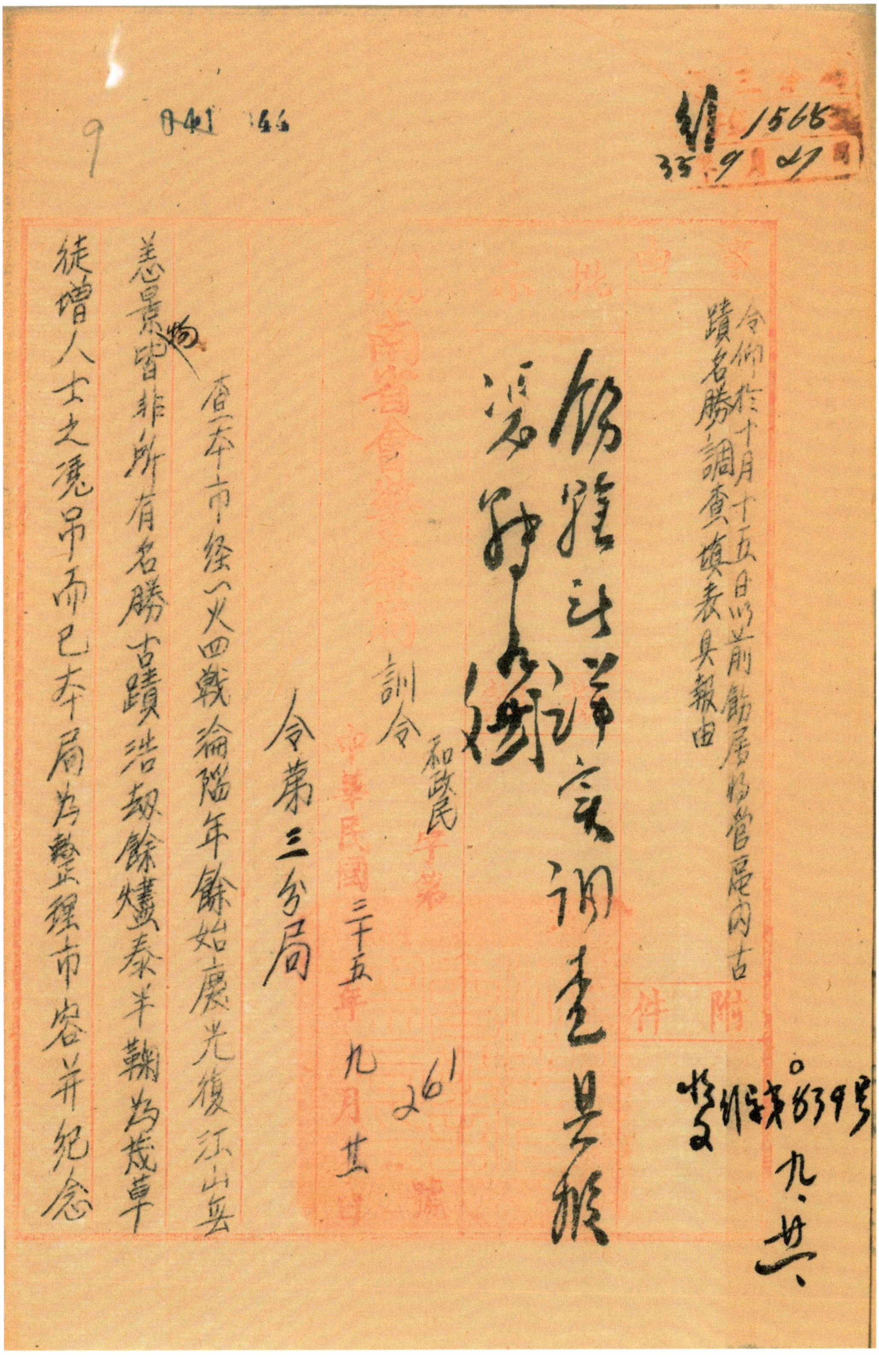

事由：令仰于十月十五日以前饬属将管区内古迹名胜调查填表具报由

附件

湖南省会警察局训令 和政民字第 号

令第三分局

查本市经八次四战沦陷年余始庆光复江山无恙景物皆非所有名胜古迹浩劫余烬泰半鞠为茂草徒增人士之凭吊而已本局为整理市容并纪念

中华民国三十五年九月廿一日

10

昔賢保存古蹟起見，擬將各名勝古蹟設法保護或恢復舊觀，以資激勵民氣而端風化，除分令外，合行檢發各分局管區內古蹟名勝調查表格式一份，令仰該分局轉飭所屬於十月廿三日以前將管區內名勝古蹟詳細查明，依式填報，以憑彙案，切勿延為要。

此令。

附發各分局管區內古蹟名勝調查表格式一份

局長 劉[illegible][illegible]

947

13

湖南省會警察局三分局銅鋪街分駐所管區內古蹟名勝調查表

古蹟名勝名稱	現在街道名稱	名勝古蹟原來簡畧事實狀態	現在狀態	備考
古蹟 賈公祠	上太平街 賈太傅	漢朝劉王之親臣因事貶封長沙王駁此 內有古碑五塊古床一個並作前省會警察局三分局局址	經天四戰全体燒燬餘為人民搭建臨時房屋	
〃 白鶴古井	白鶴巷	起自後漢三國 原有古碑一塊砌井旁建有住屋	戰後屋焚井源仍存	
名勝 三有古巷	上太平街	明末清時有進士金三有充常德知府死封有		
〃 護國寺	〃 坡子街	西天釋迦佛 時為人民奉祀絡繹不絕	現仍保有原狀	進門左邊有住屋一所佃營旅業
〃 乾元宮	〃	又名大宮殿 立有大公大帝神像一座 前坪左右租與商民經營食館	現仍如前	
〃 福祿宮	〃	為商民所信奉 內有趙公元帥神像一座廟自清初建築內有咸豐立碑一次会戰前棣發民日報一所	現已修復如前有市	又名錢業公會

所官 王秉震

三十五年九月二十九日

湖南省会警察局第三分局水陆洲分驻所管区内古迹名胜调查表（一九四六年九月三十日）

彙報底表存查

十八

湖南省會警察局第三分局水陸洲分駐所管區內古蹟名勝調查表

043

6

湖南省會警察局第三分局水陸洲分駐所管區內古蹟名勝調查表

中華民國三十五年九月三十日 造

巡官張漢傑

古蹟名勝名稱	現在街道名稱	名勝古蹟簡畧事實	原來狀態	現在狀態	備攷
愛晚亭	湖大後背	亭後皆楓林至九十月間紅葉漫山別饒佳趣同治間重修	周圍四面一座亭子	現有破壞少有柱子	
白鶴泉	麓山寺座側	古時有白鶴仙人飲泉如此照出仙人之原形石水内仙人嘆曰欲收吾影免被洩	上面四方亭子下面麻石圍砌	原樣 亭子有損壞	
蔡松坡墓即法花臺	麓山寺後背	唐明代即古和尚說法故名法花臺	原有石坪台亭	現是坟墓	
印心石物	岳麓半山	古時黃帝所寫一傳言印心石物	四字新明	四字新明 与原狀差不多	
响鼓嶺	半山上	遊者重步覺有古蹟本名步虛嶺古時有道士於嶺誦經言乃道士誦経謂之步虛故名步虛嶺	山峽	原形	
飛來鐘	雲麓宮	萬曆年飛來故名傳言曰飛來鐘	落入樹杈上	原樣	
雲麓宮	〃 〃	古名曰祖師殿	房屋新色景緻最多	現房正屋已破已修整	
飛來石	〃 〃	昔古時名曰建熙台傳言飛來石	一塊坪石石上起廟	原形	

會仙亭	雲麓峯	最早呂祖師傳道道成即為會仙亭後劉府台崑改名望湘亭	一座房屋	現設茶社	
石梛峽	會仙亭以下	與石榴果子形像相同故曰石梛峽	果子形樣	是原樣存	即雲麓峯
川石坡	雲麓宮半山下	一坡之水由坡中進去川過那边去来古言傳曰川石坡	兩边峽石相联中坡川石	是原樣 〃	
青風峽	〃 〃	兩边峽全石橋一边進一边出	〃	〃 〃	
蜈蚣石	黄公墓上	石頭有三叉許形勢蜈蚣古言名曰蜈蚣石	有三叉許形蜈蚣形	原樣	
禹王碑	赫石坡以上	係山中所生天然之石上鐫古字共七十七枚难于實認認識者有三楊慎楊時沈鎰	有半边房屋	原形	
抱黄角	禹王碑下	原先建有閣又名抱黄閣至今尚存昔有跛仙在此修煉道名抱黄子故名抱黄	洞口外一座亭子	破壞	劉道人跛仙所在
蟒蛇洞	抱黄閣後	洞口有一大石板盖之洞口向南昔代時有大蟒修煉成妖兩眼如灯夜出食人陶侃公射斃方生寧静故名如上	洞口	原形	
望日臺	麓山巔嶺	昔禹王登此观吉以便行工乃見聖人勤忠有如斯之竭力焉			
吹香亭	湖大前面	联云 放鶴去尋三島客 任人来看四時花	東边塘中亭一	現被破壞	

平日臺	湖大前面	昔日禹王登此观四面水傳言曰平日臺	西边塘中亭	現破壞	
自卑亭	在書院前面	即若登高必自卑之意	四方砌亭子	〃	
中卑亭	麓山峯主中	道中庸亭朱夫子題	〃	〃	
高卑亭	禹王碑右边山垠上	極高明亭	〃	〃	
翠微亭	在雲麓宫望湘亭对照	朱夫子題額今廢	〃	〃	
四箴亭	岳麓書院	程明道書視听言動四箴 明世宗皇帝書敬一箴 潘鑑改敬亭	〃	〃	
憩春原	書院對岸之左	所謂岳麓山前土一堆即此也			
古桃李坪	書院前戲台後有一坪	縱横百十丈古時多栽花桃李 取桃李在宫门之意也	後栽桑 現壞	〃 壞	
赫曦臺	書院大门前即戲台	當初朱夫子以麓山之頂曰赫曦台取旺日之义名赫字			
射蟒台	在小西门外				宋左煌[illegible]

10

諭苗臺	在岳麓書院之右	朱文公諭苗於此		壞
講經台	在岳麓上半嶺	明朝蔣希禹有詩云多年言語文字事今日真誰知講經着落今尚存		〃
尊經閣	書院	朱夫子親書忠孝廉節		現在湖南大學
牌樓口	書院之前近河边	設有石牌坊有宋真宗皇帝所賜之額		壞
李北海碑	書院內	昔左襄陽米芾同廣惠道人來元豐庚申元日十大字係宋米芾手書		
蒼筤谷	古蟒蛇洞口之坪	係宋朝鍾尚書閑居處其屋基尚存焉		
五倫塔	在木魚山	唐生智建設此塔通園另饒		好
石浴池	在麓書院左旧道林寺边		原有	現當毀
御書亭	在步虛嶺岩石上	係清朝陶澍字雲汀幼隨師萸江先生讀書処也道光乙未冬宮保遄瞰入覲時擢制兩江已六十年矣天子嘉其勞召对十四次親書		
拖船埠	禹王碑上	因昔日古人傳言曰拖船埠岣草雨連漲來人通而生芒花	兩边草分派	原形

946

11 411

11

笑啼岩

在白鶴井右

民國二十七年有難民李東斋、紀念

設立石碑

長形

国立湖南大学关于报送修复岳麓山一部分被破坏古迹初步计划勘测说明致长沙市政府的公函（一九四七年一月三十一日）

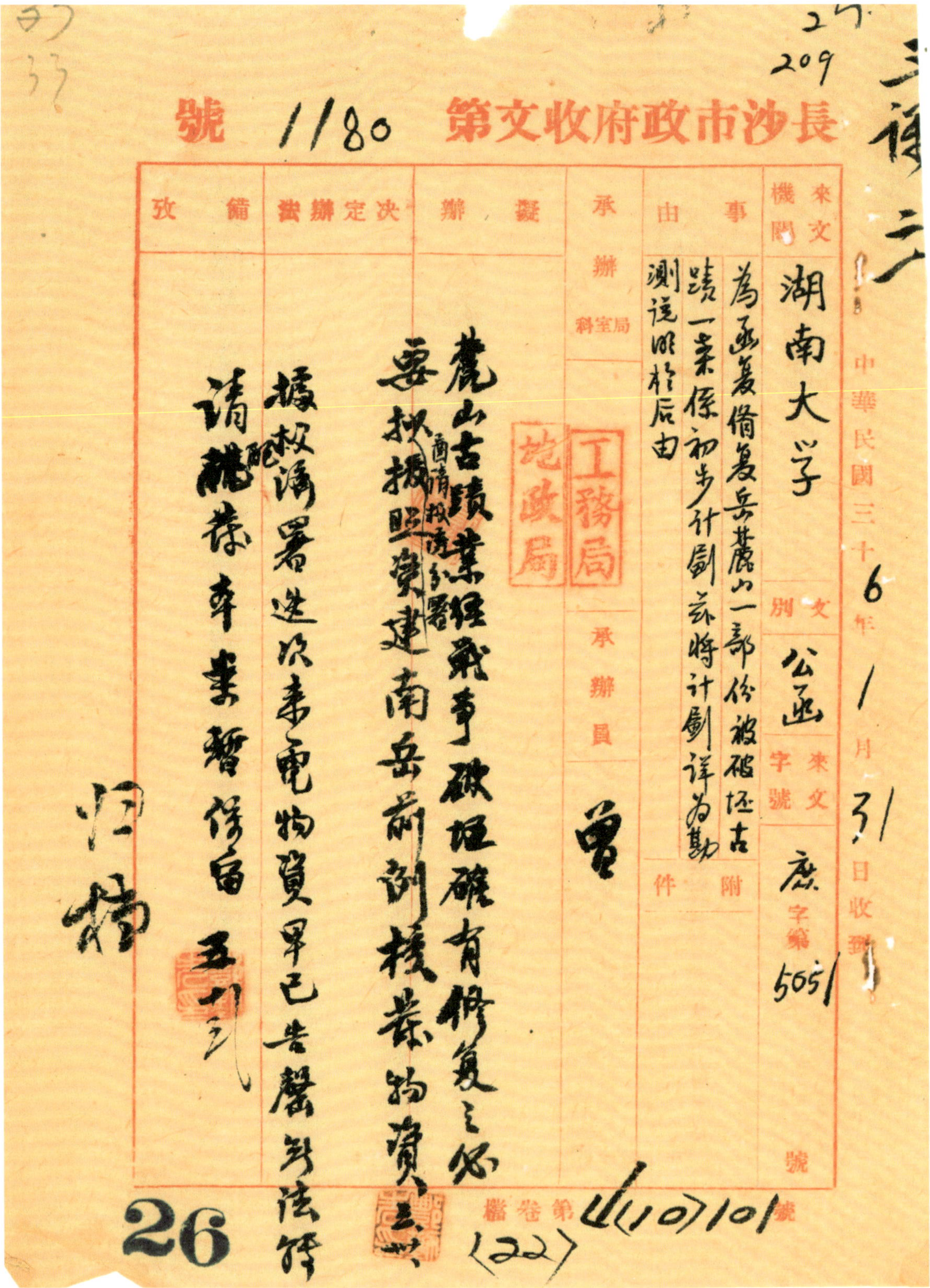
長沙市政府收文第1180號

來文機關	湖南大學
事由	為函送修復岳麓山一部份被破壞古蹟一案係初步計劃茲將計劃詳為勘測說明於后由
收到	中華民國三十6年1月31日收到
文別	公函
來文字號	麓字第5051號
承辦局室科	工務局　地政局
承辦員	曾
擬辦	麓山古蹟業經戰事破壞殊有修復之必要擬（函請救濟分署）援照資建南岳前例核發物資
決定辦法	據救濟署送來電物資早已告罄無法發
備攷	請酌復本案暫保留　五.十.三

檔卷第(10)101號 (22)

26

國立湖南大學公函

民國 庶長字第 5051 號

中華民國卅六年一月卅一日發出

事由	決定

擬辦

附件

案准

貴府華工地字第一〇二六號代電開：「國立湖南大學案奉湖南省政府本年十二月五日府財建計民字四字第七八五〇號代電以修復岳麓山名勝古蹟經由貴校代為設計檢送估價表飭參酌辦理等因奉此查該項

三

估價單純係粹字相應電請迅將原設計圖說檢送過府以憑參考并希見復爲荷」查原擬修復岳麓山一部份被破壞古蹟一案係初步計劃茲將該項計劃詳爲勘測説明於后至各個設計圖容俟經費確定後再行補送

(一)文廟

查文廟原有規模甚大前棟進深爲七公尺寬爲二十一公尺兩側爲廂房各寬五公尺長爲二十二公尺廣坪直進正中爲大成殿該殿進深八公尺寬爲十公尺再上爲崇聖殿其長寬尺寸與大成殿同均爲古代宮殿式建築現所留者頹垣破瓦斷石而已該古蹟亟應修復舊觀以重文化需建築費三億元

36

(二)奎星樓

查奎星樓被破壞情形亦甚鉅大全部墻壁樓梯樓面屋面均需重行修補該古蹟位居麓山前面為遊覽人士注視之所亟應修復以壯觀瞻而重古蹟共需修補工程費四百萬元正

(三)御書樓

查御書樓全部被燬原係兩層宮殿式建築進深為六公尺寬為十二公尺該處現仍存歷代名人石碑為文化上重要古蹟亟應修復舊觀以重文化共需建築費五千萬元正

(四)文昌閣

查文昌閣僅存四壁及古石碑亦為文化上重要古蹟現雖經本大學

搭盖临时屋面作为注册组办公室，似应修复旧观，以壮观瞻，而垂久远，共需

修葺工程费一千万元

（五）万寿寺

查万寿寺原系三进，古代宫殿式建筑，其前中二进全被燬灭，后进

遭破坏亦甚，拟共需建筑及修补工程费三亿元

（六）云麓宫

查云麓宫原为小型神殿及亭阁式建筑，因位居山巅，为游山人士

登临休息之所，幸损坏情形不大，需修补墙壁及屋面各处石级，共需修

补工程费二千万元正

（七）爱晚亭

38

查一愛晚亭位青楓峽溪澗右側風景绝佳遊人畢集之所現該亭之石圍欄石級石棹石椅及前賢詩聯均被燬又屋面亦被破壞不堪亟應修補共需修復工程費三千萬元

(八)吹香亭

查一吹香亭位文廟左側香炉塘中全部遭燬滅僅存地基斷石而已該亭舊為六方形亭一座爪角式建築其每邊長四公尺全部屋柱均係麻石圓柱現需照原修復共需費六千萬元

(九)風雩亭

查風雩亭位於文廟之右側水塘中與吹香亭左右對峙亦為六方形每邊長二公尺五現僅存基礎原係蓋銅瓦圓亭為遊人遊憩之所亟

應復其舊觀共需建築費二千萬元

(十)自卑亭

查自卑亭正峙立於麓山入口要為遊山人士必經之地注視之點該亭現狀破壁爛瓦亟應修補共需修補工程費六百萬元

(十一)北海碑

查北海碑原立於磚造小屋內現該小屋全部燬滅碑立風雨霜雪中剝蝕堪虞亟需建造長八公尺寬六公尺高五公尺小屋一座以蔽風雨而免損壞碑文結侍高妙見重藝林風行全國允宜珍惜以留先賢手蹟共需建築費二千萬元

以上計列十一處古蹟修復工程費共計國幣捌億柒仟萬元正準

40

函前由相應復請

查照為荷

此致

長沙市政府

校長

胡庶華

后记

本书编纂工作在《抗日战争档案汇编》编纂出版工作领导小组和编纂委员会的具体领导下进行。湖南省档案局、长沙市档案馆非常重视本书的编纂出版工作。湖南省档案局审阅了书稿，提出了重要修改意见。长沙市档案馆作为主要编纂者，完成了该书档案查阅、整理、甄选和编辑出版等工作。梁小进老师多次为本书提供专业指导，为本书的编纂出版付出了辛勤劳动。五洲传播出版社对本书出版给予了鼎力支持。谨向上述单位和同志致以诚挚的感谢！

编　者